열공!

인도네시아어
말하기와
OPI

ㅁDigis

OPI 란?

영어의 OPIc 시험에서 c가 빠진, 즉 컴퓨터와의 대화로 평가를 하는 방식이 아닌 시험관과의 1:1 인터뷰 방식으로, 크레듀에서 진행하는 제2외국어 말하기 평가시험입니다.

인터뷰 방식은 보통 꼬리물기로 진행되며, 주제별·상황별로 본인의 이야기를 해당 언어로 정확하고 자연스럽게 이야기해야 합니다. Native Speaker(면접관/시험관)가 20~30분 동안 Interviewee(수험생)의 수준에 따라 일상적인 화제(가족, 취미 등)부터 추상적이고 전문적인 내용까지 다양한 질의응답과 Role Play(역할극)를 통해 가능한 언어적 기능(묘사, 설명, 설득 등), 대응 가능한 화제 영역, 사용 언어의 정확성(발음, 어휘, 문법 등), 문장 구성 형태(단문, 복문 등) 등의 종합적인 능력에 따라 등급을 판정합니다.

다양한 논리표현 달인 되기!

시험에 꼭 나오는 다양한 토픽 수록

토픽별 다양한 실전 답안을 통한 표현력 향상

유용한 표현들의 학습을 통한 논리력 향상

핵심문법과 어휘 익히기를 통한 나만의 실력 향상

■ OPI 상세등급

등급 구분	내 용	비즈니스 부분
NL (Novice Low)	의사 표현이 불가능한 수준	의사 표현이 불가능한 수준
NM (Novice Mid)	기본 문장 구성이 가능한 수준. 기초적인 의사 표현만 가능	간단한 단문 형태로 표현 가능하나 상대 답변에 대한 이해력은 부족
NH (Novice High)	발음이 어색하나 기초 의사 표현 가능. 대화가 길어지면서 어순 오류 발생, 유창함 저하	발음 어색. 비즈니스적 표현보다 기초 어휘를 활용한 회화 가능
IL (Intermediate Low)	주요 문형 이해, 문장구조에 맞게 정확히 구사하지만, 낯선 어휘와 문형에서는 유창함이 낮음	기본 문형을 활용한 비즈니스적 기본 의사소통 가능. 간단한 이메일, 내용 전달 수준
IM (Intermediate Mid)	익숙한 토픽에 대해서는 자연스럽게 구사. 사회활동을 위한 대화 가능	1:1 응대와 회의 중 간단한 의사 표현 가능. 정해진 양식을 통해 문서작성이 가능한 수준
IH (Intermediate High)	일반적 토픽에 대해 자신있게 표현. 다양한 표현을 구사하는 노력, 원어민과 대화 가능 수준	논리적 표현이 다소 부족. 원어민 질문에 간단한 응대가능 일반적인 업무의 커뮤니케이션이 가능한 수준
AL (Advanced Low)	일반적 토픽에 적극 대응. 원어민과 의사소통이 문제 없으나 전문분야의 유창함이 다소 떨어짐	준비된 발표로 진행 가능. 제한적이나 비일상적 업무 수행과 회의 주도 가능
AM (Advanced Mid)	일상회화 전혀 문제없음. 고급 표현의 이해 및 구사 가능. 대부분 토픽을 이해하고 표현 가능	비즈니스적 대화에 거의 문제 없음. 준비된 발표를 상황에 맞게 진행 가능
AH (Advanced High)	원어민과 의사소통에 전혀 불편함 없음. 고급 어휘와 문형을 이해하고 표현 가능	원어민과 업무적 협상, 상담 가능. 준비되지 않은 발표를 상황에 맞게 진행 가능
Superior	원어민과 유사한 수준의 의사소통 능력 보유	업무 관련 통역 가능. 다양한 주제에 대한 즉흥적 연설, 발표 가능 수준

인도네시아어 OPI시험은 약 20분~30분 정도의 말하기 평가로 이루어집니다. 시험은 크게 세 가지 영역으로 기본 질문(Basic Question), 시사 질문(Issue Question), 역할극(Role Play)으로 구성됩니다.

시험내용		
1. 기본 질문 **약 15분**	2. 시사 질문 **약 10분**	3. 역할극 **약 5분**

교재 활용법

 ### 시험에 꼭 나오는 다양한 토픽 수록

자기소개에서 Role Play까지 시험에 꼭 나오는 다양한 토픽들을 모두 수록해 놓았습니다. 노하우 Tips는 각 주제별 학습 노하우를 정확하게 제시해 줍니다.

 ### 토픽별 다양한 실전 답안을 통한 표현력 향상

자신의 상황에 맞는 표현을 골라 심층학습을 할 수 있습니다. 또한, 원어민 발음으로 녹음된 MP3로 반복해서 학습하여 나만의 논리력을 향상시킬 수 있습니다.

 ### 표현 Tips들의 학습을 통한 논리력 향상

토픽별 다양한 표현의 모범답안과 표현 Tips를 활용하여 나만의 표현력은 물론, 논리력에도 자신감을 가질 수 있습니다.

인도네시아어 회화 표현 UP과 문법 Tips를 통한 나만의 실력 향상

핵심 문법도 학습하면서 다양한 어휘도 공부할 수 있도록 구성하였고, 인도네시아어 회화 표현 UP은 고급 표현에 꼭 필요한 핵심 노하우를 안내해 줍니다.

학습 요령

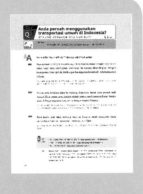

1. 듣기 요령

각 토픽별로 다양하게 준비되어 있는 질문과 답변들을 MP3를 들으면서 소리를 내 흉내를 내는 것이 중요합니다. 발음, 억양, 뉘앙스뿐만 아니라 표현력도 자신감을 가질 수 있게 해 줍니다.

2. 말하기

눈으로 학습하지 말고 입으로 학습하세요. 준비되어 있는 다양한 토픽과 모범 답변들을 반복 해서 소리를 내 읽고, 읽는 속도에 맞추어 머릿속으로는 내용을 파악해 가는 것이 중요합니다.

(1) 흉내 내기

준비되어 있는 MP3를 활용하여 소리를 내 흉내를 내는 것은 매우 중요한 학습 과정입니다. 꼭 흉내를 내보세요!

(2) 나만의 표현 만들기

간단하면서 구체적인 나만의 표현을 만들고 소리를 내 연습해 보세요. 짧지만 구체적으로 표현을 연습하면 꼬리물기 질문 등 돌발상황을 최소화 할 수 있습니다.

3. 표현력과 논리력 높이기

다양한 표현들을 많이 접하는 것이 가장 중요합니다. 많은 표현을 학습하게 되면 상황에 따른 표현력과 논리력이 향상됩니다. 단순히 암기하면 응용력이 떨어지고 나의 수준을 향상시킬 수 없습니다. 내가 좋아하는 소설책을 읽는다는 마음으로 다양한 표현을 반복해서 접해 보세요!

높은 점수를 받으려면?

인도네시아어 OPI시험에서 고득점을 받기 위해서는 다음 세 가지 부분이 가장 중요합니다.

1 다양한 표현력

다양한 표현들을 많이 접하는 것이 가장 중요합니다. OPI와 같은 대화 (인터뷰)는 문법, 어순, 문장구조보다 말하고자 하는 내용을 다양하게 표현하여 내 의사를 전달하는 것이 핵심입니다. 본 교재를 활용하여 다양한 표현들을 습득할 수 있습니다.

2 질문의 핵심과 키워드 파악

핵심 질문과 질문 속의 키워드를 파악하는 것은 상대방의 질문을 이해한다는 것입니다. 상대방 질문의 핵심과 키워드를 파악하면 어순이나 문법이 틀리더라도 정확한 답변을 할 수 있습니다. 인터뷰는 문법이 중요한 포인트가 아닙니다.

3 접속사 활용

다양한 표현을 할 수 있다 하더라도 문장을 단순히 나열하는 대화는 논리력이 부족한 것입니다. 그래서, 왜냐하면, ~에 따르면, 내가 생각하기에는 등의 다양한 접속사를 활용할 수 있어야 논리적인 의사전달이 됩니다. 본 교재를 통해 논리력을 향상시킬 수 있습니다.

나만의 학습 계획표

최고의 OPI 성적을 획득하기 위한 나만의 4주 완성 학습 계획표입니다. 아래의 학습 계획표에 맞추어 4주간 체계적으로 학습하고 2~3회 반복하여 익힌다면 Intermediate High(IH) 이상의 성적을 달성할 수 있습니다.

나만의 학습 계획표에 맞게 학습하면서 나의 상황과 수준에 맞는 나만의 표현을 준비하여 실전에 대비해야 합니다.

■ 4주 완성 나만의 학습 계획표

	1주차	2주차	3주차	4주차
1일	1과 토픽별 Q&A 실전연습 표현&문법 Tips	6과 토픽별 Q&A 실전연습 표현&문법 Tips	11과 토픽별 Q&A 실전연습 표현&문법 Tips	16과 토픽별 Q&A 실전연습 표현&문법 Tips
2일	2과 토픽별 Q&A 실전연습 표현&문법 Tips	7과 토픽별 Q&A 실전연습 표현&문법 Tips	12과 토픽별 Q&A 실전연습 표현&문법 Tips	
3일	3과 토픽별 Q&A 실전연습 표현&문법 Tips	8과 토픽별 Q&A 실전연습 표현&문법 Tips	13과 토픽별 Q&A 실전연습 표현&문법 Tips	Role Play 복습 (15과)
4일	4과 토픽별 Q&A 실전연습 표현&문법 Tips	9과 토픽별 Q&A 실전연습 표현&문법 Tips	14과 토픽별 Q&A 실전연습 표현&문법 Tips	
5일	5과 토픽별 Q&A 실전연습 표현&문법 Tips	10과 토픽별 Q&A 실전연습 표현&문법 Tips	15과 토픽별 Q&A 실전연습 표현&문법 Tips	실전 연습 3주간 준비한 나만의 표현 연습
6일 7일	1~5과 나만의 표현 연습	6~10과 나만의 표현 연습	11~15과 나만의 표현 연습	

Contents

저자의 글

아세안 경제공동체(ASEAN Economic Community)의 출범, 신 남방정책 등 사회, 경제, 정치, 문화, 관광 등 모든 분야에서 아세안, 특히 아세안의 중심이라 할 수 있는 인도네시아에 관한 관심과 교류가 점차 고조되고 있습니다. 이와 같은 시대적, 사회적 분위기에 맞추어 인도네시아와 인도네시아어에 대해 배우려는 사람들이 점점 많아지고 있고, 이에 따라 실제 인도네시아 현지에서 또는 인도네시아와의 비즈니스상에서 활용할 수 있는 언어 구사 능력을 테스트할 수 있는 시험으로 인도네시아어 OPI 시험이 주목받고 있는 상황입니다.

본 교재는 기존 시중에 보급된 초보자용이나 문법 위주 교재의 한계를 뛰어 넘어 더욱 다양한 표현력과 논리력을 학습할 수 있는 기회를 마련하고자 준비하였습니다. 이를 통해 기초 수준의 인도네시아어 학습기회에서 벗어나 자신의 실력을 중·상급으로 도약시킬 수 있는 계기가 될 수 있도록 하였습니다. 이를 위해 필수 토픽 16개를 중심으로 다양한 질문과 다양한 답변 그리고 10가지의 Role Play 상황을 중심으로 본 교재를 구성하였고, 이를 통하여 다양한 표현력과 논리력을 함양할 수 있도록 하였습니다. 또한 유용한 표현들, 어휘 그리고

핵심문법도 함께 다루었으므로 본 교재를 잘 활용하여 학습한다면 Intermediate High 등급 이상의 인도네시아어를 구사할 수 있을 것입니다.

저자들은 수십년간 인도네시아 교육분야에서 쌓은 다양한 실무경력, 인도네시아와 한국에서의 다양한 강의 경험, 실전 노하우를 바탕으로 본 교재를 준비하였고, 고급 인도네시아어 구사를 지향하는 데 꼭 필요한 핵심 내용들만 본 교재에 실었습니다. 따라서, 학습자의 수준을 중급에서 고급으로 끌어올리는데 매우 유용한 교재가 될 것입니다.

마지막으로 본 교재 출판을 위해 많은 도움을 아끼지 않으신 르몽드 어학원 종로 캠퍼스 최미수 원장님 그리고 바쁘신 가운데에도 기꺼이 본 교재에 대해 감수를 해 주신 Prof. Dr. Emzir, M.Pd., 인도네시아 국립 자카르타 교육대학교 (UNJ) 대학원 언어교육학과 교수 겸 학과장님께도 감사의 말씀을 드립니다.

저자 박진려·박창호

인도네시아어 인사말

1. 시간에 따른 인사

인사말		
아침인사 (04:00~10:00)	Selamat pagi!	좋은 아침입니다!
낮 인사 (10:00~14:00)	Selamat siang!	좋은 점심입니다!
오후 인사 (14:00~18:30)	Selamat sore!	좋은 오후입니다!
밤 인사 (18:30~04:00)	Selamat malam!	좋은 밤입니다!

➥ 인도네시아는 3개의 시간대가 있을 뿐만 아니라 지역이나 종족에 따라서 인사말을 시간으로 구분하는 것이 다소 다를 수도 있습니다.

2. 안부 인사

· Apa kabar?　　　　　　　　　　　　　　　　잘 지내셨어요?
　➥ Baik. = Kabar baik. = Baik-baik saja. 잘 지냈습니다.

3. 헤어질 때 인사

· Dah.　　　　　　　　　　　　　　　　　안녕/잘 가요.
· Sampai besok.　　　　　　　　　　　　내일 봐요.
· Sampai jumpa lagi.　　　　　　　　　또 만나요.
· Sampai nanti(= Sampai bertemu lagi).　나중에 봐요.
· Selamat jalan.　　　　　　　　　　　안녕히 가세요. (오래 또는 영원히 헤어질 때)
· Selamat tinggal.　　　　　　　　　　안녕히 계세요. (오래 또는 영원히 헤어질 때)

4. 감사와 사과

· Terima kasih.　　　　　　　　　　　　　　　감사합니다.
　➥ Kembali. = Terima kasih kembali. = Sama-sama. 천만에요.

· (Minta) maaf.　　　　　　　　　　　　　　　미안합니다.
　➥ Tidak apa-apa.　　　　　　　　　　　　　괜찮습니다.

인도네시아어의 문자·발음

■ 인도네시아어 문자

인도네시아어는 A부터 Z까지 영어와 동일한 알파벳을 사용하지만, 읽는 발음이 다르고 E(e)를 제외하고는 각 문자마다 고유의 발음을 가지고 있습니다.

■ 알파벳

알파벳	음성 기호	발음	모음 / 자음	알파벳	음성 기호	발음	모음 / 자음
A a	[ɑ:]	아	모음	N n	[n]	엔	자음
B b	[be]	베	자음	O o	[ɔ], [o]	오	모음
C c	[c], [tʃ], [tɕ]	쩨	자음	P p	[p]	뻬	자음
D d	[d]	데	자음	Q q	[q]	끼	자음
E e	[e], [ɛ], [ə]	으, 에	모음	R r	[r]	에르	자음
F f	[f]	에프	자음	S s	[s]	에스	자음
G g	[g]	게	자음	T t	[t]	떼	자음
H h	[h]	하	자음	U u	[u]	우	모음
I i	[i]	이	모음	V v	[f]	페	자음
J j	[dʒ], [dʑ]	제	자음	W w	[w]	웨	자음
K k	[k]	까	자음	X x	[ks]	엑스	자음
L l	[l]	엘	자음	Y y	[j]	예	자음
M m	[m]	엠	자음	Z z	[z]	젯	자음

■ 인도네시아어 발음의 세 가지 특징

(1) 모음 a, e, i, o, u 중 e를 제외한 나머지 4개의 모음은 각각 자기 소리만을 냅니다.

(2) c – k – p – t, 이 네 가지 철자는 된소리 즉, 쩨 – 까 – 뻬 – 떼로 강하게 발음됩니다.

(3) 알파벳 r은 혀를 굴려서 [르] 발음을 냅니다.

인도네시아어 발음

■ 발음

A a	우리말의 [ㅏ] 발음이 납니다. 예 ayah [아야] 아버지. akan [아깐] ~할 것이다. ayam [아얌] 닭
B b	우리말의 [ㅂ] 발음이 납니다. 예 bagus [바구스] 좋은. batik [바띡] 전통 의상. baca [바짜] 읽다
C c	우리말의 [ㅉ] 발음이 납니다. 예 cuci [쭈찌] 씻다. cerah [쯔라] 맑은. catat [짜땃] 기록하다
D d	우리말의 [ㄷ] 발음이 납니다. 예 daun [다운] 잎. damai [다마이] 평온한. dasi [다시] 넥타이
E e	우리말의 [ㅔ], [ㅡ]의 두 가지 발음을 가지고 있습니다. 예 pergi [뻐르기] 가다. ekologi [에콜로기] 생태학. pesan [쁘산] 예약
F f	우리말의 [ㅍ] 또는 [ㅍ]와 [ㅎ]의 중간 발음이 납니다. 예 faktor [팍토르] 요인. fasilitas [파실리따스] 시설. fantasi [판타시] 공상
G g	우리말의 [ㄱ] 발음이 납니다. 예 generasi [게너라시] 세대. gunung [구눙] 산. ganggu [강구] 방해하다
H h	우리말의 [ㅎ] 발음이 납니다. 예 harus [하루스] 당연히. hanya [하냐] 단지. hati [하띠] 마음
I i	우리말의 [ㅣ] 발음이 납니다. 예 ibu [이부] 어머니. ikut [이꿋] 따라가다. ini [이니] 이것
J j	우리말의 [ㅈ] 발음이 납니다. 예 jangan [장안] ~하지 않다. janji [잔지] 약속. jamu [자무] 손님
K k	우리말의 [ㄲ] 발음이 납니다. 예 kakak [까깍] 손위. kantor [깐또르] 사무실, 회사. kalangan [깔랑안] 부류, 계층
L l	우리말의 [ㄹ] 발음이 납니다. 예 laporan [라뽀란] 보고, 보고서. lapar [라빠르] 배고픈. lari [라리] 도망치다
M m	우리말의 [ㅁ] 발음이 납니다. 예 mandi [만디] 목욕하다. makan [마깐] 먹다. madu [마두] 꿀
N n	우리말의 [ㄴ] 발음이 납니다. nanti [난띠] 나중에. nenek [네넥] 할머니. nol [놀] 영, 제로
O o	우리말의 [ㅗ] 발음이 납니다. 예 organ [오르간] 기관. obeng [오벵] 드라이버. otonomi [오또노미] 자치권
P p	우리말의 [ㅃ] 발음이 납니다. 예 pasar [빠사르] 시장. pagi [빠기] 아침. pipi [삐삐] 뺨, 볼
Q q	우리말의 [ㄲ] 발음이 납니다.　　* 이 철자는 일반적으로 코란 외에는 거의 사용되지 않는 철자입니다. 예 quran [꾸란] 코란. qiraat [끼라앗] 낭독. qari [까리] 코란 봉독자
R r	우리말의 [ㄹ] 발음이 납니다. 예 rajin [라진] 근면한. ramai [라마이] 시끌시끌한. rapat [라빳] 회의

S s	우리말의 [ㅅ] 발음이 납니다. 예 sayur [사유르] 채소, salam [살람] 인사, sendiri [슨디리] 혼자서
T t	우리말의 [ㄸ] 발음이 납니다. 예 tangan [땅안] 손, tadi [따디] 아까, tempat [뜸빳] 장소, 위치
U u	우리말의 [ㅜ] 발음이 납니다. 예 usia [우시아] 나이, upaya [우빠야] 노력, unsur [운수르] 요소
V v	우리말의 [ㅂ] 발음이 납니다. 예 vakum [바꿈] 비어 있는, versi [베르시] 버전, 판본, voltase [볼따스] 전압
W w	우리말의 [ㅇ] 발음이 납니다. 예 waktu [왁뚜] 시간, wajar [와자르] 본래의, 순수한 warga [와르가] 주민, 시민
X x	영어의 [X] 발음과 동일한 발음이 납니다. 예 xantina [산띠나] 잔틴(산화효소), xantofil [산토필] 황색소, xilografi [실로그라피] 목판술
Y y	영어의 [y] 발음과 동일한 발음이 납니다. 예 yayasan [야야산] 재단, yakni [약니] 즉, 다시말하면, yodium [요디움] 요오드
Z z	우리말의 [ㅈ] 발음이 납니다. 예 ziarah [지아라] 성묘하다, zebra [제브라] 얼룩말, zaman [자만] 시대

■ 유의할 발음

Kh	본래 K의 발음인 [ㄲ] 발음을 내는 것이 아니라, 뒤에 h가 함께 붙었기 때문에 [ㅋ] 발음이 납니다. 예 khawatir [카와띠르] 걱정하다, khusus [쿠수스] 특별한
Ng	우리말 발음 '앙'에서의 [ㅇ] 받침소리가 납니다. 예 tunggu [뚱구] 기다리다, tanggung [땅궁] 부담을 지다
Ny	N의 [ㄴ] 발음과 y의 발음을 이어서 발음하므로, [냐] 발음이 납니다. 예 nyanyi [냐니] 노래, nyala [냘라] 불꽃
Sy	우리말 발음 '샤'에서의 [ㅅ] 발음이 납니다. 예 syair [샤이르] 시, 해설, syarat [샤랏] 조건, 규정

이 외에 이중모음의 경우, 단순히 모음을 보이는 그대로 발음해 주면 됩니다.

Ai	[아이] 예 pandai [빤다이] 영리한, lantai [란따이] 층, 바닥
Au	[아우] 예 saudara [사우다라] 형제, 자매, audisi [아우디시] 오디션
Oi	[오이] 예 sepoi [스뽀이] 살랑살랑 바람 불다, koboi [꼬보이] 카우보이, 건달

Perkenalkan Diri
자기소개 하기

OPI 시험에서 자기소개는 아주 기본적인 질문사항입니다.

자기소개의 핵심요소는 이름, 가족관계, 거주지, 직업, 취미 등입니다.

더 상세하게 말하고 싶더라도, 너무 장황하게 말하거나 상세하게 설명하면 꼬리를 무는 질문, 즉 꼬리물기 질문들이 계속해서 쏟아져 나오면서 인터뷰의 리듬이 깨지는 경우가 많습니다. 입사 면접이 아니므로 위에서 언급한 핵심 요소를 중심으로 간략하게 답변하되, 자신이 언급한 가족, 취미, 직업 등에 대한 추가적인 꼬리물기 질문과 돌발 질문들이 다양하게 나올 수 있다는 것을 염두에 두고 미리 준비해 두어야 합니다.

Tip **01**

시험 도입부라 할 수 있는 자기소개 시간은 1~2분 이내에 마무리하기

Tip **02**

이름, 가족관계, 거주지, 직업, 취미 등 핵심요소만 간결하게 말하기

Tip **03**

취미를 말할 때는 가장 일반적인 것을 선택해서 말하기

Tip **04**

추가 질문을 유발할 수 있는 긴 설명은 금물!

Q & A
List

🎧 L 01_01

자기소개

Q 1 Silakan perkenalkan diri Anda.

자신을 소개해 주세요.

 L01_02

 샘의 Tips 인도네시아어로 첫 인사를 할때, Selamat pagi!와 같은 인사말이나 Halo! 또는 Apa kabar? 등으로 시작하는 것이 좋습니다.

&A 자신의 상황에 가장 비슷한 답변을 중심으로. 집중 연습해 보세요!

상황 1 Selamat pagi! Nama saya Hong Gildong dari Seoul. Saya lahir di Seoul pada tahun 1992. Keluarga saya dan saya tinggal di Jongno-gu yang lokasinya dekat dari Pasar Dongdaemun. Saya benar-benar mencintai musik. Bahkan, saya memiliki mimpi untuk menjadi seorang penyanyi K-Pop yang terkenal.

안녕하세요! 저는 서울에 사는 홍길동이라고 합니다. 저는 1992년에 서울에서 태어났습니다. 저와 제 가족은 동대문 시장에서 가까운 종로구에 살고 있습니다. 저는 정말로 음악을 사랑합니다. 더욱이, 저는 유명한 케이팝 가수가 되는 꿈을 갖고 있습니다.

상황 2 Perkenalkan! Nama saya Hong Gildong. Saya berasal dari Busan. Saya seorang mahasiswa Fakultas Bahasa Asing, Universitas Korea. Karena ini adalah tahun kelima sebagai mahasiswa, saya sedang mencari pekerjaan.

소개합니다! 제 이름은 **홍길동**입니다. 저는 부산 출신입니다. 저는 한국대학교 외국어 학부 대학생입니다. 제가 대학생이 된 지 5년째이기 때문에 저는 지금 직장을 구하는 중입니다.

상황 3 Selamat siang, Ibu! Perkenalkan, nama saya Hong Gildong dan umur saya 25 tahun. Saya tinggal di Suwon, salah satu kota satelit yang dekat dari Seoul. Saya adalah anak bungsu dari tiga bersaudara.

안녕하세요, 선생님! 저를 소개하겠습니다. 제 이름은 홍길동이고 25세입니다. 저는 서울에서 가까운 위성도시의 하나인 수원에서 살고 있습니다. 저는 3남매 중 막내입니다.

 표현 Tips
- ~에서 온 ~입니다 **Nama saya ~ dari ~.**
- ~대학 ~학부의 대학생입니다 **Saya seorang mahasiswa Fakultas ~, Universitas ~.**
- ~남매 중 ~째입니다 **Saya anak ke~ dari ~ bersaudara.**

어휘 | **anak bungsu** 막내 | **benar-benar** 정말로, 진짜로 | **fakultas** 학부, 단과대학 |
| **kota satelit** 위성도시 | **pasar** 시장 | |

Untuk sampai tempat ujian Anda menggunakan kendaraan apa?

시험장소까지 무엇을 타고 왔나요?

 L01_03

 샘의 *Tips* 인도네시아어에서 어떤 **교통편을 타다**라고 할 때는 naik ~로 표현합니다.

 &A 자신의 상황에 가장 비슷한 답변을 중심으로 집중 연습해 보세요!

상황 1 Saya naik taksi saja karena saya takut terlambat ujian ini. Untuk itu, saya membayar ongkos sekitar 15.000 won dan saya pikir ongkosnya cukup mahal.

이 시험에 늦을 것이 걱정되서 택시를 탔습니다. 그것을 위해, 약 15,000원의 요금을 지불했는데 저는 요금이 매우 비싸다고 생각합니다.

상황 2 Karena tempat ujian ini dekat sekali dari rumah, saya berjalan kaki saja. Saya pikir dari rumah saya sampai sini memakan waktu kira-kira 20 menit saja.

이 시험장소가 집에서 매우 가까워서 저는 그냥 걸어왔습니다. 제 생각에 저의 집에서 이곳까지 약 20분 정도 걸린 것 같습니다.

상황 3 Saya naik kereta bawah tanah, Pak. Menurut saya, karena kereta bawah tanah selalu beroperasi secara tepat waktu, tidak usah khawatir soal keterlambatan.

지하철을 타고 왔습니다, 선생님. 제 생각으로는, 지하철은 항상 정해진 시간에 운행하기 때문에, 지각에 대해 걱정할 필요가 없습니다.

상황 4 Tadi pagi saya naik bus saja. Dengan adanya jalur khusus bus, seperti bus saat ini transportasi umum sangat nyaman dan murah. Ongkosnya sekitar 1.200 won saja.

아까 오전에, 버스를 탔습니다. 버스 전용차선이 있어서 버스와 같은 대중교통이 요즘에는 매우 편안하고 저렴합니다. 요금은 대략 1,200원 정도입니다.

 표현
Tips
· 저는 아까 ~를 탔습니다 **Saya naik ~ tadi.**
· ~는 늘 정시에 운행합니다 **~ selalu beroperasi secara tepat waktu.**
· ~이용은 매우 편안하고 저렴합니다 **Penggunaan ~ sangat nyaman dan murah.**

어휘 berjalan kaki 도보로 걷다 jalur khusus bus 버스 전용차선 kereta bawah tanah 지하철
keterlambatan 지각 khawatir 걱정하다. 염려하다. 두려워하다 ongkos (대중교통) 요금 tepat waktu
정각(시)에 transportasi umum 대중교통

Q 3 Silakan perkenalkan tentang keluarga Anda.
당신 가족에 대해 설명해 주세요.

 L01_04

 샘의 Tips 여동생 ~명과 남동생 ~명은
~ saudara perempuan dan ~ saudara laki-laki로 표현합니다.

 &A 자신의 상황에 가장 비슷한 답변을 중심으로 집중 연습해 보세요!

상황 1

Saya memiliki dua saudara perempuan dan satu saudara laki-laki. Mereka sudah lulus sekolah dan sedang bekerja di luar negeri. Waktu masih kecil, kami sering menghabiskan waktu bersama pada akhir pekan.

저는 2명의 여동생과 1명의 남동생이 있습니다. 그들은 이미 졸업해서 해외에서 근무하고 있습니다. 어렸을 적에, 저희는 자주 주말에 함께 시간을 보냈습니다.

상황 2

Bapak saya pensiunan pegawai negeri dan sekarang sedang mengembangkan hobinya berbisnis buah-buahan. Sementara itu, ibu saya seorang dosen di jurusan Ekonomi, Universitas Korea. Saya adalah putri satu-satunya.

제 아버지는 공무원 퇴직자이시고 지금은 취미를 개발하여 과일 사업을 하고 계십니다. 한편, 제 어머니는 한국대학교 경제학부 강사이십니다. 저는 외동딸입니다.

상황 3

Saya merupakan anak kedua dari empat bersaudara. Bapak saya sudah meninggal dunia sekitar 10 tahun yang lalu. Ibu saya seorang manajer di PT Korea.

저는 4남매 중 둘째입니다. 제 아버지는 약 10년 전에 이미 돌아가셨습니다. 제 어머니는 코리아 회사의 매니저입니다.

 **표현
Tips**
- 저는 ~ 를 졸업하고 ~에 근무 중입니다 **Saya sudah lulus ~ dan sedang bekerja di ~.**
- 저는 취미를 개발해서 ~ 사업 중입니다 **Saya sedang mengembangkan hobi saya berbisnis ~.**
- ~는 ~회사의 매니져입니다 **~ adalah seorang manajer di PT ~.**

어휘 akhir pekan 주말 di luar negeri 해외에서 manajer 매니저 pegawai negeri 공무원
pensiunan (은퇴)퇴직자 putri satu-satunya(=anak perempuan tunggal) 외동딸

Q4 Apa pekerjaan Anda?

하는 일이 무엇인가요?

🎧 L01_05

셈의 *Tips*

석사과정은 program S-2로, 석사학위는 gelar S-2로 구분하여 표현합니다.

&A

자신의 상황에 가장 비슷한 답변을 중심으로 집중 연습해 보세요!

상황 1

Karena keahlian saya bahasa Inggris, saya bekerja sebagai pemandu wisata untuk wisatawan asing yang berlibur ke Korea.

저의 전공이 영어이기 때문에, 저는 한국으로 휴가를 오는 외국인 관광객을 위한 관광안내사로 근무하고 있습니다.

상황 2

Saya pensiunan dari salah satu perusahaan perdagangan internasional. Oleh karena itu, saya sedang mengembangkan bisnis sendiri, yaitu saya mengimpor berbagai bahan makanan dari Indonesia dan memasarkannya ke pasar domestik Korea.

저는 한 국제무역상사에서 은퇴한 사람입니다. 그래서, 인도네시아에서 다양한 식자재를 수입하여 한국 내수시장에 공급하는 개인사업을 하고 있습니다.

상황 3

Saya sudah wisuda pada bulan lalu. Jadi, saya sedang sibuk mempersiapkan diri untuk ujian masuk program S-2, pascasarjana. Saya ingin belajar tentang ilmu hubungan internasional, khususnya tentang ASEAN.

저는 지난달에 이미 졸업을 했습니다. 그래서, 저는 대학원 석사과정 입학시험 준비로 바쁩니다. 저는 국제관계학, 특히 아세안에 대해 배우고 싶습니다.

표현 *Tips*

· 저는 ~ 로 일하고 있습니다 **Saya sedang bekerja sebagai ~.**

· 저는 ~에서 은퇴를 했습니다 **Saya pensiunan dari ~.**

· 저는 ~ 시험 준비중입니다 **Saya sedang mempersiapkan diri untuk ujian ~.**

어휘

bahan makanan 식자재 **hubungan internasional** 국제관계 **keahlian** 능력,전문(성) **memasarkan** 공급(판매)하다 **mengimpor** 수입하다 **pasar domestik** 내수시장 **pascasarjana** 대학원 **pemandu wisata** 관광안내사 **perdagangan internasional** 국제무역(통상) **program S-2** 석사과정 **wisatawan asing** 외국인 관광객 **wisuda** 졸업, 졸업하다

Apa pekerjaan orang tua Anda?

부모님은 무슨 일을 하시나요?

 L01_06

 샘의 *Tips* 직장인(회사원)이라는 표현은 bekerja di perusahaan이나 pegawai swasta 라고 표현해도 됩니다.

&A 자신의 상황에 가장 비슷한 답변을 중심으로 집중 연습해 보세요!

상황 1 Bapak saya seorang pegawai negeri sipil dan beliau sedang bekerja di Balai Kota Seoul. Ibu saya hanya seorang ibu rumah tangga. Sebenarnya, dulu ibu saya pernah bekerja di sebuah perusahaan swasta di Incheon.

저의 아버지는 공무원으로 서울시청에서 근무하고 계시지만 저의 어머니는 주부입니다. 사실 과거에 저의 어머니는 인천에 있는 한 민간기업에서 근무한 적이 있습니다.

상황 2 Bapak saya sudah pensiun dari perusahaan swasta pada tahun lalu. Walaupun demikian, beliau sedang merencanakan membuka bisnis sendiri di bidang perdagangan. Sedangkan, ibu saya adalah seorang guru TK.

저의 아버지는 작년에 한 민간기업에서 은퇴하셨습니다. 그렇지만, 그분은 현재 무역 분야에서 개인 사업을 하려고 준비하고 있습니다. 한편, 저의 어머니는 유치원 교사입니다.

상황 3 Ibu saya menjalankan sebuah salon di dekat rumah dan bapak saya sedang bekerja di Singapura. Tahun kemarin bapak saya ditugaskan oleh perusahaannya ke negara tersebut sebagai seorang representatif Asia Tenggara.

저의 어머니는 집 근처에서 미용실을 운영하고 계시고 아버지는 현재 싱가포르에서 근무 중입니다. 작년에 저의 아버지는 동남아시아 대표로 싱가포르에 파견되었습니다.

 표현 *Tips*
- 저의 ~는 공무원이십니다 ~ saya (adalah) seorang pegawai negeri sipil.
- 저는 ~ 분야에서 사업할 계획입니다 Saya merencanakan membuka bisnis di bidang ~.
- 저의 아버지는 회사에서 ~로 파견을 나갔습니다
  Bapak saya ditugaskan oleh perusahaannya ke ~.

어휘 balai kota 시청 ditugaskan 파견되다, 임무가 부여되다 menjalankan ~를 운영하다 pegawai negeri sipil 일반 공무원 pensiun 은퇴, 은퇴하다 perdagangan 무역 representatif 대표, 대표자 TK (Taman Kanak-Kanak) 유치원

Anda sudah berkeluarga?

결혼 했나요?

 L01_07

 샘의 Tips
이미 결혼했다라는 표현으로 sudah menikah 또는 sudah berkeluarga라고 합니다.

&A 자신의 상황에 가장 비슷한 답변을 중심으로 집중 연습해 보세요!

상황 1 Belum, Pak. Saya masih bujangan. Rencananya saya akan menikah setelah saya mendapatkan pekerjaan. Kalau belum bekerja, saya belum mampu untuk menikah karena biaya hidup di Seoul mahal.

아직이요, 선생님. 저는 아직 싱글입니다. 저는 직업을 구한 후에 결혼을 할 계획입니다. 아직 일하지 않으면 서울에서는 생활비가 비싸기 때문에 저는 결혼할 능력이 없습니다.

상황 2 Iya, Pak. Saya sudah berkeluarga dan hanya mempunyai seorang anak perempuan. Dia seorang siswa kelas 2 di SMA Gangnam. Karena tahun depan dia akan naik kelas, saya akan mendorongnya supaya belajar lebih keras.

네, 선생님. 저는 이미 결혼을 했고 여자아이 한 명이 있습니다. 그 아이는 강남고등학교 2학년 학생입니다. 내년에 그 아이가 (3학년으로) 진급할 예정이라서 저는 더 열심히 공부하도록 그 아이를 독려할 계획입니다.

상황 3 Belum menikah. Akan tetapi, tahun ini saya akan menikah. Rencananya pesta pernikahan saya akan dilangsungkan pada bulan September. Saya ingin punya anak sebanyak 3 orang anak supaya ramai karena saya sendiri adalah anak tunggal.

결혼하지 않았습니다. 그러나 올해에 저는 결혼을 할 예정입니다. 저의 결혼식은 9월에 올려질 계획입니다. 제가 외동아들이라서 북적대는 것이 좋기 때문에 아이 셋을 갖고 싶습니다.

 표현 Tips
· 저는 ~ 때문에 아직 결혼할 수 없습니다 **Saya belum mampu untuk menikah karena ~.**
· 저는 이미 결혼했고 ~ 아이 한명이 있습니다
Saya sudah berkeluarga dan punya seorang anak ~.
· 저의 결혼식은 ~월에 올려질 것입니다
Pesta pernikahan saya akan dilangsungkan pada bulan ~.

어휘 berkeluarga 가족(가정)이 있다. 결혼하다 biaya hidup 생활비 bujangan 총각, 미혼남, 아직 결혼하지 않은 남자 dilangsungkan 개최되다, 거행되다 mampu 가능한, ~할 수 있는 mendorong 독려하다, 장려하다, 부추기다 naik kelas 진급하다

색칠한 단어로 표현을 완성시켜 연습해 보고 다양한 단어를 활용하여 자신에게 맞는 상황을 만들어 반복적으로 연습해 보세요.

Q1 자기소개

소개합니다! 제 이름은 홍길동입니다. 저는 서울 출신입니다. 저는 한국대학교 컴퓨터공학학부 대학생입니다. 제가 대학생이 된 지 5년째이기 때문에 저는 지금 직장을 구하는 중입니다.

Perkenalkan! Nama saya _____. Saya berasal dari _____. Saya seorang mahasiswa Fakultas _____, Universitas _____. Saya sedang mencari pekerjaan karena ini adalah _____ _____ sebagai mahasiswa.

Q2 이용한 교통편

아까 아침에 저는 버스를 탔습니다. 버스 전용차선이 있어서 버스와 같은 대중교통 이용이 요즘에는 매우 편안하고 저렴합니다. 요금은 대략 1,200원 정도입니다.

Tadi _____ saya naik _____ saja. Dengan adanya _____, seperti bus saat ini _____ _____ sangat nyaman dan murah. _____ sekitar _____ won saja.

Q3 가족소개

제 아버지는 민간기업 퇴직자이시고 지금은 취미를 개발하여 과일 사업을 하고 계십니다. 한편, 제 어머니는 한국대학교 경제학부 강사이십니다. 저는 외동딸입니다.

Bapak saya _____ perusahaan swasta dan sekarang sedang mengembangkan hobinya _____ _____ . Sementara itu, ibu saya seorang dosen di _____ _____ , Universitas _____ . Saya adalah putri _____ .

Q4

하는 일   저는 지난달에 이미 졸업을 했습니다. 그래서, 저는 대학원 석사과정 입학시험 준비로 바쁩니다. 저는 국제관계학에 대해 배우고 싶습니다.

Saya sudah wisuda pada _____ _____ . Jadi, saya sedang sibuk mempersiapkan diri untuk _____ program _____, pascasarjana. Saya ingin belajar tentang ilmu _____ _____ .

Q5

부모님 직업   저의 아버지는 공무원으로 **서울시청**에서 근무하고 계시지만 저의 어머니는 **주부**입니다. 사실 과거에 저의 어머니는 **인천**에 있는 한 민간기업에서 근무한 **적이 있습니다.**

Bapak saya seorang pegawai negeri sipil dan beliau sedang bekerja di _____ . Ibu saya hanya seorang _____ . Sebenarnya, dulu ibu saya_____ _____ di sebuah perusahaan swasta di _____ .

Q6

결혼 여부   저는 이미 **결혼을 했고 여자** 아이 한 명이 있습니다. 그 아이는 **강남고등학교 2학년** 학생입니다. 내년에 그 아이가 **진급할** 예정이라서 저는 더 열심히 공부하도록 그 아이를 **독려할** 계획입니다.

Saya sudah _____ dan hanya mempunyai seorang _____ _____ . Dia adalah seorang siswa _____ _____ di SMA _____ . Karena tahun depan dia akan _____ , saya akan _____ supaya belajar lebih keras.

인도네시아어 회화 표현 UP 1

자기소개에 관한 다양한 표현을 응용할 수 있는 표현 Tip들입니다.

1 이 기회를 통해 당신을 알게 되어 매우 기쁩니다.
Saya sangat senang berkenalan dengan Anda dalam kesempatan ini.

2 저는 진정으로 사업가가 되는 것에 관심이 있습니다.
Saya benar-benar tertarik untuk menjadi pengusaha.

3 저는 제 취미를 개발하여 사업을 하고 있습니다.
Saya sedang mengembangkan hobi saya menjadi bisnis.

4 제 아버지의 당부는 제 인생의 지침이 되고 있습니다.
Pesan ayah menjadi pedoman hidup saya.

5 저는 현재 인도네시아어가 매우 중요하다고 생각합니다.
Saya pikir saat ini bahasa Indonesia sangat penting.

6 제 가족은 진심으로 제 경력을 지지해 줍니다.
Keluarga saya benar-benar mendukung karir saya.

7 저는 외동아들(외동딸)이라 형제자매가 없습니다.
Karena anak tunggal, saya tidak mempunyai saudara kandung.

8 저는 운전면허증이 없습니다. 그러므로 현재 면허시험을 준비하고 있습니다.
Saya tidak punya SIM (surat izin mengemudi). Jadi, saya sedang mempersiapkan diri untuk mendapatkan lisensi.

9 저는 현재 미혼입니다. 그러므로 빨리 연인을 만나고 싶습니다.
Saya belum menikah. Oleh karena itu, saya ingin cepat bertemu dengan tambatan hati.

10 저는 현재 사귀고 있는 애인이 있습니다.
Saya sekarang ada pacar.

OPI 시험에서 꼬리를 무는 질문이 나와도 당황하지 않고 나만의 표현을 할 수 있도록 다양한 표현들을 익혀 봅시다!

11 저는 커피숍에서 아르바이트를 통해 제 수업료를 혼자서 낼 수 있습니다.
Saya mampu membayar kuliah sendiri dengan bekerja paruh waktu di kedai kopi.

12 제가 말씀드릴 수 있는 것이 그뿐이네요.
Saya pikir itu saja yang dapat saya sampaikan.

13 제가 15살 때 케이팝 경연대회에서 1등을 한 적이 있습니다.
Saya pernah memenangkan juara pertama dalam kontes K-Pop ketika saya berumur 15 tahun.

14 저는 인도네시아어 동아리에 가입한 적이 있습니다.
Saya pernah bergabung dengan klub bahasa Indonesia.

15 내가 슬플 때 그들은 자주 나를 도와주고 즐겁게 해 줍니다.
Mereka sering membantu dan menghibur saya ketika saya merasa sedih.

16 저는 교환학생 프로그램으로 학교를 대표하여 미국에 간 적이 있었습니다.
Saya pernah ke Amerika Serikat untuk mewakili sekolah dalam rangka program pertukaran pelajar.

17 제 가훈은 "가장 좋은 사람은 유용한 사람이다" 입니다.
Moto keluarga saya adalah "orang yang terbaik adalah orang yang bermanfaat".

18 저는 이번에 OPI 시험을 처음 보기 때문에 지금 많이 떨립니다.
Karena ini adalah ujian OPI pertama, saya gugup.

19 떨린 마음에 어젯밤에 몇 시간 잠을 못 이루었습니다.
Karena sangat gugup, saya tidur hanya beberapa jam tadi malam.

20 다시 한번 말씀해 주시겠어요.
Tolong ulangi sekali lagi.

1. 지시대명사

지시대명사는 ini (=this, these)와 itu (=that, those)의 두 가지이며, 단수와 복수로 구분되지 않습니다.

지시대명사		예 시	
ini	이것 (this, these)	Buku **ini** **Ini** sepeda.	이 책 이것은 자전거입니다.
itu	저것/그것 (that, those)	Buku **itu** **Itu** orang Korea.	그 책 저 사람은 한국사람입니다.

정관사, 부정관사가 명확하게 구분되어 있는 영어와 달리, 인도네시아어는 정관사, 부정관사의 개념이 명확하지 않습니다. 그러나 인도네시아어 역시 정관사, 부정관사를 쓰고 있고 itu는 영어의 the와 같이 정관사 기능을 합니다.

· Pelajar itu adalah Yulia.　　그 학생은 율리아입니다. **The** student is Yulia.
· Wanita itu berasal dari Jakarta.　그 여성은 자카르타 출신입니다. **The** lady is from Jakarta.

2. 인칭대명사

인칭대명사는 단수와 복수로 구성됩니다.

	단 수		복 수	
1인칭	saya aku	나/저 나	kami kita	우리(청자 제외) 우리(청자 포함)
2인칭	Anda Bapak / Ibu kamu	당신 씨(남) / 씨(여) 너	Anda sekalian	당신들
3인칭	dia bapak / ibu beliau	그/그녀 씨(남) / 씨(여) 그 분	kalian mereka	너희들 그들, 그분들

1인칭 대명사의 공식적인 단어는 saya이고 2인칭 대명사는 Anda입니다. 정말 친한 친구 사이인 경우를 제외하고는 가급적 saya와 Anda를 사용하는 것이 좋습니다. 2인칭 대명사 Anda, Bapak, Ibu는 상대방을 높여 부른다는 의미에서 반드시 첫 글자를 대문자로 써야 합니다. Anda는 보통 처음 만날 때 사용하고, 그 이후부터는 Bapak 또는 Ibu를 사용하여 상대방의 이름을 부르는 것이 일반적입니다.

Berbicara tentang Hobi dan Aktivitas

취미와 활동에 대해 말하기

노하우
Tips

자신의 취미와 여가시간, 또는 주말에 하는 활동들에 대한 질문은 OPI 시험에서 자기소개 다음으로 자주 출제되는 질문 중 하나입니다.

항상 꼬리물기 질문들이 이어지기 때문에 거창한 취미나 활동보다는 간단하거나 대중적인 활동을 중심으로 답변을 준비해야 합니다. 인터뷰의 핵심은 논리입니다. 단순히 문장을 외우기보다 자신의 취미 및 활동의 종류, 시기(언제), 이유 순으로 논리적인 답변을 준비해야 합니다. 취미나 주말 활동(여가활동) 등의 대화에서는 반드시 왜?라는 질문이 나오므로, 왜 그 취미를 좋아하나요?, 왜 그 활동을 하나요? 등에 대해 간결하고 논리적인 답변을 미리 준비해 두세요.

Tip **01**

취미와 여가시간의 활동에 대한 이유와 논리적인 답변 준비하기

Tip **02**

간결하고 대중적인 활동 중심으로 말하기

Tip **03**

취미가 없거나 특별한 활동을 하지 않는다면 그 이유에 대한 답변 준비하기

Tip **04**

추가 질문을 피할 수 있도록 핵심요소(종류, 시기, 이유)만 간단, 명료하게 말하기

33

Q1 Apa hobi Anda?

당신의 취미가 무엇입니까?

 L02_02

샘의 Tips hobi saya ～는 취미가 ～이다라는 뜻으로 같은 의미의 표현으로는 saya suka ～가 있습니다.

&A 자신의 상황에 가장 비슷한 답변을 중심으로 집중 연습해 보세요!

상황 1

Hobi saya adalah melakukan perjalanan wisata. Ketika membuat rencana perjalanan, saya sangat bersemangat. Terkadang saya berpikir bahwa membuka bisnis wisata bisa menjadi pilihan tepat bagi saya.

저의 취미는 여행입니다. 그래서, 여행계획을 만들 때, 저는 매우 신이 납니다. 가끔, 저는 관광 비즈니스를 하는 것이 저를 위한 올바른 선택이 될 수 있을 거라고 생각합니다.

상황 2

Hobi fotografi saat ini bisa dikatakan pesat pertumbuhannya. Seiring dengan tren tersebut, saya juga sangat suka kegiatan fotografi. Harapan saya adalah membeli sebuah kamera yang sebagus kamera DSLR pada tahun ini.

현재 사진 촬영의 취미는 빠르게 증가하고 있다고 말할 수 있습니다. 언급한 트렌드와 더불어서, 저도 사진 촬영 활동을 매우 좋아합니다. 저의 희망은 올해에 DSLR 카메라 수준의 좋은 카메라를 구입하는 것입니다.

상황 3

Saya suka bersepeda. Hobi ini mempunyai komunitas tersendiri dengan berbagai macam jenis sepeda, misalnya komunitas sepeda gunung, komunitas sepeda lipat, dan komunitas sepeda lainnya. Saya juga sudah bergabung dengan komunitas sepeda gunung tahun ini.

저는 자전거 타기를 좋아합니다. 이 취미는 예를 들면 산악자전거 동호회, 접이식 자전거 동호회 그리고 기타 다른 자전거 동호회와 같은 다양한 종류의 자전거로 이루어진 독자적인 동호회를 갖고 있습니다. 저 또한 올해 산악자전거 동호회에 가입했습니다.

표현 Tips

- ～를 좋아하기 때문에 제 취미는 ～입니다 **Hobi saya adalah ～ karena saya suka ～.**
- 그 트렌드와 더불어 저는 ～를 좋아합니다 **Seiring dengan tren itu, saya suka ～.**
- 저도 ～ 동호회에 가입했습니다 **Saya juga bergabung dengan komunitas ～.**

어휘 **bersepeda** 자전거를 타다 **fotografi** 사진 촬영 **ketika** ～할 때 **komunitas** 동호회, 공동체, 동아리 **perjalanan** 여행 **seiring dengan** ～와 함께, ～와 더불어 **terkadang** 가끔 **tren** 트렌드, 최근 성향, 유행 **wisata** 관광

Q 2 Aktivitas apa yang biasa Anda lakukan pada akhir pekan?

주말에 주로 어떤 활동을 하나요?

 L02_03

 샘의 *Tips* ~를 시도해 보다의 표현은 mencoba를 사용하여 뒤에 시도하는 주체를 넣어 표현해 줍니다. 예 잠을 청하다, 잠을 시도하다 mencoba tidur

&A

 자신의 상황에 가장 비슷한 답변을 중심으로 집중 연습해 보세요!

상황1 Secara rutin saya menghabiskan akhir pekan di rumah nenek untuk merawat nenek yang sakit dan juga membantu membersihkan rumahnya. Nenek adalah salah satu bagian dari keluarga saya yang sangat memerlukan perhatian.

정기적으로 저는 아프신 할머니를 간호하고 집 청소를 돕기 위해 할머니 집에서 주말을 보냅니다. 할머니는 관심을 매우 필요로 하는 제 가족의 한 구성원입니다.

상황2 Karena suka memasak, saya biasanya menghabiskan akhir pekan dengan mencoba resep-resep baru yang saya idam-idamkan selama ini. Minggu lalu saya mencoba membuat kue-kue dengan resep baru yang saya pelajari dari teman.

요리하는 것을 좋아해서, 저는 보통 그동안 열망했던 새로운 조리법들을 시도해 보는 것으로 주말을 보냅니다. 지난주에 저는 친구로부터 배운 새로운 조리법으로 과자류를 만들어 보았습니다.

상황3 Karena mempunyai hobi menonton film, saya sering membeli film DVD pada akhir pekan. Terkadang DVD bekas yang sudah saya tonton saya jual lewat toko *online*. Saya pikir menonton film itu membantu saya menghilangkan segala stres.

영화 보는 것이 취미라서, 저는 주말에 자주 영화 DVD를 구입합니다. 가끔은 이미 본 중고 DVD를 온라인 가게를 통해 팔기도 합니다. 저는 영화 보기가 저의 모든 스트레스를 해소하는 데 도움을 준다고 생각합니다.

 표현
Tips
· 저는 ~를 위해 주말을 보냅니다 **Saya menghabiskan akhir pekan untuk ~.**
· 지난주에 저는 ~를 시도한 적이 있습니다 **Minggu lalu saya pernah mencoba ~.**
· 그것은 제가 ~을 해소하도록 해 줍니다 **Itu membantu saya menghilangkan ~.**

어휘 **bekas** 중고의 **idam-idamkan** (mengidamkan) 열망(갈망)하다 **menghilangkan stres** 스트레스를 해소하다 **merawat** 간호하다, 돌보다 **resep** 조리법 **secara rutin** 정기(주기)적으로 **segala** 모든, 전부의

35

Q 3 Hobi apa saja yang dapat dikembangkan sebagai bisnis?

어떤 취미를 비즈니스로 개발할 수 있을까요?

 L02_04

 샘의 Tips bisa dikembangkan untuk ~은 ~를 위해 개발할 수 있다라는 뜻으로 ~를 발전시킨다라는 표현에 적합합니다.

&A 자신의 상황에 가장 비슷한 답변을 중심으로 집중 연습해 보세요!

상황 1

Kalau Anda berjalan-jalan ke Insa-dong di Seoul, di sana dipamerkan benda-benda antik yang dijual dengan harga yang bervariatif. Di *internet* pun banyak kolektor menjual barang-barang antik secara pribadi. Oleh karena itu, hobi koleksi barang antik mungkin bisa saja dikembangkan untuk berbisnis.

당신이 서울의 인사동을 가보면, 그곳에는 다양한 가격으로 판매되는 골동품들이 진열되어 있을 것입니다. 인터넷에서도 개인적으로 많은 수집가들이 골동품들을 판매하고 있습니다. 따라서, 골동품 수집의 취미는 아마도 비즈니스로 개발할 수 있을 것입니다.

상황 2

Menurut saya, hobi bercocok tanam bukan hanya untuk orang yang tinggal di pedesaan. Kita juga seringkali menemukan kebun hidroponik di perkotaan. Saya pikir hobi hidroponik itu dapat dikembangkan untuk menghasilkan sayuran organik.

제 생각으로는, 식물을 재배하는 취미는 시골에 사는 사람을 위한 것만이 아닙니다. 우리는 도시에서도 수경재배를 자주 볼 수 있습니다. 저는 무농약 채소를 생산하기 위해 수경재배 취미를 개발할 수 있다고 생각합니다.

상황 3

Memancing merupakan hobi yang dianggap membuang-buang waktu. Namun, bagi orang yang mempunyai hobi ini tentu akan berpendapat lain. Menurut saya, hobi ini juga bisa dijadikan sebuah bisnis.

낚시는 시간을 낭비한다고 여겨지는 취미입니다. 그러나 이 취미를 가진 사람은 분명히 다른 의견을 갖고 있을 것입니다. 제 생각으로는, 이 취미는 또한 사업 아이템이 될 수 있습니다.

 표현 Tips
- ~ 취미는 비즈니스로 개발할 수 있습니다 **Hobi ~ bisa dikembangkan untuk berbisnis.**
- ~ 취미는 ~에 사는 사람만을 위한 것입니다 **Hobi ~ hanya untuk orang yang tinggal di ~.**
- 그는 ~에 대해 다른 의견입니다 **Dia berpendapat lain tentang ~.**

어휘 benda (barang) antik 골동품 bercocok tanam 식물을 재배하다 berpendapat 의견을 갖다, 생각하다, 주장하다 dipamerkan 진열되다 hidroponik 수경재배 kolektor 수집가 memancing 낚시, 낚시하다 pedesaan 시골, 농촌 perkotaan 도시 sayuran organik 무농약 채소

Aktivitas apa saja yang dapat dilakukan pada akhir pekan?

주말에 할 수 있는 활동에는 무엇이 있을까요?

 L02_05

 샘의 Tips 내가 할 수 있는 활동 중의 하나는 ~이다의 뜻으로는 salah satu kegiatan yang bisa saya lakukan adalah ~로 표현할 수 있습니다.

A 자신의 상황에 가장 비슷한 답변을 중심으로 집중 연습해 보세요!

상황 1 Menurut saya, merapikan rumah adalah salah satu kegiatan menarik dan menyenangkan yang bisa saya lakukan pada akhir pekan. Kegiatan ini akan sangat bermanfaat jika rumahnya sedang berantakan.

제 생각에 집 정리는 제가 주말에 할 수 있는 매력적이고 즐거운 활동입니다. 이 활동은 집이 어수선할 때 아주 유용할 것입니다.

상황 2 Dulu saya pernah bergabung dengan sebuah komunitas amal dan menjadi sukarelawan. Hal ini bisa kita lakukan pada akhir pekan untuk memperluas wawasan kita dan juga untuk menambah pengalaman kerja.

과거에 저는 한 자선 동호회에 가입해서 자원봉사자가 된 적이 있습니다. 이 일은 우리가 주말에 우리의 식견을 넓히고 근무경험을 쌓기 위해 할 수 있는 일입니다.

상황 3 Menurut saya, salah satu kegiatan yang bisa saya lakukan pada akhir pekan adalah belajar. Misalnya, belajar bahasa asing untuk memperoleh sebuah sertifikat merupakan hal yang sangat bermanfaat.

제 생각으로는, 주말에 제가 할 수 있는 활동 중의 하나는 학습입니다. 예를 들어, 자격증을 취득하기 위해 우리가 외국어를 공부하는 것은 매우 유용한 일입니다.

 표현 Tips
- ~는 ~할 때 매우 유용할 것입니다 **~ akan sangat bermanfaat jika ~.**
- 이 활동은 ~를 증진시킵니다 **Kegiatan ini menambah ~.**
- ~는 매우 유용한 일입니다 **~ merupakan hal yang sangat bermanfaat.**

어휘 **amal** 자선, 자비 **berantakan** 어수선한, 뒤죽박죽인 **bermanfaat** 유용한 **kegiatan** 활동 **komunitas amal** 자선 동호회 **memperoleh** 획득(달성)하다 **menarik** 매력적인 **merapikan rumah** 집을 정리하다 **sertifikat** 자격증 **sukarelawan** 자원봉사자 **wawasan** 식견

Q 5 Mengapa kebanyakan orang Korea suka mendaki gunung?

한국 사람들은 왜 등산을 좋아하나요?

 L02_06

 샘의 Tips 답변하기 좀 어려운 질문이네요라는 표현은 pertanyaan ini agak sulit untuk dijawab이라고 표현하면 좋습니다.

 &A 자신의 상황에 가장 비슷한 답변을 중심으로 집중 연습해 보세요!

상황 1
Pertanyaan ini agak sulit untuk dijawab. Saya pikir karena secara geografis Korea merupakan daerah pegunungan. Jadi, akses ke gunung sangat bagus. Sebab itulah, mungkin masyarakat Korea suka mendaki gunung.

답변하기 다소 어려운 질문입니다. 그러나 제가 생각하기에 한국은 지리적으로 산악지역이기 때문입니다. 그래서 산으로 가는 접근성이 매우 좋습니다. 그것 때문에 아마도 한국 사람들이 등산을 좋아하는 것 같습니다.

상황 2
Saya pikir mendaki gunung itu merupakan salah satu kegiatan yang dapat kami lakukan kapan saja kami mau tanpa harus mengeluarkan uang. Oleh karena itu, mungkin saja mayoritas orang Korea menyukai mendaki gunung sebagai hobinya mereka.

저는 등산이 비용을 지급하지 않고도 언제든지 원할 때 할 수 있는 활동 중 하나라고 생각합니다. 그래서, 아마도 대부분의 한국 사람이 취미로 등산을 좋아하는 것 같습니다.

상황 3
Menurut saya, mendaki gunung itu adalah salah satu kegiatan yang dapat menghilangkan stres dari kegiatan sehari-hari sekaligus menikmati keindahan alam sekitarnya. Gunung-gunung Korea memiliki keindahan yang berbeda-beda sesuai dengan pergantian musim. Mungkin itulah alasan orang Korea suka mendaki gunung.

제 생각으로는, 등산은 일상 활동에서 오는 스트레스를 해소할 수 있는 동시에 주변 자연의 아름다움을 즐길 수 있는 활동입니다. 한국의 산들은 계절의 변화에 따라 다른 아름다움을 갖고 있습니다. 그것이 아마도 한국 사람이 등산을 좋아하는 이유 같습니다.

 표현
Tips
· ~로의 접근성은 매우 좋습니다 Akses ke ~ sangat bagus.
· ~는 비용지불 없이 언제든지 원할 때 할 수 있습니다
  ~ dapat dilakukan kapan saja kami mau tanpa harus mengeluarkan uang.
· 이 일은 ~에 따라 다릅니다 Hal ini berbeda-beda sesuai dengan ~.

어휘
akses 접근성 daerah pegunungan 산악지대 geografis 지리적인, 지리학상의 mayoritas 대부분의
Menurut saya. (문장 앞에) 저의 소견(견해, 의견)으로는 mendaki gunung 등산 pergantian 변화

Q 6 Apa pendapat Anda tentang hobi?

당신은 취미 활동에 대해 어떻게 생각하세요?

 L02_07

샘의 Tips ~의 결과로, ~에 의한이란 표현은 ~ akibat dari 또는 ~ yang diakibatkan oleh로 표현할 수 있습니다.

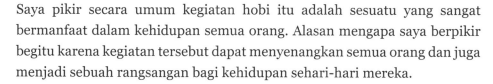

자신의 상황에 가장 비슷한 답변을 중심으로 집중 연습해 보세요!

상황 1

Saya pikir secara umum kegiatan hobi itu adalah sesuatu yang sangat bermanfaat dalam kehidupan semua orang. Alasan mengapa saya berpikir begitu karena kegiatan tersebut dapat menyenangkan semua orang dan juga menjadi sebuah rangsangan bagi kehidupan sehari-hari mereka.

저는 전반적으로 취미 활동은 사람들의 삶에 있어서 매우 유용한 것이라고 생각합니다. 그렇게 생각하는 이유는 취미 활동은 사람들을 즐겁게 하고 그들의 일상생활의 한 자극제가 되기 때문입니다.

상황 2

Berdasarkan beberapa informasi, kegiatan hobi itu sangat penting dalam kehidupan sehari-hari karena kegiatan tersebut membantu semua orang agar menghilangkan stres akibat dari kesibukan. Apalagi, hobi itu bisa menjadi sebuah bisnis sampingan.

몇몇 정보에 따르면, 취미 활동은 일상생활에 있어서 매우 중요한데 취미 활동은 사람들이 일상의 분주함에 의한 스트레스를 해소하는 데 도움이 되기 때문입니다. 더욱이, 취미는 하나의 부업이 될 수도 있습니다.

상황 3

Hobi salah satu teman saya adalah merakit *model* pesawat kecil. Ketika sedang pusing dan tidak bisa berkonsentrasi, dia selalu mencoba merakit *model* pesawat itu di kantornya. Setelah itu, dia bersemangat kembali untuk bekerja. Mungkin hobi merupakan suatu cara yang dapat menyegarkan aktivitas.

제 친구의 취미는 작은 모형 비행기를 조립하는 것입니다. 머리가 아프고 집중을 할 수 없을 때면 그는 사무실에서 항상 그 모형 비행기를 조립하곤 합니다. 그 후, 그는 다시 의욕을 갖고 일을 합니다. 아마도 취미는 활동을 상쾌하게 만드는 하나의 방법이 되는 것 같습니다.

표현 Tips
- 제가 그렇게 생각하는 이유는 ~ 때문입니다 **Alasan mengapa saya berpikir begitu karena ~.**
- ~에 따르면, **Berdasarkan ~,**
- ~는 ~를 상쾌하게 만드는 한 방법입니다 **merupakan suatu cara yang dapat menyegarkan ~.**

어휘 akibat dari ~의 결과로 menyenangkan ~를 즐겁게 하다 merakit 조립하다 merupakan ~을 이루다, 형성하다. ~이다 *model* 모형, 모델 rangsangan 자극제

색칠한 단어로 표현을 완성시켜 연습해 보고 다양한 단어를 활용하여 자신에게 맞는 상황을 만들어 반복적으로 연습해 보세요.

Q1

취미　　　　현재 수영하는 취미는 빠르게 증가하고 있다고 말할 수 있습니다. 언급한 트렌드와 더불어서, 저도 수영하는 것을 매우 좋아합니다. 저의 희망은 올해에 수영대회에서 일등을 하는 것입니다.

Hobi _____ saat ini bisa dikatakan pesat pertumbuhannya. Seiring dengan _____ _____, saya juga sangat suka _____. Harapan saya adalah memperoleh juara _____ dalam _____ berenang pada tahun ini.

Q2

주말에 하는 일　　영화 보는 것이 취미라서, 저는 주말에 자주 영화 DVD를 구입합니다. 가끔은 이미 본 중고 DVD를 온라인 가게를 통해 팔기도 합니다. 영화 보기는 저의 모든 스트레스를 해소하는 데 도움을 줍니다.

Karena punya hobi _____ _____, saya sering membeli _____ _____ pada akhir pekan. Terkadang DVD bekas yang sudah saya tonton saya jual lewat _____ _____. _____ _____ itu membantu saya _____ segala stres.

Q3

취미개발　　　낚시는 시간을 낭비한다고 여겨지는 취미입니다. 그러나 이 취미를 가진 사람은 분명히 다른 의견을 갖고 있을 것입니다. 제 생각으로는, 이 취미는 또한 사업 아이템이 될 수 있습니다.

_____ merupakan hobi yang dianggap membuang-buang waktu. Namun, bagi orang yang mempunyai hobi ini tentu akan _____ lain. Menurut saya, hobi ini juga bisa dijadikan sebuah _____.

Q4 주말에 할 수 있는 일 　집 정리는 제가 주말에 할 수 있는 매력적이고 즐거운 활동입니다. 이 활동은 집이 어수선할 때 아주 유용할 것입니다.

_____ _____ adalah salah satu kegiatan _____ dan _____ yang bisa saya lakukan pada akhir pekan. Kegiatan ini akan sangat _____ jika rumahnya sedang berantakan.

Q5 등산 　　　제가 생각하기에 한국은 지리적으로 산악지역이기 때문입니다. 그래서, 산으로 가는 접근성이 매우 좋습니다. 그것 때문에 아마도 한국 사람들이 등산을 좋아하는 것 같습니다.

Saya pikir karena secara geografis Korea merupakan _____ _____. Jadi, _____ ke gunung sangat bagus. Sebab itulah, mungkin masyarakat Korea suka _____ _____.

Q6 취미에 대한 의견 　전반적으로 취미 활동은 사람들의 삶에 있어서 매우 유용한 것입니다. 그렇게 생각하는 이유는 취미 활동은 사람들을 즐겁게 하고 그들의 일상생활의 한 자극제가 되기 때문입니다.

Secara umum kegiatan hobi itu adalah suatu yang sangat bermanfaat dalam _____ _____. _____ mengapa saya berpikir begitu karena _____ _____ dapat menyenangkan semua orang dan juga menjadi sebuah _____ bagi kehidupan sehari-hari mereka.

인도네시아어 회화 표현 UP 2

취미와 활동에 관한 다양한 표현을 응용할 수 있는 표현 Tip들입니다.

1 주말에 하기에 즐거운 활동 중의 하나는 **글쓰기**입니다.
Salah satu kegiatan yang menyenangkan untuk dilakukan pada akhir pekan adalah menulis.

2 가족을 위해 제가 집에서 할 수 있는 활동이 많습니다.
Ada banyak kegiatan untuk keluarga yang bisa saya lakukan di rumah.

3 저는 창고를 청소하고자 계획을 세우고 있습니다.
Saya sedang merencanakan untuk membersihkan gudang.

4 설거지는 제가 주말에 해야만 하는 의무활동입니다.
Mencuci piring adalah kegiatan yang wajib saya lakukan pada akhir pekan.

5 봉사 활동을 통해 저의 지식을 넓힐 수 있습니다.
Saya bisa memperluas pengetahuan saya melalui kegiatan amal.

6 이 취미는 다른 것과 비교하여 더 창의적인 특징을 갖고 있는 경향이 있습니다.
Hobi ini cenderung memiliki ciri khas yang lebih kreatif dibandingkan dengan yang lain.

7 이 취미는 부수입원이 될 수 있습니다.
Hobi ini bisa dijadikan sebagai sumber penghasilan sampingan.

8 이 사업은 프랜차이즈 방식으로 계발할 수 있습니다.
Bisnis ini bisa dikembangkan dengan sistem waralaba.

9 제가 하는 사업은 저의 취미 덕분입니다.
Usaha yang sedang saya lakukan adalah berkat hobi saya.

10 저는 해상도가 높은 카메라를 가진 휴대전화를 이용할 수 있습니다.
Saya bisa memanfaatkan ponsel dengan kamera yang beresolusi tinggi.

11 저는 웹사이트를 통해 제 작품을 판매합니다.
Saya menjual hasil karya saya melalui situs *web*.

12 저는 IT(정보통신) 분야에 많은 사업기회가 있다고 생각합니다.
Saya pikir banyak peluang bisnis di bidang tekonologi informasi.

13 이 취미는 사실 운동 취미 범주에 해당합니다.
Hobi ini sebenarnya masuk dalam kategori hobi olahraga.

14 제가 이 취미를 좋아하는 이유는 트렌디한 패션 세계와 관련이 있기 때문입니다.
Alasan saya menyukai hobi ini karena berhubungan dengan dunia mode yang trendi.

15 저는 패션 세계의 발전에 대해 독자적인 시장을 창조하고 싶습니다.
Saya ingin menciptakan pasar tersendiri dalam perkembangan dunia mode.

16 음악 연주가 취미인 사람은 다양한 악기 연주법을 배우는 것을 좋아합니다.
Orang yang hobi bermain musik suka belajar memainkan berbagai alat musik.

17 내 친구는 그림에 소질이 있습니다.
Teman saya memiliki bakat melukis.

18 블로그 운영의 취미는 돈을 벌 수 있는 큰 기회를 갖고 있습니다.
Hobi membuat *blog* memiliki peluang besar untuk bisa menghasilkan uang.

19 애완동물을 기르는 취미는 매력적인 사업기회의 잠재력을 갖고 있습니다.
Hobi memelihara hewan peliharaan berpotensi untuk menjadi peluang bisnis yang menarik.

20 게임을 즐기는 취미는 학습 과정을 가로막고 결국에는 방해가 될 것입니다.
Hobi bermain gim akan menghambat dan mengganggu proses belajar.

문법 Tips 2

1. 어순

인도네시아어의 어순은 피수식어 + 수식어의 순서로 구성됩니다.

피수식어 ➕ 수식어		🟰 피수식어+수식어	
rumah 집	saya 나	rumah saya	나의 집
bunga 꽃	mawar 장미	bunga mawar	장미꽃
mahal 비싼	sekali 매우	mahal sekali	매우 비싼
buku 책	bahasa Indonesia 인도네시아어	buku bahasa Indonesia	인도네시아어 책

접속사 겸 관계대명사 yang을 사용한 복합문의 경우에도 종속절이 앞에 있는 주절의 목적어를 수식해 줍니다.

· Dia melihat orang yang saya pikirkan itu kemarin.
  그는 어제 내가 생각한 그 사람을 보았습니다.

기본적인 어순은 위처럼 꾸밈을 받는 말(절)이 꾸며주는 말(절)의 앞에 위치하지만, sangat, selamat, semua, terlalu, 수사 등의 경우처럼 앞에서 뒤로 수식하는 예외도 있으므로 주의해야 합니다.

· Selamat siang 안녕하세요(낮 인사)
· sangat mahal   매우 비싼

· semua tiket   모든 티켓
· tiga orang   세 명

2. 문장형식(구조)

인도네시아어의 문장형식은 영어와 유사합니다.

구 분		예 시
1형식	주어 + 술어	Saya belajar.
2형식	주어 + 술어 + 보어	Saya makan di restoran.
3형식	주어 + 술어 + 목적어	Saya menonton TV.
4형식	주어 + 술어 + 직접 목적어 + 간접 목적어	Dia memberi hadiah kepada mereka.
5형식	주어 + 술어 + 목적어 + 목적격 보어	Bapak itu membuat saya menjadi malu.

부사어는 문장의 맨 뒤에 위치하는 것이 일반적이지만, 문장 맨 앞에 놓일 수도 있습니다. 부사어가 문자 맨 앞에 위치할 경우에는 부사어를 강조하는 의미가 있습니다.

Berbicara tentang Kehidupan Sehari-hari

자신의 일상생활에 대해 말하기

응시자의 일상생활이나 일과에 대한 질문은 OPI 시험에서 빠지지 않는 토픽 중의 하나이며, 출제 비중도 상당히 높다고 할 수 있습니다. 사는 지역의 주요 시설물이나 관광지, 일과, 친구와 주로 하는 활동 등에 대해 자신만의 스토리를 만들어 준비해야 합니다.

아침에 일어나서 잠자기 전까지의 하루 동안의 일기를 머릿속에 써 본다는 생각으로 일주일간의 일상생활에 관해 설명할 수 있어야 합니다. 꼬리물기 질문이 없도록 단답형의 짧은 답변보다 논리 있는 구체적인 설명이 필요합니다. 왜?라는 면접관의 추가 질문을 피하기 위해서는 왜냐하면~이라는 표현을 자주 사용하는 것이 좋습니다.

Tip **01**

일과 또는 일주일 일과의 일기를 머릿속으로 써 보기!

Tip **02**

"왜냐하면(Karena)" 이라는 표현을 자주 사용하기!

Tip **03**

거주지 주변의 쇼핑몰이나 공공장소에 관해 관심 두기!

Tip **04**

추상적으로 '매일 바쁘다' 라는 표현은 금물!
최고의 답변은 원인-결과 형식!

Q & A
List

🎧 L03_01

1. 주변 시설

Q1 Di sekitar tempat tinggal Anda ada sarana apa?

당신의 집 주변에는 어떤 시설들이 있나요?

2. 직장(학교) 생활

Q2 Apa saja kegiatan (kehidupan) di tempat kerja atau sekolah Anda?

직장 또는 학교 활동(생활)은 어떤가요?

3. 바쁜 날

Q3 Anda paling sibuk pada hari apa dalam seminggu dan sebabnya apa saja?

일주일 일과 중 가장 바쁜 날과 그 이유는 무엇인가요?

4. 친구와 하는 일

Q4 Anda melakukan kegiatan apa dengan teman-teman?

친구들과 무슨 활동을 하나요?

5. 핸드폰 사용

Q5 Seberapa sering Anda menggunakan ponsel dalam kehidupan sehari-hari?

당신은 일상생활에서 핸드폰을 얼마나 자주 사용하나요?

6. 미래 모습

Q6 Di masa depan kehidupan Anda akan menjadi seperti apa?

미래에 당신의 생활은 어떤 모습일까요?

Q 1 Di sekitar tempat tinggal Anda ada sarana apa?

당신의 집 주변에는 어떤 시설들이 있나요?

 L03_02

&A

 자신의 상황에 가장 비슷한 답변을 중심으로 집중 연습해 보세요!

상황 1

Mungkin sekitar 50 meter dari rumah saya ada sebuah toko roti yang terkenal. Sebenarnya, toko itu kecil dan tidak memiliki merek, tetapi pembeli roti selalu mengantre di depan tokonya. Rasa dan harganya tidak kalah dengan toko waralaba yang besar.

저의 집에서 약 50m 거리에 아주 유명한 빵집이 있습니다. 사실, 그 가게는 작고 상표가 없는데도 빵을 사려는 사람들이 항상 그 가게 앞에 줄을 섭니다. 맛과 가격은 대규모 프랜차이즈 가게에 뒤지지 않습니다.

상황 2

Di sekitar rumah saya ada sebuah rumah sakit yang besar bernama Rumah Sakit Universitas Korea. Rumah sakit itu besar sekali, lengkap fasilitasnya, dan kualitas tim medisnya pun sangat bagus. Oleh karena itu, rumah sakit tersebut memperoleh akreditasi terbaik dari pemerintah Korea pada tahun 2000.

저의 집 근처에는 한국대학교 병원이라는 이름의 아주 큰 병원이 있습니다. 그 병원은 크고, 모든 장비가 갖추어져 있으며, 의료진의 수준 또한 매우 좋습니다. 그래서, 그 병원은 2000년도에 한국 정부로부터 우수 인증서를 받았습니다.

상황 3

Salah satu pusat perbelanjaan yang terkenal di Korea adalah Korea Shopping *Mall*. Dari rumah saya sampai *mall* tersebut hanya memakan waktu sekitar 10 menit saja dengan menggunakan transportasi umum. Pada akhir pekan saya sering berbelanja di *mall* tersebut dengan keluarga saya.

한국에서 유명한 쇼핑센터 중의 하나는 한국 쇼핑몰입니다. 저의 집에서 그 몰까지 대중교통으로 약 10분 정도 걸립니다. 저는 주말에 자주 가족들과 그 몰에서 쇼핑을 합니다.

표현 *Tips*
- 구매자는 항상 ~ 앞에서 줄을 섭니다 **Pembeli selalu mengantre di depan ~.**
- 저는 ~로부터 인증서를 취득했습니다 **Saya memperoleh akreditasi dari ~.**
- 한국에서 유명한 것은 ~ 입니다 **Yang terkenal di Korea adalah ~.**

어휘 **akreditasi** 인가, 인증 **fasilitas** 시설, 설비 **kalah** 뒤지는, 패배한 *mall* 쇼핑몰 **mengantre** 줄을 서다 **merek** 상표, 브랜드 **pemerintah** 정부 **pusat perbelanjaan** 쇼핑센터 **tim medis** 의료진 **waralaba** 프랜차이즈

직장(학교) 생활

Q2 Apa saja kegiatan (kehidupan) di tempat kerja atau sekolah Anda?

직장 또는 학교 활동(생활)은 어떤가요?

  L03_03

 샘의 Tips memimpin rapat는 회의를 진행(주재)하다이며, menghadiri rapat는 회의에 참석하다라는 뜻입니다.

&A 자신의 상황에 가장 비슷한 답변을 중심으로 집중 연습해 보세요!

상황 1 Saya sedang bekerja di sebuah perusahaan manufaktur makanan olahan sebagai seorang manajer di bagian ekspor-impor. Setiap hari Senin saya memimpin rapat sebanyak 5 kali mulai dari pagi sampai sore, terkadang sampai malam, sehingga bisa dikatakan hari Senin adalah hari yang paling sibuk bagi saya.

저는 가공식품 제조회사에서 수출입 부서 매니저로 근무하고 있습니다. 매주 월요일에, 저는 아침부터 오후까지, 가끔은 밤까지 5번의 회의를 진행하기 때문에 월요일이 저에게는 가장 바쁜 날이라고 말할 수 있습니다.

상황 2 Saya sedang kuliah di Universitas Korea dan pada tahun depan saya akan wisuda. Oleh karena itu, saya sedang mencari pekerjaan dan karena salah satu persyaratan yang disyaratkan oleh perusahaan-perusahaan besar adalah kemampuan bahasa asing, saya sedang belajar bahasa Indonesia.

저는 한국대학교에 다니고 있고 내년에 졸업할 예정입니다. 그래서, 직장을 구하고 있는데 대기업들이 요구하는 조건 중의 하나가 외국어 능력이라서 저는 인도네시아어를 배우고 있습니다.

상황 3 Saya sedang bekerja di sebuah perusahaan konsultan sebagai seorang konsultan di bidang investasi luar negeri. Seperti telah diketahui banyak orang, pekerjaan seorang konsultan itu selalu sibuk saja sehingga jam pulang kerja pun tidak pernah teratur.

저는 한 컨설팅 회사에서 해외투자 분야 컨설턴트로 근무하고 있습니다. 많은 사람이 이미 알고 있듯이, 컨설턴트 직업은 항상 바쁘기만 하기 때문에 퇴근 시간도 규칙적인 적이 없습니다.

 표현 Tips
· ~요일은 저에게 가장 바쁜 날입니다 **Hari ~ adalah hari yang paling sibuk bagi saya**.
· ~에 의해 요구되는 것은 ~ 능력입니다 **Yang disyaratkan oleh ~ adalah kemampuan ~**.
· 그 일은 항상 바빠서 ~ 합니다 **Pekerjaan itu selalu sibuk sehingga ~**.

어휘 disyaratkan 조건으로 하다 investasi 투자 konsultan 컨설턴트 makanan olahan 가공식품 manufaktur 제조업 memimpin (회의, 모임을) 이끌다 persyaratan 조건 perusahaan konsultan 컨설팅 회사 rapat 회의

Q 3 Anda paling sibuk pada hari apa dalam seminggu dan sebabnya apa saja?

일주일 일과 중 가장 바쁜 날과 그 이유는 무엇인가요? L03_04

샘의 Tips paling ~을 이용한 최상급 표현은 ter-접두사를 활용하여 표현할 수도 있습니다.
예 paling cantik = tercantik

&A 자신의 상황에 가장 비슷한 답변을 중심으로 집중 연습해 보세요!

상황1
Menurut saya, hari Senin adalah hari yang paling sibuk untuk saya karena saya harus menyelesaikan banyak laporan, seperti laporan neraca dan laba rugi perusahaan.

제 생각으로는, 월요일이 저에게는 가장 바쁜 요일인데 그 이유는 회사의 대차대조표와 손익계산서 같이 많은 보고서를 끝내야만 하기 때문입니다.

상황2
Saya biasa bekerja sampai tengah malam pada setiap hari Jumat karena saya harus menutup rekening penjualan di perusahaan saya. Oleh sebab itu, hari yang paling sibuk adalah hari Jumat.

저는 보통 매주 금요일에 한밤중까지 일하는데 그 이유는 우리 회사 판매계정을 마감해야 하기 때문입니다. 따라서, 가장 바쁜 요일은 금요일입니다.

상황3
Pada setiap hari Selasa dan hari Kamis, sehabis kuliah saya bekerja paruh waktu di sebuah restoran Korea. Jadi, hari Selasa dan hari Kamis adalah hari yang paling sibuk bagi saya.

매주 화요일과 목요일에, 저는 강의 후 한식당에서 아르바이트를 합니다. 그래서, 화요일과 목요일이 저에게는 가장 바쁜 요일입니다.

표현
Tips
· ~ 때문에 ~ 요일은 저에게 가장 빠쁩니다 **Hari ~ paling sibuk bagi saya karena ~.**
· 일주일 중 가장 바쁜 날은 ~ 요일입니다 **Hari yang paling sibuk dalam seminggu adalah hari ~.**
· 저는 ~에서 아르바이트를 합니다 **Saya bekerja paruh waktu di ~.**

어휘
bekerja paruh waktu 아르바이트를 하다 sehabis ~한 후에 laporan laba rugi 손익계산서 laporan neraca 대차대조표 laporan 보고서 menutup rekening 계정을 마감하다 rekening 계정, 계좌 tengah malam 한밤중

친구와 하는 일

Q4 Anda melakukan kegiatan apa dengan teman-teman?

친구들과 무슨 활동을 하나요?

 L03_05

 샘의 Tips mempersiapkan diri untuk ujian ~는 ~시험준비를 하다라는 뜻으로 숙어처럼 사용되는 표현입니다.

&A 자신의 상황에 가장 비슷한 답변을 중심으로 집중 연습해 보세요!

상황 1
Saya biasanya mendaki gunung dengan teman-teman saya pada hari Sabtu atau hari Minggu. Selain itu, sebulan sekali kami pergi ke daerah dalam rangka wisata kuliner.

저는 보통 토요일이나 일요일에 친구들과 등산을 합니다. 그 외에, 한 달에 한 번 우리는 음식 여행 차원에서 지방에 갑니다.

상황 2
Kami sering berkumpul di kampus untuk mempersiapkan ujian akuntan publik. Sebenarnya, kami membentuk sebuah klub akuntansi beberapa tahun yang lalu.

우리는 공인회계사 시험 준비를 위해 자주 캠퍼스에서 모입니다. 사실, 우리는 몇 년 전에 회계학습 동아리를 만들었습니다.

상황 3
Kami bersepeda pada setiap hari Sabtu. Minggu lalu kami berenam bersepeda sampai pulau Nami yang terletak di Kabupaten Cheongpyeong. Dari Seoul sampai pulau tersebut memakan waktu sekitar 3 jam.

매주 토요일에 우리는 자전거를 탑니다. 지난주에, 우리 여섯 명은 청평군에 있는 남이섬까지 자전거를 탔습니다. 서울에서 남이섬까지 약 3시간 정도 걸렸습니다.

 표현 Tips
· 저는 ~ 요일에 ~와 등산을 합니다 **Saya mendaki gunung dengan ~ pada hari ~.**
· 저는 ~ 시험 준비 중입니다 **Saya sedang mempersiapkan ujian ~.**
· ~에서 ~까지 ~로 약 ~시간 걸립니다
Dari ~ sampai ~ memakan waktu sekitar ~ jam dengan ~.

어휘 berkumpul 모이다 dalam rangka ~차원에서 kabupaten (행정구역) 군 klub 동아리 memakan waktu 시간이 ~걸리다 membentuk ~를 만들다. 구축하다 mendaki gunung 등산하다 wisata kuliner 음식여행

Q5 Seberapa sering Anda menggunakan ponsel dalam kehidupan sehari-hari?

당신은 일상생활에서 핸드폰을 얼마나 자주 사용하나요? L03_06

 샘의 Tips 인도네시아어의 비교급은 A lebih 형용사 daripada B를 활용하여 A는 B보다 더 ~한 라는 숙어로 사용됩니다.

&A 자신의 상황에 가장 비슷한 답변을 중심으로 집중 연습해 보세요!

상황 1
Karena saya menangani bagian *marketing* di perusahaan, saya sering menggunakan ponsel dalam sehari. Supaya mudah mengontak pelanggan, saya lebih sering memanfaatkan ponsel daripada telepon kantor.

회사의 마케팅 부서를 담당하기 때문에, 저는 하루 동안에 핸드폰을 매우 자주 사용합니다. 거래처에 연락하기 용이하도록 저는 사무실 전화 보다 핸드폰을 더 자주 사용합니다.

상황 2
Walaupun mempunyai sebuah *iPhone*, saya jarang menggunakan ponsel itu. Karena biasanya saya memakainya itu saat saya mau menjelajahi berita terbaru saja. Ketika sering menggunakan ponsel, saya merasa pusing dan tidak bisa berkonsentrasi pada pekerjaan saya.

아이폰을 갖고 있지만, 저는 핸드폰을 거의 사용하지 않습니다. 최신 뉴스를 탐색하고 싶을 때만 핸드폰을 이용하기 때문입니다. 핸드폰을 자주 사용하면, 저는 머리가 아프고 제 업무에 집중할 수가 없습니다.

상황 3
Saya menggunakan ponsel untuk kebutuhan sehari-hari. Maka, saya selalu berusaha mengendalikan pemakaiannya. Katanya, kalau sering memakai ponsel, tidak baik bagi kesehatan. Apalagi, biaya pemakaiannya pun cenderung mahal.

저는 일상의 필요를 위해 핸드폰을 사용합니다. 그래서, 저는 핸드폰 사용을 자제하려고 항상 노력합니다. 사람들이 말하기를, 핸드폰을 자주 사용하면 건강에 좋지 않다고 합니다. 더욱이, 이용료 또한 다소 비싼 경향이 있습니다.

 표현 Tips
- 저는 ~를 위해 핸드폰을 종종 사용합니다 **Saya sering menggunakan ponsel untuk ~.**
- ~를 사용할 때 저는 머리가 아픕니다 **Saya merasa pusing ketika saya menggunakan ~.**
- 저는 ~를 위해 항상 노력합니다 **Saya selalu berusaha untuk ~.**

어휘 **apalagi** 더욱이, 특히 **berita terbaru** 최근 뉴스 **cenderung** ~의 경향이 있다 **menangani** 담당하다, 처리하다 **mengontak** ~와 접촉(연락)하다 **pelanggan** 거래처 **ponsel** 핸드폰, 휴대전화 **pusing** 머리가 아픈

미래 모습

Q6 Di masa depan kehidupan Anda akan menjadi seperti apa?

미래에 당신의 생활은 어떤 모습일까요?

 L03_07

샘의 Tips

~ yang terhormat은 존경하는의 뜻으로 자주 사용되는 표현 중의 하나입니다.

&A 자신의 상황에 가장 비슷한 답변을 중심으로 집중 연습해 보세요!

상황 1 Mungkin saja saya sudah berkeluarga dan punya anak. Saya mungkin sudah menjadi seorang direktur yang terhormat dan bergaji tinggi. Siapa tahu saya akan menjadi direktur utama di perusahaan nantinya?

아마도 저는 이미 결혼해서 아이를 갖고 있을 것입니다. 회사에서 저는 아마도 이미 존경받고 월급도 많은 이사가 되어 있을 것입니다. 제가 나중에 회사의 사장이 될지 누가 알겠습니까?

상황 2 Karena bisnis saya semakin berkembang dan lancar, saya menjadi seorang pengusaha sukses di masa depan. Hidup saya akan berkecukupan sehingga bisa membantu orang-orang yang kesusahan.

저의 사업이 점점 번창하고 잘 되어서 저는 미래에 성공한 사업가가 될 것이라고 생각합니다. 미래에 저의 생활은 윤택할 것이고 삶이 어려운 사람들을 도와줄 수 있을 것입니다.

상황 3 Di masa depan saya bekerja di sebuah perusahaan besar di Korea dan menjadi seorang karyawan penting dalam pengembangan bisnis perusahaan. Untuk itulah saya belajar keras setiap hari.

미래에 저는 한국에 있는 한 대기업에서 근무할 것이며 회사의 사업 발전에 중요한 직원이 되어 있을 것입니다. 그것을 위해 저는 매일 열심히 공부하고 있습니다.

표현
Tips

· 회사에서 저는 ~가 되고 싶습니다 **Di perusahaan saya ingin menjadi seorang ~.**
· 저는 미래에 성공한 ~가 될 것입니다 **Saya akan menjadi seorang ~ sukses di masa depan.**
· 저는 ~를 위해 매일 열심히 공부합니다 **Saya belajar keras setiap hari untuk ~.**

어휘 berkecukupan 윤택하다, 여유롭다 direktur 이사, 임원 direktur utama (=presiden direktur) 대표이사, 사장 perusahaan besar 대기업 terhormat 존경하는

색칠한 단어로 표현을 완성시켜 연습해 보고 다양한 단어를 활용하여 자신에게 맞는 상황을 만들어 반복적으로 연습해 보세요.

Q1 집 주변 시설   한국에서 유명한 쇼핑센터 중의 하나는 J 쇼핑몰입니다. 저의 집에서 그 몰까지 버스로 약 10분 정도 걸립니다. 저는 주말에 자주 가족들과 그 몰에서 쇼핑을 합니다.

Salah satu _____ yang terkenal di Korea adalah _____. Dari rumah saya sampai *mall* tersebut hanya memakan waktu sekitar _____ _____ saja dengan menggunakan _____. Pada akhir pekan saya sering berbelanja di *mall* tersebut dengan keluarga saya.

Q2 직장(학교) 생활   저는 한국대학교에 다니고 있고 내년에 졸업할 예정입니다. 그래서, 직장을 구하고 있는데 대기업들이 요구하는 조건 중의 하나가 외국어 능력이라서 저는 인도네시아어를 배우고 있습니다.

Saya sedang kuliah di Universitas Korea dan pada _____ _____ saya akan wisuda. Oleh karena itu, saya sedang mencari pekerjaan dan karena salah satu _____ yang disyaratkan oleh _____ _____ adalah _____ _____, saya sedang belajar bahasa Indonesia.

Q3 가장 바쁜 날   매주 화요일과 목요일에, 저는 강의 후 한국 식당에서 아르바이트를 합니다. 그래서, 화요일과 목요일이 저에게는 가장 바쁜 요일입니다.

Pada setiap _____ dan _____, sehabis kuliah saya bekerja paruh waktu di sebuah _____. Jadi, hari Selasa dan hari Kamis adalah hari yang _____ _____ bagi saya.

Q4 친구들과의 활동 취미가 자전거 타기라서 매주 토요일에 우리는 자전거를 탑니다. 지난주에, 우리 여섯 명은 청평 군에 있는 남이섬까지 자전거를 탔습니다. 서울에서 남이섬까지 약 3시간 정도 걸렸습니다.

Kami bersepeda pada setiap _____ karena hobi kami adalah _____ . Minggu lalu kami _____ bersepeda sampai _____ _____ yang terletak di _____ _____ . Dari Seoul sampai _____ _____ memakan waktu sekitar _____ _____ .

Q5 핸드폰 사용 회사의 마케팅 부서를 담당하기 때문에, 저는 하루 동안에 핸드폰을 매우 자주 사용합니다. 거래처에 연락하기 편하기 때문에 사무실 전화 보다 핸드폰을 더 자주 사용합니다.

Karena saya menangani _____ _____ di perusahaan, saya sering sekali menggunakan ponsel dalam sehari. Karena mudah mengontak _____ , saya lebih sering memanfaatkan ponsel daripada _____ _____ .

Q6 미래의 모습 아마도 저는 이미 결혼해서 아이를 갖고 있을 것입니다. 회사에서 저는 아마도 이미 존경받고 월급도 많은 이사가 되어 있을 것입니다. 제가 나중에 회사의 사장이 될지 누가 알겠습니까?

Mungkin saja saya sudah _____ dan punya _____ . Di perusahaan saya mungkin sudah menjadi seorang _____ yang terhormat dan bergaji tinggi. Siapa tahu nanti saya menjadi _____ di perusahaan?

인도네시아어 회화 표현 UP 3

일상생활에 관한 다양한 표현을 응용할 수 있는 표현 Tip들입니다.

1 일주일에 한 번 대기실 청소는 제가 의무적으로 해야 하는 활동입니다.
Membersihkan ruang tunggu adalah kegiatan yang wajib saya lakukan seminggu sekali.

2 대중교통수단을 이용하더라도, 월요일에는 여전히 교통체증이 매우 심합니다.
Walaupun menggunakan transportasi umum, saya tetap mengalami kemacetan pada hari Senin.

3 저의 집 근처에 현대식 야시장이 있습니다.
Di dekat rumah saya ada sebuah pasar malam yang *modern*.

4 저는 친구들과 자주 국립공원으로 여행을 갑니다.
Saya dan teman-teman sering berjalan-jalan ke sebuah taman nasional.

5 우리 회사는 제약업 사업을 합니다.
Perusahaan saya bergerak di bidang farmasi.

6 저의 집은 역에서 가까워 지하철을 이용하기 편합니다.
Rumah saya dekat dari stasiun sehingga mudah menggunakan kereta bawah tanah.

7 회사에서 저의 담당업무는 기획입니다.
Tugas saya di kantor adalah membuat perencanaan.

8 현재 저의 직위는 대리이지만 임원까지 승진하고 싶습니다.
Walaupun posisi saya sekarang seorang asisten, saya ingin naik jabatan sampai direktur.

9 그 기업은 예비사원에게 근무경험을 갖도록 의무화하고 있습니다.
Perusahaan itu mengharuskan calon karyawannya untuk mempunyai pengalaman kerja.

10 구직자 간의 경쟁은 더욱 심해지고 있습니다.
Persaingan di antara pencari kerja menjadi lebih ketat.

OPI 시험에서 꼬리를 무는 질문이 나와도 당황하지 않고 나만의 표현을 할 수 있도록 다양한 표현들을 익혀 봅시다!

11 저는 오전 8시까지 출근해서 오후 7시경에 퇴근합니다.
Saya masuk kerja jam 8 pagi dan pulang sekitar jam 7 malam.

12 이 경험은 회사업무 수행을 수월하게 해 줍니다.
Pengalaman ini menunjang kelancaran proses dalam pelaksanaan tugas perusahaan.

13 저는 동호회에 가입한 경험이 있습니다.
Saya memiliki pengalaman bergabung dengan sebuah komunitas.

14 저는 웹사이트에서 구인정보를 얻었습니다.
Saya mendapatkan informasi lowongan kerja dari situs *web*.

15 저는 수영을 취미로 가진 사람과 어울리는 것을 좋아합니다.
Saya suka bergaul dengan orang yang memiliki hobi berenang.

16 저는 자전거에서 넘어진 친구에게 응급처치를 했습니다.
Saya melakukan pertolongan pertama kepada teman yang jatuh dari sepeda.

17 회사에서 제가 바쁜 것은 재무팀의 비상 시찰(점검) 때문입니다.
Saya disibukkan oleh tim keuangan karena adanya sidak (inspeksi mendadak).

18 친구들이 그의 소극적인 태도를 고치도록 도와주었습니다.
Teman - teman membantunya agar dia memperbaiki sikap pasifnya.

19 요즘에는 사업 관계를 늘리는 것이 가장 중요한 요소가 되고 있습니다.
Akhir - akhir ini, menambah relasi bisnis menjadi salah satu faktor yang terpenting.

20 저는 사교 측면에서 조기축구 동호회에 가입하였습니다.
Saya bergabung dengan salah satu klub sepak bola pagi untuk memperluas pergaulan.

문법 Tips 3  전치사, 수사, 수량사

1. 전치사

전치사의 종류는 다음과 같이 다양하게 구분될 수 있습니다.

구 분	예 시
1. 장소/시간	di ~에, pada ~에, dalam ~안/~안에, antara ~사이에
2. 방향/출발지	dari ~로 부터
3. 방향/목적지	ke ~로, kepada ~에게, akan ~대하여, terhadap ~대하여
4. 행위자	oleh ~에 의해
5. 수단/방법	dengan ~로, 함께, berkat ~덕분에
6. 비교	daripada ~보다
7. 사건/문제	tentang ~에 대해, mengenai ~에 대해
8. 종결	hingga ~에 이르기까지, sampai ~까지
9. 목적	untuk ~를 위해, buat ~를 위해, guna ~를 위해, bagi ~를 위해

2. 수사

수사는 기수사(수량)와 서수사(순서)로 구분됩니다. 서수사는 기수사 앞에 ke-접두사를 붙여 ke + 기수사 형태로 만들면 됩니다. 주의할 점은, 기수사를 숫자로 표기할 때는 반드시 ke-2처럼 하이픈을 사용해야 하고, 말을 사용할 경우 kedua처럼 붙여쓰면 됩니다.

3. 수량사

인도네시아어도 수량사를 사용하며, 숫자 (기수사) + 수량사 + 명사의 순서로 사용해야 합니다.

종 류		예 시
orang	~명, 사람	· lima orang wanita 여성 다섯 명
buah	~개	· dua buah tempat tidur 침대 두 개
ekor	~마리	· tiga ekor kucing 고양이 두 마리
batang	~그루	· enam batang pohon 나무 여섯 그루
botol	~병	· sebotol jus 주스 한 병
butir	~알, ~톨	· tujuh butir telur 계란 일곱 알
cangkir	~잔(찻잔)	· empat cangkir kopi 커피 네 잔
gelas	~잔	· dua gelas air panas 뜨거운 물 두 잔
helai/ lembar	~장, ~매	· lima lembar kertas kosong 빈 종이 네 장
mangkuk	~그릇	· dua mangkuk sup 국 두 그릇
pasang	~켤레	· sepasang sepatu olahraga 운동화 한 켤레
piring	~접시	· tiga piring buah-buahan 과일 세 접시
potong	~조각	· delapan potong kue 케익 여덟 조각
tangkai	~송이	· setangkai bunga mawar 장미꽃 한 송이

Berbicara tentang Belajar Bahasa Indonesia

인도네시아어 학습에 대해 말하기

노하우
Tips

인도네시아어를 왜 배우는지, 어떻게 배웠는지, 배우는 과정에서 어려운 점은 없었는지 등에 대한 질문은 OPI 시험에서 빠지지 않는 토픽 중의 하나이며, 출제 비중도 매우 높습니다. OPI 시험을 보는 목적이나 이유에 대해서도 자주 질문하기 때문에 꼭 함께 준비해야만 합니다.

또한, 어떻게 하면 외국어를 효율적이고 빨리 배울 수 있는가에 대한 질문도 자주 출제되기 때문에 신경을 써야 합니다. 단순한 답변보다는 그렇게 생각하는 이유까지 논리적으로 설명해야 합니다. 답변은 ~ 방법이 가장 좋다고 생각합니다. 그 이유는 ~때문입니다 형식의 논리 구조가 가장 좋습니다.

Tip **01**
인도네시아어 학습 목적 정리하기!

Tip **02**
인도네시아어를 배울 때 자신만의 노하우 소개!

Tip **03**
인도네시아어를 배우기 위한 일상적인 노력 어필!

Tip **04**
'~이라고 생각한다' 라고 결과를 먼저 전달한 후 이유를 설명!

🎧 L04_01

Q1 Mengapa Anda belajar bahasa Indonesia?

왜 인도네시아어를 배우나요?

Q2 Bagaimana Anda belajar bahasa Indonesia?

어떻게 인도네시아어를 배웠나요?

Q3 Bagaimana cara yang cepat untuk belajar bahasa Indonesia?

인도네시아어를 배우는데 빠른 방법은 무엇인가요?

Q4 Bagaimana Anda mengatasi kesulitan waktu Anda belajar bahasa Indonesia?

인도네시아어를 배울 때 어떻게 어려움을 극복했나요?

Q5 Apa arti bahasa Indonesia bagi kehidupan Anda?

인도네시아어는 당신의 삶에 어떤 의미인가요?

Q6 Apakah Anda mau menyarankan teman Anda belajar bahasa Indonesia?

당신 친구에게 인도네시아어 학습을 권유할 것인가요?

Q 1 Mengapa Anda belajar bahasa Indonesia?

왜 인도네시아어를 배우나요?

 L04_02

셈의 *Tips*

~를 위해 ~를 배웁니다의 기본적인 표현은 saya belajar ~ untuk ~입니다.

&A 자신의 상황에 가장 비슷한 답변을 중심으로 집중 연습해 보세요!

상황1

Target saya adalah menjadi seorang pemandu wisata resmi berbahasa Indonesia. Untuk itu, saya belajar bahasa Indonesia, khususnya mengenai intonasi, penekanan kalimat, dan etika berbicara kepada orang lain.

저의 목표는 인도네시아어 공인 관광안내사가 되는 것입니다. 그것을 위해서, 저는 인도네시아어, 특히 억양, 문장의 강조 그리고 타인에게 말하는 예절에 대해 배우고 있습니다.

상황2

Saya akan ditugaskan ke Indonesia sebagai seorang manajer regional oleh perusahaan pada tahun depan. Jadi, saya sedang mempelajari bahasa Indonesia sebagai alat komunikasi sehari-hari.

내년에 우리 회사는 저를 지역 매니저로 인도네시아에 파견 보낼 예정입니다. 그래서, 저는 일상의 의사소통 수단으로 인도네시아어를 배우고 있습니다.

상황3

Saya sedang berbisnis dengan beberapa perusahaan Indonesia di bidang ekspor-impor makanan olahan. Apabila terjadi kesalahpahaman pada saat berbicara dengan relasi bisnis saya, kerugian akan menimpa saya. Karena itu, saya sedang belajar bahasa Indonesia.

저는 가공식품 무역 분야에서 몇몇 인도네시아 기업과 사업을 하고 있습니다. 저의 사업 파트너와 대화할 때 오해가 생기면, 저는 손해를 보게 될 것입니다. 제가 인도네시아어를 배우고 있는 것은 그것 때문입니다.

 표현 *Tips*

· 저의 목표는 ~ 분야에서 ~가 되는 것입니다 *Target* saya adalah menjadi ~ di bidang ~.
· 저는 의사소통 수단으로 ~를 배우고 있습니다 Saya sedang belajar ~ sebagai alat komunikasi.
· 저는 ~ 분야에서 ~와 사업을 하고 있습니다 Saya sedang berbisnis dengan ~ di bidang ~.

어휘 alat komunikasi 의사소통 수단 berbisnis 사업을 하다 etika 예절 ekspor-impor 수출입, 무역 intonasi 억양 kesalahpahaman 오해 mempelajari ~을 배우다 menimpa 들이닥치다, 덮치다 penekanan 강조 regional 지역의 relasi bisnis 사업 파트너

Q 2 Bagaimana Anda belajar bahasa Indonesia?

어떻게 인도네시아어를 배웠나요?

 L04_03

 샘의 Tips ~하면서 ~하다의 표현으로는 ~ sambil ~과 ~ sekaligus ~가 있습니다.

&A

자신의 상황에 가장 비슷한 답변을 중심으로 집중 연습해 보세요!

상황1
Jurusan saya waktu kuliah adalah sastra dan bahasa Malay-Indonesia. Waktu itu saya sempat belajar di Universitas Indonesia sebagai seorang pelajar dalam program pertukaran pelajar.

사실, 제가 대학생일 때 저의 전공은 말레이-인도네시아 어문학이었습니다. 그 당시에 저는 교환학생 프로그램의 학생으로 인도네시아 대학교에서 공부할 기회가 있었습니다.

상황2
Saya belajar bahasa Indonesia di sebuah akademi bahasa yang ada di Seoul. Selain itu, saya selalu berusaha untuk belajar sendiri dengan menggunakan media massa, seperti *radio* dan *internet*.

저는 서울에 있는 한 어학원에서 인도네시아어를 배웠습니다. 그 외에, 저는 라디오와 인터넷과 같은 대중매체를 이용해 혼자서 배우려고 항상 노력했습니다.

상황3
Saya pernah bekerja di sebuah perusahaan Korea di Indonesia selama 5 tahun. Sebelum bekerja di perusahaan tersebut, saya tidak bisa berbahasa Indonesia. Akan tetapi, saya belajar bahasa Indonesia sambil bekerja pada waktu itu.

저는 5년간 인도네시아에 있는 한 한국 회사에서 근무한 경험이 있습니다. 그 회사에서 근무하기 전에, 저는 인도네시아어를 할 수 없었습니다. 그러나 저는 당시에 근무하면서 인도네시아어를 배웠습니다.

 표현 Tips
· 대학에서 제 전공은 ~ 입니다 **Jurusan saya waktu kuliah adalah ~.**
· 저는 ~에서 인도네시아어를 배웠습니다 **Saya belajar bahasa Indonesia di ~.**
· 저는 일하면서 ~를 배웠습니다 **Saya belajar ~ sambil bekerja.**

어휘 akademi bahasa 어학원 jurusan 전공. 학과 media massa 대중매체 pertukaran pelajar 교환학생 sastra 문학 sempat ~할 기회(시간)이 있다

빨리 학습하는 방법

Q 3 Bagaimana cara yang cepat untuk belajar bahasa Indonesia?
인도네시아어를 배우는데 빠른 방법은 무엇인가요? L04_04

 샘의 Tips cara yang ~은 ~한 방법의 뜻으로 내가 이용하는 방법은 ~이다라는 문장을 사용할 때 cara yang saya gunakan adalah ~로 표현합니다.

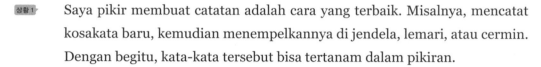

&A 자신의 상황에 가장 비슷한 답변을 중심으로 집중 연습해 보세요!

상황1 Saya pikir membuat catatan adalah cara yang terbaik. Misalnya, mencatat kosakata baru, kemudian menempelkannya di jendela, lemari, atau cermin. Dengan begitu, kata-kata tersebut bisa tertanam dalam pikiran.

메모를 하는것이 가장 좋은 방법이라고 생각합니다. 예를들어, 새로운 어휘를 적은 다음 창문, 옷장 또는 거울에 붙입니다. 그렇게 하면, 머릿속에 그 단어들을 주입시킬 수 있습니다.

상황2 Waktu saya belajar bahasa Indonesia, saya mencari teman yang juga sedang belajar bahasa Indonesia. Lalu kami saling mengirim *e-mail* atau mengobrol di situs jejaring sosial, dan seminggu sekali melakukan percakapan secara langsung di sebuah kedai kopi.

제가 인도네시아어를 배울 때, 저는 인도네시아어를 배우고 있는 친구를 찾았습니다. 그런 다음 서로 이메일을 보내거나 SNS에서 대화를 나누었고 일주일에 한 번씩 커피숍에서 직접 대화를 하였습니다.

상황3 Menerjemahkan kalimat akan meningkatkan pemahaman pada struktur dan kalimat serta menambah kosakata. Jadi, saya sering menggunakan cara ini waktu saya belajar bahasa Indonesia.

문장을 번역하는 것은 구조와 문장에 대한 이해를 증가시키고 어휘를 늘려줍니다. 따라서, 제가 인도네시아어를 배울 때 저는 자주 이 방법을 이용했습니다

 표현 Tips
· ~는 언어 학습을 위한 가장 좋은 방법입니다 ~ **adalah cara yang terbaik untuk belajar bahasa.**
· 저는 ~와 직접 대화를 하였습니다 **Saya melakukan percakapan secara langsung dengan ~.**
· 저는 ~를 위해 ~를 종종 이용합니다 **Saya sering menggunakan ~ untuk ~.**

어휘 catatan 메모, 기록 kalimat 문장 langsung 곧장, 직접적으로 menanamkan ~를 심다, 주입시키다 menerjemahkan ~를 번역하다 mengobrol 이야기를 나누다

64

Q4 Bagaimana Anda mengatasi kesulitan waktu Anda belajar bahasa Indonesia?

인도네시아어를 배울 때 어떻게 어려움을 극복했나요?

  L04_05

샘의 Tips

~를 해결(극복)하다라는 표현으로 mengatasi ~를 사용합니다.

&A

자신의 상황에 가장 비슷한 답변을 중심으로 집중 연습해 보세요!

상황 1

Ketika mempelajari bahasa asing, saya pikir komitmen adalah hal yang terpenting. Untuk mengatasi kesulitan dalam belajar bahasa Indonesia, saya membuat jadwal rutin.

외국어를 배울 때, 저는 실행 약속이 가장 중요하다고 생각합니다. 인도네시아어를 배우는 데 있어서의 어려움을 극복하기 위해서 저는 규칙적인 계획을 세웠습니다.

상황 2

Cara yang saya lakukan untuk mengatasi kesulitan adalah membuat kalimat sendiri, lalu dicek benar atau salah oleh seorang teman saya yang sedang bekerja di Jakarta. Setiap hari *e-mail* berupa catatan harian dalam bahasa Indonesia saya kirimkannya.

어려움을 극복하기 위해 제가 했던 방법은 혼자서 작문을 한 다음 자카르타에서 근무 중인 제 친구에게 옳은지 그른지를 확인받았습니다. 매일 저는 일기 형식의 이메일을 그에게 보냈습니다.

상황 3

Saya biasanya menonton serial drama yang disebut Sinetron melalui *YouTube*. Dengan cara itu saya mendengarkan bagaimana kata diucapkan dan bahkan menemukan kosakata yang baru.

보통 저는 유튜브를 통해 시네트론이라는 드라마 시리즈를 시청했습니다. 그 방법을 통해, 단어를 어떻게 발음하는지 들었고 더욱이 새로운 단어도 발견하였습니다.

표현 Tips

· 제가 생각하기에 ~가 가장 중요한 것입니다 **Saya pikir ~ adalah hal yang terpenting.**

· ~하기 위해 제가 한 방법은 ~ 입니다 **Cara yang saya lakukan untuk ~ adalah ~.**

· 저는 보통 ~를 통해 ~를 시청합니다 **Saya biasanya menonton ~ melalui ~.**

어휘 **bahkan** 더욱이, 반면에, 심지어 **catatan harian** 일기 **jadwal** 일정, 계획 **komitmen** 실행 약속, 공약 **melalui** ~를 통해 **rutin** 일상의, 규칙적인, 반복적인 **serial drama** 드라마 시리즈, 드라마 연속극

Apa arti bahasa Indonesia bagi kehidupan Anda?

인도네시아어는 당신의 삶에 어떤 의미인가요? L04_06

샘의 Tips 나는 ~하고 있는 중이다라는 표현은 saya sedang ~과 saya lagi ~를 모두 사용할 수 있습니다.

자신의 상황에 가장 비슷한 답변을 중심으로 집중 연습해 보세요!

상황 1

Bahasa Indonesia itu sangat penting dalam kehidupan saya karena sebagai seorang calon pemandu wisata resmi berbahasa Indonesia, saya harus menguasai bahasa tersebut. Kalau tidak, mimpi saya tidak akan dapat terwujud.

인도네시아어 분야 공인 관광안내사 후보자로서 저는 반드시 인도네시아어 능력이 있어야만 하기 때문에 인도네시아어는 제 삶에 매우 중요합니다. 만일 그렇지 않으면, 저의 꿈은 실현될 수 없을 것입니다.

상황 2

Karena saya sedang mempersiapkan diri untuk masuk sebuah perusahaan besar yang memiliki cabang di Indonesia, bahasa Indonesia sangat penting bagi saya. Untuk itu, saya sedang belajar bahasa Indonesia sebagai bahasa asing kedua dan saya ingin mendapatkan nilai OPI yang memuaskan.

인도네시아에 지점을 둔 대기업에 입사할 준비를 하고 있는 중이기 때문에 인도네시아어는 저에게 매우 중요합니다. 그것을 위해 저는 제2외국어로 인도네시아어를 배우고 있는 중이며 만족스러운 OPI 점수를 받고 싶습니다.

상황 3

Saya belum pernah berpikir sejauh itu. Akan tetapi, bahasa Indonesia itu sangat penting karena pada zaman sekarang kita harus mampu menguasai berbagai bahasa asing. Khususnya, karena Indonesia adalah pusat Masyarakat Ekonomi ASEAN, maka bahasa Indonesia akan menjadi salah satu bahasa yang sangat penting bagi setiap orang, termasuk saya di masa depan.

제가 아직 그렇게 멀리까지 생각해 보지 못했습니다. 그러나 요즘 시대에 여러 가지 외국어를 구사할 수 있는 능력이 있어야 하기 때문에 인도네시아어는 중요합니다. 더욱이, 인도네시아가 아세안 경제공동체의 중심이기 때문에 인도네시아어는 미래에 저를 포함한 모든 사람에게 매우 중요한 언어가 될 것입니다.

표현 Tips
- 저는 ~ 언어를 구사하고 있습니다 **Saya menguasai bahasa ~.**
- ~ 언어는 제2외국어로 중요합니다 **Bahasa ~ penting sebagai bahasa asing kedua.**
- 현재 ~언어는 점점 중요해지고 있습니다 **Saat ini bahasa ~ semakin menjadi penting.**

어휘 bahasa asing kedua 제2외국어 calon 후보 Masyarakat Ekonomi ASEAN 아세안 경제공동체 memuaskan 만족시키다. 마음에 족하다 menguasai ~를 정복하다. 장악하다 terwujud 실현되다

Q 6 Apakah Anda mau menyarankan teman Anda belajar bahasa Indonesia ?

당신 친구에게 인도네시아어 학습을 권유할 것인가요? L04_07

샘의 Tips ~ 언어를 구사하는 사람/~를 말할 수 있는 사람이란 표현으로 orang yang berbahasa ~ 또는 orang yang menguasai bahasa ~로 표현합니다.

&A 자신의 상황에 가장 비슷한 답변을 중심으로 집중 연습해 보세요!

상황 1 Ya, saya akan menyarankan teman-teman saya belajar bahasa Indonesia. Kebetulan ada beberapa teman saya yang sedang mempersiapkan diri untuk ikut ujian OPI. Dan juga karena bahasa Indonesia mudah dipelajari daripada bahasa lain, saya akan menyarankan mereka belajar bahasa Indonesia.

네, 저는 친구들에게 인도네시아어를 배울 것을 추천할 것입니다. 우연히도 OPI 시험을 보려고 준비하고 있는 몇몇 제 친구가 있습니다. 그리고 또한 인도네시아어가 다른 언어에 비해 배우기 쉽기 때문에 저는 그들에게 인도네시아어를 배울 것을 추천할 것입니다.

상황 2 Ya. Di mata dunia mengingat globalisasi sudah menjadi sebuah tren dan kedudukan masyarakat ASEAN semakin menjadi penting, saya akan menyarankan belajar bahasa Indonesia kepada teman-teman saya.

네. 사람들의 시각에서 글로벌화가 하나의 트렌드를 이루고 아세안공동체의 지위가 점점 중요해지는 것을 고려하여, 저는 제 친구들에게 인도네시아어를 배울 것을 추천할 것입니다.

상황 3 Tidak. Saya tidak akan menyarankan teman-teman saya belajar bahasa Indonesia karena sekarang kebanyakan perusahaan di Korea sedang mencari orang-orang yang bisa berbahasa Vietnam.

아니요. 현재 한국의 대부분의 기업이 베트남어를 구사할 수 있는 사람들을 모집하고 있기 때문에 저는 친구들에게 인도네시아어를 배울 것을 추천하지 않을 것입니다.

표현
Tips
· ~ 언어는 타 언어보다 배우기 쉽습니다 **Bahasa ~ mudah dipelajari daripada bahasa lain.**
· 저는 ~를 ~에게 권유할 것입니다 **Saya akan menyarankan ~ kepada ~.**
· 그 회사는 ~ 언어를 구사하는 사람을 찾고 있습니다
  Perusahaan itu sedang mencari orang yang berbahasa ~.

어휘   globalisasi 세계화, 글로벌화 kebetulan 우연히 kedudukan 지위, 위치 mencari ~를 찾다, 모집하다

색칠한 단어로 표현을 완성시켜 연습해 보고 다양한 단어를 활용하여 자신에게 맞는 상황을 만들어 반복적으로 연습해 보세요.

Q1 왜 인도네시아어를 배우나 저는 가공식품 무역 분야에서 몇몇 인도네시아 기업과 사업을 하고 있습니다. 저의 사업 파트너와 대화할 때 오해가 생기면, 저는 손해를 보게 될 것입니다.

Saya sedang berbisnis dengan beberapa perusahaan Indonesia di bidang _____ _____. Apabila terjadi kesalahpahaman pada saat berbicara dengan _____ _____ saya, _____ akan menimpa saya.

Q2 어떻게 인도네시아어를 배웠나 제가 대학생일 때 저의 전공은 말레이–인도네시아 어문학이었습니다. 그래서, 그 당시에 저는 교환학생으로 인도네시아 대학교에서 공부할 기회가 있었습니다.

_____ _____ waktu kuliah adalah _____ _____. Oleh karena itu, waktu itu saya sempat belajar di _____ _____ sebagai seorang pertukaran pelajar.

Q3 인도네시아어를 빠르게 배우는 방법 메모를 하는 것이 가장 좋은 방법입니다. 예를들어, 외국어를 적은 다음 창문, 옷장 또는 거울에 붙입니다. 그렇게 하면, 머릿속에 그 단어들을 주입시킬 수 있습니다.

_____ _____ itu adalah cara yang terbaik. Misalnya, catat kata-kata asing, kemudian tempel catatan tersebut pada _____, _____, atau _____. Kalau begitu, bisa menanamkan _____ _____ dalam pikiran.

■ 해답은 바로 앞페이지 Q1~Q6에 있습니다.

Q4 인도네시아어를 배울 때 어려움 극복 보통 저는 **유튜브**를 통해 시네트론이라는 드라마 시리즈를 시청했습니다. 그방법을 통해, 단어를 어떻게 발음하는지 들었고 더욱이 **새로운 단어**도 발견하였습니다.

Saya biasanya menonton serial drama yang disebut _____
melalui _____. Dengan cara itu saya mendengarkan
bagaimana kata diucapkan dan bahkan menemukan _____ _____.

Q5 인도네시아어의 의미   인도네시아어 분야 공인 **관광안내사 후보자**로서 저는 반드시 **인도네시아어 능력**이 있어야만 하기 때문에 인도네시아어는 제 삶에 매우 중요합니다. 만일 그렇지 않으면, **저의 꿈**은 실현될 수 없습니다.

Bahasa Indonesia itu sangat penting dalam kehidupan saya karena
sebagai seorang _____ _____ resmi berbahasa Indonesia,
saya harus menguasai _____ _____. Kalau tidak,
_____ _____ tidak akan dapat terwujud

Q6 인도네시아어 학습 권유   현재 한국의 **대부분의 기업**이 **베트남어**를 할 수 있는 사람들을 모집하고 있기 때문에 저는 친구들에게 인도네시아어를 배울 것을 추천하지 않을 것입니다.

Saya tidak akan menyarankan teman-teman saya belajar _____
karena sekarang _____ _____ di Korea sedang mencari
orang-orang yang bisa berbahasa _____.

인도네시아어 회화 표현 UP 4

인도네시아어 **학습**에 관한 다양한 표현을 응용할 수 있는 표현 Tip 들입니다.

1
인도네시아어는 인도네시아 공화국의 공식 언어입니다.
Bahasa Indonesia adalah bahasa resmi Negara Republik Indonesia.

2
인도네시아어는 법으로 인정되는 인도네시아의 정체성입니다.
Bahasa Indonesia merupakan identitas Indonesia yang diakui oleh undang-undang.

3
인도네시아어는 통일언어입니다.
Bahasa Indonesia adalah bahasa persatuan.

4
인도네시아어는 인도네시아 민족 통합의 도구로서 매우 중요한 요소입니다.
Bahasa Indonesia menjadi faktor yang sangat penting sebagai alat pemersatu bangsa Indonesia.

5
구어 방식뿐만 아니라 문어 방식의 의사소통도 매우 중요합니다.
Komunikasi baik secara lisan maupun tulisan itu sangat penting.

6
인도네시아어는 공식, 비공식적인 의사소통 수단입니다.
Bahasa Indonesia merupakan sebuah alat komunikasi baik *formal* maupun *informal*.

7
인도네시아어는 인도네시아 민족의 문화와 작품을 발전시키기 위한 도구입니다.
Bahasa Indonesia adalah sebuah alat untuk mengembangkan kebudayaan dan hasil karya bangsa Indoensia.

8
그 기업은 예비사원에게 인도네시아에서 석사학위를 취득하도록 의무화하고 있습니다.
Perusahaan itu mengharuskan calon karyawannya untuk memperoleh gelar S-2 di Indonesia.

9
저는 인도네시아어로 한 편의 시를 쓸 수 있습니다.
Saya bisa menulis sebuah puisi dalam bahasa Indonesia.

10
그는 엉터리 단어들로 그의 애인에게 편지를 썼습니다.
Dia menulis surat kepada pacarnya dengan kata-kata yang berantakan.

OPI 시험에서 꼬리를 무는 질문이 나와도 당황하지 않고 나만의 표현을
할 수 있도록 다양한 표현들을 익혀 봅시다!

11 외국어 구사 능력을 보유하는 것은 부가가치입니다.
Memiliki kemampuan berbahasa asing merupakan sebuah nilai tambah.

12 외국어 구사 능력은 경력을 향상 시킵니다.
Kemampuan berbahasa asing bisa mendongkrak karir.

13 OPI 시험은 당신이 알고 있는 단어들을 평가할 수 있습니다.
Ujian OPI dapat mengevaluasi kata-kata yang sudah Anda ketahui.

14 저는 친구들과 인도네시아어를 연습합니다.
Saya mempraktikkan bahasa Indonesia dengan teman-teman saya.

15 영화나 텔레비전 방송을 시청하는 것은 외국어 학습을 위한 하나의 방법이 될 수 있습니다.
Menonton film atau acara televisi bisa menjadi salah satu cara untuk belajar
bahasa asing.

16 저는 대학원 입학시험을 보기 위해 인도네시아어를 배웁니다.
Saya belajar bahasa Indonesia untuk mengikuti ujian masuk pascasarjana.

17 일기를 쓰는 것은 외국어를 배우는 가장 좋은 방법입니다.
Menulis catatan harian adalah cara yang terbaik dalam belajar bahasa asing.

18 일간지 신문을 읽는 것은 인도네시아어 학습에 매우 유용합니다.
Membaca koran harian sangat bermanfaat dalam belajar bahasa Indonesia.

19 저의 목표는 매일 10개의 새로운 단어를 암기하는 것입니다.
Target saya adalah menghafalkan 10 kosakata baru setiap hari.

20 외국어를 빨리 배우는 가장 좋은 방법은 해외 어학연수입니다.
Cara yang terbaik untuk belajar bahasa asing dengan cepat adalah belajar bahasa
di luar negeri.

문법 Tips 4

1. 부정사

표준 인도네시아어에는 tidak과 bukan의 두 개의 부정사가 있습니다.

부정사		
tidak	동사, 형용사 앞에서 부정 **tidak** + 동사/형용사	• Dia **tidak** <u>belajar</u> bahasa Indonesia. 그는 인도네시아어를 배우지 않습니다. • Dia **tidak** <u>tinggi</u> dan juga **tidak** <u>tampan</u>. 그는 키가 크지도 잘생기지도 않았습니다.
bukan	명사 앞에서 부정 **bukan** + 명사	• Bapak itu **bukan** <u>orang Korea</u>. 그 분은 한국 사람이 아닙니다. • Saya **bukan** <u>seorang mahasiswa</u>. 나는 대학생이 아닙니다.

2. 부가의문문

bukan은 명사 앞에서 명사를 부정하는 부정사로 쓰이지만, 부가의문문을 만들 때에도 사용됩니다. bukan은 문장의 맨 뒤에 오며, 그 앞에 쉼표를 찍어 구분합니다. bukan의 축약형인 kan으로도 표기할 수 있습니다.

부가의문문	
문장, **bukan**?	• Hari ini panas sekali. **bukan**? 오늘 매우 덥지, 그렇지? • Belajar bahasa Indonesia itu tidak mudah. **bukan**? 인도네시아어를 배우는 것은 쉽지 않지, 그렇지? • Wanita itu cantik sekali. **bukan**? 저 여성은 매우 예쁘지, 그렇지? • Makanan itu enak. **kan**? 그 음식은 맛있지, 그렇지?

Berbicara tentang Transportasi

교통수단에 대해 말하기

학습목표

대중교통이나 교통수단은 OPI 시험에서 빠지지 않는 토픽입니다. 어떤 대중교통을 선호하는지, 어떤 교통수단으로 출·퇴근 또는 학교에 등·하교하는지, 왜 그 교통수단을 선호하는지, 요금은 어떤지 등에 대해 자주 질문합니다. 좋아한다 또는 싫어한다라는 식의 단순한 답변보다는 장점, 요금, 주거지에서의 위치, 운행 서비스 등에 대해 종합적으로 설명할 수 있도록 준비해야만 합니다.

대중교통을 이용하지 않는다면, 도보나 자전거 또는 자가용을 이용하는 상황과 그 이유에 대해서도 논리적으로 설명할 수 있어야 합니다. 또한, 한국의 교통수단뿐만 아니라 인도네시아에 있는 대중교통이나 교통수단에 대해서도 지식을 갖고 있어야 합니다. 만일, 직접 경험해 본 교통수단이 있다면 답변하기에 더욱 좋을 것입니다. 직접 타보거나 경험해 본 적이 없다면, 텔레비젼이나 인터넷 등을 통해 접해 본 경험을 중심으로 설명하면 됩니다.

한국과 인도네시아의 대표적인 교통수단이나 대중교통을 최소 2개씩 준비하여 시험에 대비하시기 바랍니다.

Tip **01**

한국과 인도네시아의 대표적인 교통수단, 대중교통에 대해 숙지하기!

Tip **02**

이용해 본 경험을 중심으로 설명!

Tip **03**

선호하는 대중교통과 그 이유에 관해 설명!

Tip **04**

한국에는 없고 인도네시아에만 있는 교통수단 알아두기!

🎧 L05_01

Q1 Anda pernah menggunakan transportasi umum di Indonesia?

인도네시아의 대중교통수단을 이용한 경험이 있나요?

Q2 Apa transportasi umum favorit di Korea?

한국에서 인기 있는 대중교통수단은 무엇인가요?

Q3 Transportasi umum apa yang lebih suka Anda gunakan?

당신은 어떤 대중교통수단을 선호하나요?

Q4 Waktu berangkat kerja (sekolah), Anda menggunakan transportasi apa?

회사(학교)에 주로 무엇을 타고 가나요?

Q5 Apa perbedaan transportasi umum antara Korea dan Indonesia?

한국과 인도네시아의 대중교통수단의 차이점은 무엇인가요?

Q6 Mengapa orang-orang Korea suka menggunakan transportasi umum?

왜 한국 사람들은 대중교통수단을 선호하나요?

Anda pernah menggunakan transportasi umum di Indonesia?

인도네시아의 대중교통수단을 이용한 경험이 있나요?　 L05_02

　샘의 **Tips**

~와 비교하다라는 표현으로 dibandingkan dengan ~을 사용합니다.

 &A　자신의 상황에 가장 비슷한 답변을 중심으로 집중 연습해 보세요!

상황 1　Saya pernah naik Ojek sewaktu saya di Indonesia dalam rangka perjalanan dinas. Saya suka sekali jenis kendaraan ini karena dibandingkan dengan transportasi lain, Ojek itu lebih cepat dan dapat melewati sela-sela kemacetan di kota.

인도네시아로 출장을 갔을 때 저는 오젝(Ojek)을 타 본 적이 있습니다. 다른 교통수단과 비교하여 더 빠르고 도시의 교통체증 틈새를 지나갈 수 있기 때문에 저는 이 차량을 매우 선호합니다.

상황 2　Waktu saya berjalan-jalan ke Padang, Sumatera Barat, saya pernah naik Angkot. Kata teman saya, Angkot adalah primadona Sumatera Barat. Setahu saya, di Bogor juga ada yang mirip dengan Angkot Padang.

제가 서부 수마트라 빠당에 놀러 갔을 때, 앙꼿(Angkot)을 타 본 적이 있습니다. 제 친구가 말하기를, 앙꼿은 서부 수마트라의 명물이라고 합니다. 제가 알기로는 보고르에도 빠당 앙콧과 유사한 것이 있습니다.

상황 3　Saya hanya naik taksi sewaktu saya ke Jakarta untuk mengurus tugas perusahaan. Lain kali saya akan mencoba naik Ojek.

회사 업무를 처리하기 위해 자카르타에 갔을 때 오직 택시만 타 보았습니다. 다음번에는, 오젝(Ojek)을 타 보려고 합니다.

 표현
Tips

· 저는 인도네시아에서 ~를 타본 적이 있습니다 **Saya pernah naik ~ di Indonesia.**
· ~에도 ~와 유사한 것이 있습니다 **Di ~ juga ada yang mirip dengan ~.**
· 저는 ~를 타볼 것입니다 **Saya akan mencoba naik ~.**

어휘　**Angkot** 마을버스 **dibandingkan dengan** ~와 비교하여 **kemacetan** 교통체증 **kendaraan** 차량 **lain kali** 다음번에 **mencoba** 시도하다 **mengurus** 처리(관리) 하다 **mirip** ~와 닮은, 유사한 **Ojek** 오젝 (오토바이 형태의 교통수단) **perjalanan dinas** 출장 **primadona** 명물, 최고의 미인 **sela** 틈새, 사이 **transportasi** 교통수단

Apa transportasi umum favorit di Korea?

한국에서 인기 있는 대중교통수단은 무엇인가요?   L05_03

샘의 Tips 가장 인기있는 것은 ~이다의 표현으로 yang paling favorit (populer) adalah ~을 사용합니다.

자신의 상황에 가장 비슷한 답변을 중심으로 집중 연습해 보세요!

상황 1
Menurut saya, kereta bawah tanah adalah transportasi umum yang paling favorit di Korea karena tarifnya murah, yaitu sekitar 1.500 won dan tidak ada kemacetan dibandingkan dengan transportasi umum lain, seperti bus dan taksi.

제 생각으로는, 지하철이 한국에서 가장 인기 있는 대중교통수단으로 버스나 택시와 같은 다른 대중교통과 비교하여 요금이 약 1,500원으로 저렴하고 교통체증이 없기 때문입니다.

상황 2
Saya pikir bus adalah transportasi umum yang terfavorit bagi warga Korea karena ongkos yang dikeluarkan begitu murah, yaitu sekitar 1.200 won. Namun, bus tidak beroperasi 24 jam.

저는 요금이 1,200원으로 저렴한 버스가 한국 사람들에게 가장 인기 있는 대중교통수단이라고 생각합니다. 그러나 버스는 24시간 운행하지 않습니다.

상황 3
Sama dengan di negara lain, pelayanan taksi di Korea beroperasi 24 jam. Jadi, waktu pulang pada tengah malam atau tidak sabar untuk menunggu bus, kami dapat menggunakannya tanpa merasa cemas.

다른 나라들과 마찬가지로, 한국의 택시 서비스는 24시간 운영합니다. 그래서, 한밤중에 귀가하거나 버스를 기다리기 어려울 때, 우리는 걱정 없이 택시를 이용할 수 있습니다.

표현 Tips
- ~는 한국에서 ~한 대중교통수단입니다 **~ adalah transportasi umum yang ~ di Korea.**
- ~ 서비스는 24시간 운행하지 않습니다 **Pelayanan ~ tidak beroperasi 24 jam.**
- 저는 걱정없이 ~를 이용할 수 있습니다 **Saya dapat menggunakan ~ tanpa merasa cemas.**

어휘
cemas 염려하는, 근심하는, 걱정하는 favorit 인기 있는 ongkos (=tarif) 요금 pelayanan 서비스
terfavorit 가장 인기 있는 transportasi umum 대중교통수단

Q 3 Transportasi umum apa yang lebih suka Anda gunakan?

당신은 어떤 대중교통수단을 선호하나요? L05_04

샘의 *Tips* B 보다 A를 선호한다의 표현으로 lebih suka A daripada B를 사용하여 선호도를 표현합니다.

A 자신의 상황에 가장 비슷한 답변을 중심으로 집중 연습해 보세요!

상황 1

Saya lebih suka menggunakan bus daripada yang lain karena selain tarifnya murah, pelayanan bus tersedia baik di dalam kota maupun antar kota sehingga mudah ke mana-mana.

요금이 저렴한 것 외에, 시내뿐만 아니라 시외버스 서비스가 있어서 어디든지 쉽게 갈 수 있으므로 저는 다른 것보다 버스 이용을 더 좋아합니다.

상황 2

Saya selalu naik kereta bawah tanah karena kereta tersebut murah ongkosnya dan beroperasi secara tepat waktu. Selain itu, karena stasiunnya dekat sekali dari rumah, saya suka menggunakannya.

요금이 저렴하고 정시에 운행하기 때문에 저는 항상 지하철을 탑니다. 그 외에, 지하철역이 집에서 매우 가깝기 때문에 저는 지하철을 이용하는 것을 좋아합니다.

상황 3

Karena sering pulang kerja pada larut malam, saya lebih suka menggunakan taksi saja. Besaran ongkosnya tergantung pada jarak tempuh, yaitu menggunakan sistem meteran.

자주 한밤중에 퇴근하기 때문에 저는 택시 이용을 더 선호합니다. 요금은 이동 거리에 달려있는데, 즉 미터기 시스템을 이용합니다.

상황 4

Karena saya memiliki sebuah mobil pribadi, saya lebih suka menggunakannya daripada transportasi umum. Namun, kadang-kadang saya naik kereta bawah tanah. Mungkin seminggu dua kali.

자가용을 보유하고 있기 때문에, 저는 대중교통수단보다 자가용 이용을 더 선호합니다. 그러나 때때로 저는 지하철을 탑니다. 아마도 일주일에 두 번 정도입니다.

 표현 *Tips*
- 저는 ~보다 ~ 이용을 선호합니다 **Saya lebih suka menggunakan ~ daripada ~.**
- 그것의 요금은 ~에 달려 있습니다 **Besaran ongkos itu tergantung pada ~.**
- 저는 ~보다 자가용 이용을 좋아합니다 **Saya suka menggunakan mobil pribadi daripada ~.**

어휘 **antar kota** 시외 **besaran** 크기, 규모 **dalam kota** 시내 **larut malam** 밤 늦게 **meteran** (요금) 미터기 **mobil pribadi** 자가용 **tempuh** 나아가다, 이동하다 **tergantung pada** ~에 달려있다

Q4 Waktu berangkat kerja (sekolah), Anda menggunakan transportasi apa?

회사(학교)에 주로 무엇을 타고 가나요?

 샘의 **Tips**

교통비는 biaya transportasi, 요금은 ongkos 또는 tarif을 사용합니다.

 &A

자신의 상황에 가장 비슷한 답변을 중심으로 집중 연습해 보세요!

상황1 Saya biasanya naik kereta bawah tanah karena stasiunnya dekat sekali dari rumah dan bisa menghemat biaya transportasi.

지하철역이 집에서 매우 가깝고 교통비를 절약할 수 있어서 저는 보통 지하철을 탑니다.

상황2 Karena kantor saya jauh sekali dari rumah, saya terpaksa menggunakan mobil pribadi saya. Oleh karena itu, saya harus berangkat pagi-pagi untuk menghindari kemacetan di jalan dan juga menghemat biaya bahan bakar.

사무실이 집에서 매우 멀기 때문에 저는 어쩔 수 없이 저의 자가용을 이용합니다. 그래서 도중에 교통체증을 피하고 연료비도 절약하기 위해 아침 일찍 출발해야만 합니다.

상황3 Untuk berangkat kerja (sekolah) saya menggunakan bus, lalu di tengah jalan saya harus *transit* ke kereta bawah tanah karena perusahaan (sekolah) saya agak jauh dari rumah. Gara-gara jaraknya jauh dari rumah sampai kantor (sekolah), saya selalu lelah kalau pulang kerja (sekolah).

회사(학교)가 집에서 약간 멀기 때문에 출근(등교)하기 위해서 저는 버스를 타고 도중에 지하철로 환승해야만 합니다. 집에서 사무실(학교)까지 거리가 멀어서, 퇴근(귀가)하면 저는 항상 피곤합니다.

 표현 **Tips**

· 버스 정류장은 ~에 매우 가깝습니다 **Halte bus itu dekat sekali dari ~.**

· 저는 어쩔 수 없이 ~를 이용합니다 **Saya terpaksa menggunakan ~.**

· 저는 ~에서 ~로 환승해야 합니다 **Saya harus *transit* dari ~ ke ~.**

어휘   **agak** 다소, 약간   **biaya bahan bakar** 연료비   **biaya transportasi** 교통비   **gara-gara** ~때문에(부정적인 내용에만 이용)   **kantor** 사무실   **lelah** 피곤한, 피곤하다   *transit* 환승하다, 갈아타다

79

한국–인도네시아 대중교통 차이

Q 5 Apa perbedaan transportasi umum antara Korea dan Indonesia?

한국과 인도네시아의 대중교통수단의 차이점은 무엇인가요? L05_06

 샘의 Tips 두 나라간의 차이는 ~이다라는 표현으로 bedanya antara kedua negara adalah ~를 사용합니다. 이때 차이점을 뜻하는 bedanya 대신 perbedaan을 사용하기도 합니다.

&A 자신의 상황에 가장 비슷한 답변을 중심으로 집중 연습해 보세요!

상황 1 Secara garis besar, menurut saya, tidak ada bedanya antara kedua negara. Hanya saja di Indonesia masih banyak orang yang menggunakan sepeda motor, seperti Ojek. Kalau di Korea, sepeda motor biasanya digunakan untuk mengantarkan barang atau makanan yang dipesan oleh konsumen.

전체적으로, 제 생각으로는, 두 나라 간의 차이는 없습니다. 다만 인도네시아에는 많은 사람이 오젝(Ojek)과 같은 오토바이를 여전히 이용하고 있습니다. 한국의 경우에 오토바이는 보통 소비자가 주문한 물건이나 음식을 배달하기 위해서 사용되고 있습니다.

상황 2 Dari segi transportasi umum darat mungkin sama saja antara kedua negara, namun karena Indonesia adalah negara kepulauan, transportasi laut lebih maju di Indonesia daripada Korea.

육상의 대중교통수단 측면에서, 아마도 양국 간에 동일할 것입니다만 인도네시아가 군도 국가이기 때문에, 해상 교통수단은 한국보다 인도네시아가 더 발전했을 것입니다.

상황 3 Menurut saya, masih banyak transportasi tradisional, misalnya Delman, di Indonesia, namun tidak demikian di Korea. Selain itu, bus kecil, seperti Angkot masih dominan di beberapa daerah di Indonesia. Sementara itu, di Korea mayoritasnya adalah bus-bus besar.

제 생각에는, 인도네시아에는 델만과 같은 전통적인 교통수단이 여전히 많은데 한국에는 이미 거의 존재하지 않습니다. 또한, 앙꼿과 같은 작은 버스는 인도네시아의 몇몇 지방에서 여전히 주를 이루고 있습니다. 한편, 한국에는 대부분 대형 버스들입니다.

 표현 Tips
- ~와 ~사이에 차이는 없습니다 **Tidak ada bedanya antara ~ dan ~.**
- 해상 교통수단은 ~보다 ~에서 더 발전했습니다 **Transportasi laut lebih maju di ~ daripada ~.**
- 한국의 대부분의 교통수단은 ~입니다 **Mayoritas trasportasi di Korea adalah ~.**

어휘 dominan 지배적인, 우세한 kepulauan 군도 konsumen 소비자 mengantarkan 배달하다, 전달하다 secara garis besar 총체적으로, 전반적으로

Q 6 Mengapa orang Korea suka menggunakan transportasi umum?

왜 한국 사람들은 대중교통수단을 선호하나요? L05_07

샘의 Tips 주요 원인은 ~이다라는 뜻으로 쓸 때는 penyebab (faktor) utama adalah ~ 으로 표현합니다.

&A

자신의 상황에 가장 비슷한 답변을 중심으로 집중 연습해 보세요!

상황 1

Mungkin karena interkoneksi antara transportasi umum itu sangat baik, jadi orang Korea suka menggunakan transportasi umum untuk sehari-hari. Misalnya, koneksi dari bus ke kereta bawah tanah mudah dan murah ongkosnya.

아마도 대중교통수단간의 연계성이 매우 좋아서 한국 사람들이 일상을 위해 대중교통수단 이용을 선호하는 것 같습니다. 예를 들어, 버스에서 지하철로의 연결은 쉽고 요금이 저렴합니다.

상황 2

Mungkin harga bensin yang mahal menjadi salah satu faktor yang mengakibatkan orang Korea suka menggunakan transportasi umum. Saat ini mungkin harganya sekitar 1.500 won per liter.

아마도 휘발유 가격이 한국 사람들이 대중교통수단 이용을 선호하게 만든 요인 중의 하나인 것 같습니다. 휘발유 값은 현재 아마도 리터 당 약 1,500원입니다.

상황 3

Menurut saya, faktor kemacetan adalah penyebab utama digunakannya transportasi umum di Korea. Seperti telah diketahui banyak orang, pada jam-jam tertentu, seperti waktu masuk dan pulang kerja, kemacetan di jalan itu luar biasa, apalagi di kota-kota besar.

제 생각에는, 교통체증 요인이 한국에서 대중교통수단을 이용하는 주된 원인인 것 같습니다. 이미 많은 사람이 알고 있듯이, 출·퇴근 때와 같은 특정 시간에 대도시들의 도로 교통체증은 대단합니다.

표현 Tips

· 한국에서 ~ 간의 연계성은 매우 좋습니다 **Interkoneksi antara ~ sangat bagus di Korea.**
· 휘발류 가격은 ~ 한 요인입니다 **Harga bensin adalah faktor yang ~.**
· 교통체증은 ~에 있어서 주요 원인입니다 **Kemacetan adalah penyebab utama dalam ~.**

어휘   bensin 휘발유 faktor 요인, 원인 interkoneksi 연계성 luar biasa 대단한, 엄청난 penyebab 원인, 사유 per liter 리터 당 tertentu 특정의

색칠한 단어로 표현을 완성시켜 연습해 보고 다양한 단어를 활용하여 자신에게 맞는 상황을 만들어 반복적으로 연습해 보세요.

Q1

인도네시아 대중교통 이용 경험   인도네시아로 출장을 갔을 때 저는 오젝(Ojek)을 타 본 적이 있습니다. 다른 교통수단과 비교하여 오젝은 더 빠르고 도시의 교통체증 틈새를 지나갈 수 있기 때문에 저는 이 차량을 매우 선호합니다.

Saya pernah naik _____ sewaktu saya di Indonesia dalam rangka _____ _____. Saya suka sekali jenis kendaraan ini karena _____ _____ transportasi lain _____ lebih cepat dan dapat melewati _____ _____ di kota.

Q2

한국의 인기있는 대중교통   요금이 1,200원으로 저렴한 버스가 한국 사람들에게 가장 인기 있는 대중교통수단입니다. 그러나 버스 서비스는 24시간 운행하지 않습니다.

_____ adalah transportasi umum yang _____ _____ bagi warga Korea karena ongkos yang dikeluarkan begitu murah, yaitu sekitar _____. Namun, _____ _____ tidak beroperasi 24 jam.

Q3

선호하는 대중교통 수단   요금이 저렴하고 정시에 운행하기 때문에 저는 항상 지하철을 탑니다. 그 외에, 지하철역이 집에서 매우 가깝기 때문에 저는 지하철을 이용하는 것을 좋아합니다.

Saya selalu naik _____ karena _____ _____ murah ongkosnya dan beroperasi secara tepat waktu. Selain itu, karena stasiunnya dekat sekali dari _____, saya suka menggunakannya.

Q4 회사(학교)에 이용하는 교통수단   지하철역이 집에서 매우 가깝고 **교통비를** 절약할 수 있어서 보통 저는 지하철을 탑니다.

Saya biasanya naik _____ karena _____ dekat sekali dari rumah saya dan bisa menghemat _____ _____.

Q5 한국과 인도네시아 대중교통 차이   한국의 경우에 **오토바이는** 보통 소비자가 주문한 물건이나 **음식을** 배달하기 위해서 사용되고 있습니다.

Kalau di Korea, _____ biasanya digunakan untuk mengantarkan _____ atau _____ yang dipesan oleh konsumen.

Q6 대중교통 선호 이유   대중교통수단간의 **연계성이** 매우 좋아서 한국 사람들이 일상을 위해 **대중교통** 이용을 선호하는 것 같습니다. 예를 들어, **버스에서 지하철로의** 연결은 쉽고 요금이 저렴합니다.

Karena _____ antara transportasi umum itu sangat baik, jadi orang Korea suka menggunakan _____ untuk sehari-hari. Misalnya, koneksi dari _____ ke _____ mudah dan murah ongkosnya.

83

인도네시아어 회화 표현 UP 5

교통수단에 관한 다양한 표현을 응용할 수 있는 표현 Tip들입니다.

1 시내버스를 이용하려면, 정해진 정류장에서 기다리기만 하면 됩니다.
Untuk menggunakan bus dalam kota, Anda hanya tinggal menanti di halte yang ditentukan.

2 터미널과 같은 대중교통 시설은 모든 도시에 있습니다.
Penunjang transportasi umum, seperti terminal ada di semua kota.

3 도시마다 요금이 다릅니다.
Setiap kota memiliki tarif yang berbeda.

4 한국의 택시요금은 런던이나 다른 나라 대도시처럼 비싸지 않습니다.
Tarif taksi di Korea tidak semahal di kota London atau kota besar yang ada di negara lain.

5 지하철은 손님을 가장 많이 태울 수 있는 대중교통수단입니다.
Kereta bawah tanah adalah transportasi umum yang paling banyak penumpangnya.

6 서울에는 9개 노선의 지하철이 있고 한국의 6개 대도시에도 있습니다.
Di 6 kota metropolitan di Korea ada jalur kereta bawah tanah bahkan di Seoul ada 9 jalur.

7 서울에 있는 지하철은 한국에서 가장 긴 지하철입니다.
Kereta bawah tanah di Seoul adalah jalur kereta yang terpanjang di Korea.

8 그렇게 매우 빠르더라도 기차 안은 조금도 흔들림이 없습니다.
Begitu cepat, tetapi tidak ada getaran sedikit pun di dalam kereta.

9 최근에는, 서울 수서동에서 부산까지 SRT 기차 서비스를 이용할 수 있습니다.
Baru-baru ini, pelayanan kereta SRT dapat digunakan dari Suseo di Seoul sampai ke Busan.

10 SRT 기차는 KTX와 거의 유사하지만 요금은 KTX에 비교하여 다소 저렴합니다.
Kereta SRT hampir mirip dengan KTX, tetapi tarifnya sedikit lebih murah dibandingkan dengan KTX.

OPI 시험에서 꼬리를 무는 질문이 나와도 당황하지 않고 나만의 표현을 할 수 있도록 다양한 표현들을 익혀 봅시다!

11 이 정책은 주민들이 대중교통수단을 편하게 이용하도록 하기 위해 시행되었습니다.
Kebijakan ini diperlakukan agar masyarakatnya nyaman menggunakan transportasi umum.

12 농촌의 대중교통수단은 아직 전통적이고 보기 드문 것들입니다.
Transportasi umum di pedesaan masih tradisional dan langka.

13 이 교통수단은 말을 동력으로 이용합니다.
Transportasi ini menggunakan kuda sebagai penggeraknya.

14 베짝은 과거에 인도네시아에서 볼 수 있는 삼륜 교통수단입니다.
Becak adalah alat transportasi beroda tiga yang ditemukan pada zaman dulu di Indonesia.

15 앙꾸딴 꼬따는 이미 정해진 노선을 다니는 도시 교통수단입니다.
Angkutan kota adalah moda transportasi perkotaan dengan rute yang sudah ditentukan.

16 오젝은 좁은 골목이 있는 지역에 갈 수 있습니다.
Ojek dapat menjangkau daerah-daerah yang ada gang-gang yang sempit.

17 이 교통수단은 사람뿐만 아니라 물건도 실어 나릅니다.
Sarana transportasi ini mengangkut orang maupun barang-barang.

18 이 차량은 여전히 지방에서 주요 교통수단이 되고 있습니다.
Kendaraan ini masih menjadi sarana transportasi utama di daerah.

19 이 차량은 문화유산으로 관광지에서 볼 수 있습니다.
Kendaraan ini dapat ditemukan di objek wisata sebagai sebuah warisan budaya.

20 과거에 자전거는 주요 교통수단으로 사용되었으나 현재는 잊혀지고 있습니다.
Dahulu sepeda digunakan sebagai transportasi utama, tetapi saat ini mulai dilupakan.

문법 Tips 5  의문사와 의문문

1. 의문사

인도네시아어의 의문사는 다양합니다. 의문사 중에는 mana와 같이 전치사(di, ke, dari)와 함께 쓰이는 것도 있고 apakah와 같이 예, 아니오의 답변을 유도하는 의문사도 있습니다.

의문사		예 시
apa	무엇, 무슨	· Apa hobi Anda? 당신 취미가 무엇인가요?
siapa	누구	· Siapa orang yang sedang bersepeda itu? 자전거를 타고 있는 사람은 누구인가요?
berapa	몇, 얼마	· Berapa harga ini? 이것 얼마입니까?
kapan	언제	· Kapan Anda mau makan malam? 언제 저녁 드실 겁니까?
mana (전치사와 함께)	어디, 어느 것	· Di mana Anda tinggal? 어디에 살고 계세요?
bagaimana	어떻게	· Bagaimana film yang Anda tonton? 보신 영화는 어떤가요?
kenapa/ mengapa	왜	· Kenapa Anda belajar bahasa Indonesia? 왜 당신은 인도네시아어를 배웁니까?
apakah	가부의문사 (예, 아니오 답변 유도)	· Apakah Anda suka makanan Korea? 한국 음식 좋아하세요?

2. 의문문

인도네시아어는 다양한 방법으로 의문문을 만들 수 있습니다.

구 분	예 시
1. 의문사 없는 의문문 (평서문 끝에 물음표를 붙임)	· Bapak Ahmad sudah berangkat? · Dia berasal dari Korea?
2. 의문사 활용 (의문사를 사용하여 만듦)	· Orang yang sedang minum kopi itu siapa? · Kenapa dia marah kepada Anda?
3. 부가의문문 활용 (강한 긍정을 나타내는 경우)	· Orang itu baik sekali. bukan? · Buku cerita itu bagus. kan?
4. -kah 접미사 활용 (의문사, 동사, 명사, 부사 뒤에 붙임)	· Bolehkah saya pulang ke rumah sekarang? · Andakah yang memukul adik saya?

-kah 접미사를 활용하여 의문문을 만드는 것은 묻고자 하는 내용을 명확하게 지적하여 의문문을 보완하기 위한 것입니다.

Berbicara tentang Ciri Khas Indonesia

인도네시아의 특성에 대해 말하기

생활상, 문화, 전통, 경험 등 인도네시아 고유의 특징에 대해서는 틈틈이 관련 자료를 학습하여 최소 1~2개 토픽에 대해서는 대답할 수 있어야 합니다.

특히, 인도네시아에 가본 경험 여부, 느낀 점, 인상 등에 대해서는 논리적으로 대답해야 합니다. 아직 가본 경험이 없더라도 그리고 여행할 계획이 당장은 없다 하더라도 앞으로 ~할 목적으로 꼭 가볼 계획이다라고 설명을 하는 것이 좋습니다.

또한, 인도네시아 문화와 한국 문화의 유사점이나 차이점도 숙지할 필요가 있습니다. 예를 들어, 주식을 쌀로 하는 문화, 협동 정신문화 등의 유사한 문화에 대해서 알아 두면 많은 도움이 될 것입니다. 인도네시아 문화를 모르면서 인도네시아어 OPI 시험을 본다는 것은 아직 준비가 덜 된 것이나 다름없는 것입니다.

Tip **01**

인도네시아 문화, 전통, 생활양식에 대해 공부하기!

Tip **02**

인도네시아 문화와 한국의 문화 간의 차이점과 공통점 알아두기!

Tip **03**

인도네시아 방문에 대한 느낌과 인상에 대해 생각해 두기!

Tip **04**

인도네시아를 방문한 적이 있으면 왜 갔었는지, 아직 가보지 못했다면 '앞으로 ~할 목적으로 꼭 가 볼 계획이다' 라는 형식의 답변 준비하기!

🎧 L06_01

Q1 Seperti apa gaya hidup yang unik di Indonesia?

무엇이 인도네시아의 독특한 생활양식인가요?

Q2 Apa budaya unik yang hanya ada di Indonesia?

무엇이 인도네시아의 독특한 문화인가요?

Q3 Apa perbedaan antara budaya Korea dan Indonesia?

한국과 인도네시아의 문화 차이는 무엇인가요?

Q4 (Jika pernah ke Indonesia) Apa kesan Anda terhadap gaya hidup orang Indonesia?

(가본 적이 있다면) 인도네시아 사람들의 생활양식에 대한 인상은 어땠나요?

Q5 Apa kesan yang terlintas dalam pikiran Anda tentang Indonesia?

인도네시아 하면 떠오르는 생각은 무엇인가요?

Q6 Apa fasilitas atau sarana publik di Indonesia yang pernah Anda gunakan?

이용해 본 인도네시아 공공시설에는 어떤 것들이 있나요?

Q 1 Seperti apa gaya hidup yang unik di Indonesia?

무엇이 인도네시아의 독특한 생활양식인가요?

 L06_02

 샘의 Tips gotong-royong은 서로 협력하다, 상부상조하다라는 뜻으로 bekerja bersama-sama, saling tolong-menolong으로도 표현할 수 있습니다.

 자신의 상황에 가장 비슷한 답변을 중심으로 집중 연습해 보세요!

상황 1

Setahu saya, Indonesia dikenal dengan sikap gotong-royong dan toleransi yang tinggi hingga semua orang saling membantu bila ada yang kesusahan tanpa membedakan agama, ras, dan lainnya. Jadi, saya pikir gaya hidup yang unik di Indonesia adalah budaya tersebut.

제가 알기로는, 인도네시아는 협동심과 관대함이 높아 어려움에 처한 사람이 있을 때 종교, 인종 등을 가리지 않고 모두가 서로 돕습니다. 그래서, 저는 그러한 문화가 인도네시아의 독특한 생활양식이라고 생각합니다.

상황 2

Berdasarkan pengalaman saya di Indonesia, salah satu keunikan masyarakat Indonesia adalah pandangan "belum makan namanya kalau belum makan nasi." Menurut saya, itulah salah satu gaya hidup yang unik di Indonesia dan di Korea pun sebagian masih ada ciri khas seperti itu.

인도네시아에서의 제 경험에 의하면, 인도네시아 사람들의 독특함 중의 하나는 "아직 밥을 먹지 않았다면 식사를 한 것이 아니다"라는 것입니다. 제 생각에는, 그것이 인도네시아의 독특한 생활양식이라고 생각하는데 한국에도 아직 그러한 특징이 일부 있습니다.

상황 3

Menurut saya, saling bertegur sapa dan tersenyum adalah salah satu gaya hidup orang Indonesia yang khas karena budaya-budaya tersebut menambah keakraban antar anggota masyarakat.

제 생각으로는, 서로 말을 건네고 미소를 짓는 것이 독특한 인도네시아 사람들의 생활양식인데 그러한 문화들이 사회구성원 간의 친밀함을 높이기 때문입니다.

 표현 Tips

· 인도네시아는 ~와 ~로 알려져 있습니다 **Indonesia dikenal dengan ~ dan ~.**

· ~에 의하면, 인도네시아의 독특함은 ~ 입니다 **Berdasarkan ~, keunikan Indonesia ~.**

· 그 일은 ~간의 ~를 증진시킵니다 **Hal tersebut menambah ~ antara ~.**

어휘   **anggota** 구성원 **berdasarkan** ~에 따르면, ~에 기초하여 **bertegur sapa** 서로 말을 건네다 **bila** ~할 때, ~할 경우 **budaya** 문화 **keakraban** 친숙, 친밀 **kesusahan** 어려움, 난관 **keunikan** 독특함 **khas** 전형적인, 독특한 **masyarakat** 사회, 공동체 **ras** 인종 **unik** 독특한 **tersenyum** 미소를 짓다 **toleransi** 관용, 관대

Q 2 Apa budaya unik yang hanya ada di Indonesia?

무엇이 인도네시아의 독특한 문화인가요?

 L06_03

샘의 Tips 기수사에 ber-접두사를 붙이면 ~명이서, ~명이와 같은 뜻을 나타냅니다.
예 berdua 두 명이, bertiga 세 명이

자신의 상황에 가장 비슷한 답변을 중심으로 집중 연습해 보세요!

상황 1

Waktu saya berwisata ke Indonesia, saya sering melihat orang-orang yang naik sepeda motor berdua hingga bertiga atau lebih. Karena hal ini jarang ditemukan di Korea, saya pikir naik sepeda motor ramai-ramai itu merupakan salah satu budaya yang unik di Indonesia.

제가 인도네시아에 여행을 갔을 때, 둘에서 심지어 세 명이나 그 이상이 함께 오토바이를 타는 사람들을 자주 보았습니다. 이와 같은 일은 한국에서 거의 볼 수 없기 때문에, 여럿이서 함께 오토바이를 타는 것은 인도네시아의 독특한 문화 중의 하나라고 저는 생각합니다.

상황 2

Menurut saya, kebanyakan orang Indonesia lebih suka berbelanja di *mall* meskipun di pasar ada barang yang sama dengan yang ada di *mall* dan harganya lebih murah. Hal ini mungkin dikarenakan *mall* menyediakan fasilitas dan tempat yang bagus sehingga orang-orang lebih suka berbelanja di *mall*.

제 생각으로는, 대부분의 인도네시아 사람들은 쇼핑몰에 있는 물건이 시장에도 있으며 가격이 더 저렴하더라도 쇼핑몰에서 장을 보는 것을 더 선호합니다. 아마도 이것은 쇼핑몰이 좋은 시설과 장소를 제공하고 있으므로 사람들이 쇼핑몰에서 물건 사는 것을 더 좋아하는 것 같습니다.

상황 3

Waktu saya melihat salah satu transportasi bernama Bentor, saya pikir orang Indonesia memiliki kreativitas yang sangat tinggi. Oleh karena itu, saya pikir kreativitas yang mampu mengolah dan memodifikasi barang itu adalah keunikan budaya di Indonesia.

벤토르라는 이름의 교통수단을 보았을 때, 저는 인도네시아 사람들의 창의성이 매우 높다고 생각했습니다. 따라서, 물건을 가공하고 개조할 수 있는 창의성이 인도네시아 문화의 독특함이라고 생각합니다.

표현 Tips

· 그것은 ~의 하나의 독특한 문화입니다 **Itu adalah salah satu budaya yang unik di ~.**

· 그것은 좋은 ~를 제공합니다 **Itu menyediakan ~ yang bagus.**

· 그것은 ~에서 문화의 독특함입니다 **Itu adalah keunikan budaya di ~.**

어휘 Bentor 벤토르(인력거에 오토바이를 결합한 교통수단) kreativitas 창의성 memodifikasi 변경(개조)하다 mengolah 가공하다 merupakan ~을 이루다, 구성하다 meskipun 비록 ~일지라도 naik sepeda motor 오토바이를 타다 ramai-ramai 여럿이 함께 sangat 매우, 대단히

한국-인도네시아 문화 차이

Q 3 Apa perbedaan antara budaya Korea dan Indonesia?

한국과 인도네시아의 문화 차이는 무엇인가요? L06_04

 샘의 Tips

~하는 경향이다라는 표현은 cenderung이라는 단어를 사용하여 표현합니다.

 &A 자신의 상황에 가장 비슷한 답변을 중심으로 집중 연습해 보세요!

상황 1 Menurut saya, orang Indonesia lebih nyaman dan senang apabila tetap dekat dengan keluarga. Berbeda dengan orang Indonesia, orang Korea cenderung individual.

제가 생각하기에, 인도네시아 사람들은 여전히 가족과 가까이 있을 때 더 편안하고 행복한 것 같습니다. 인도네시아와 달리, 현재 한국 사람은 개인주의 경향이 있습니다.

상황 2 Menurut saya, orang Indonesia cenderung menyindir dalam berargumentasi. Akan tetapi, orang Korea cenderung berbicara secara langsung.

제 생각으로는, 인도네시아 사람들은 토론에서 간접적으로 말하는 경향이 있습니다. 그러나 한국 사람은 직접적으로 말하는 경향이 있습니다.

상황 3 Berdasarkan opini teman-teman saya, orang Indonesia suka bergaul dan menjalin hubungan yang lebih luas sehingga media sosial pun sering kali digunakan sebagai alat untuk bersosialisasi. Namun, saat ini orang Korea cenderung menjadi individualis.

제 친구들의 의견에 의하면, 인도네시아 사람은 매우 사교적이며 보다 폭넓은 관계를 맺기 때문에 사회 매체 또한 사교를 위한 하나의 수단으로 자주 이용되고 있습니다. 그러나 현재 한국 사람은 개인주의자가 되고 있는 경향이 있습니다.

 표현 Tips

· ~와 다른 것은 ~ 입니다 **Yang berbeda dengan ~ adalah ~.**
· 그는 ~에서 직접적으로 말하는 경향입니다 **Dia cenderung berbicara secara langsung dalam ~.**
· 그는 더 ~한 관계를 맺습니다 **Dia menjalin hubungan yang lebih ~.**

어휘 **berargumentasi** 논의(토론)하다 **bergaul** 사귀다 **individual** 개인적인 **individualis** 개인주의자 **media sosial** 사회 매체 **menjalin** ~을 맺다, 엮다 **menyindir** 간접적으로 말하다 **nyaman** 편안한, 즐거운 **opini** 의견, 견해 **secara langsung** 직접적으로

Q 4 (Jika pernah ke Indonesia) Apa kesan Anda terhadap gaya hidup orang Indonesia?

(가본 적이 있다면) 인도네시아 사람들의 생활양식에 대한 인상은 어땠나요? L06_05

샘의 Tips sangat과 sekali는 모두 매우, 대단히라는 뜻을 가진 부사이지만 sangat은 형용사 앞에서, sekali는 뒤에서 수식해 줍니다.

&A 자신의 상황에 가장 비슷한 답변을 중심으로 집중 연습해 보세요!

상황 1 Karena saya belum pernah ke Indonesia, saya tidak bisa menceritakan tentang kesan saya terhadap gaya hidup orang Indonesia. Akan tetapi, setahu saya gaya hidup orang Indonesia lebih nyaman dan santai daripada Korea.

제가 인도네시아에 아직 가본 적이 없기 때문에, 인도네시아 사람의 생활양식에 대한 느낌에 대해 이야기할 수 없습니다. 그러나 제가 알기로는 인도네시아 사람의 생활양식은 한국보다 더 편안하고 여유롭습니다.

상황 2 Walaupun saya belum pernah ke Indonesia, saya punya seorang teman dari Indonesia yang sedang belajar program S-2 di Seoul. Saya dekat sekali dengannya dan katanya orang Indonesia sangat bertoleransi terhadap perbedaan budaya. Saya setuju dengan pendapatnya.

아직 인도네시아에 가본 적이 없지만, 저는 서울에서 석사과정을 공부하고 있는 인도네시아 친구가 있습니다. 저는 그와 매우 가까운데 그에 따르면 인도네시아 사람은 문화 차이에 매우 관대합니다. 저는 그의 의견에 동의합니다.

상황 3 Waktu saya berbulan madu ke Lombok, saya dan istri saya terkesan dengan budaya dan orang Indonesia karena mereka di sana baik hati dan selalu memperhatikan kepada kami. Lain kali, kami ingin berwisata kembali ke sana.

제가 **롬복**으로 신혼여행을 떠났을 때, 그곳 사람들이 착하고 항상 우리를 배려해 줘서 제 아내와 저는 인도네시아 사람과 문화에 대해 좋은 인상을 받았습니다. 다음에 저희는 그곳으로 다시 여행 가기를 바랍니다.

표현 Tips
· ~한 적이 없어서, 저는 ~할 수 없습니다 **Karena saya belum pernah ~, saya tidak bisa ~.**
· 저는 그의 ~를 동의합니다 **Saya setuju dengan ~ dia.**
· 저는 ~에 대해 좋은 인상을 받았습니다 **Saya terkesan dengan ~.**

어휘 **baik hati** 착한 **berbulan madu** 신혼여행을 가다 **bertoleransi** 관용적인 **gaya hidup** 생활상, 생활양식 **kesan** 인상, 느낌 **memperhatikan** 배려하다, 관심을 갖다 **pendapat** 견해, 의견 **santai** 편안한 **terkesan** 인상을 받다, 감동을 받다

Q 5 Apa kesan terlintas dalam pikiran Anda tentang Indonesia?

인도네시아 하면 떠오르는 생각은 무엇인가요? L06_06

 셈의 *Tips* 어떠한 수량에 대해 많고 적음을 표현할 때 아래와 같은 표현을 사용합니다.
예 lebih dari ~ = ~ 이상, kurang dari ~ = ~ 미만, di bawah ~ = ~ 이하

 &A 자신의 상황에 가장 비슷한 답변을 중심으로 집중 연습해 보세요!

상황 1 Kesan yang terlintas dalam pikiran saya tentang Indonesia adalah Indonesia memiliki banyak pulau-pulau. Oleh karena itu, Indonesia disebut sebagai Nusantara atau Kepulauan Indonesia.

인도네시아에 대해 제 머릿속에 떠오르는 인상은 인도네시아가 많은 섬을 갖고 있다는 것입니다. 그래서, 인도네시아는 **누산따라** 또는 **인도네시아 제도**라고 불려지고 있습니다.

상황 2 Yang terlintas dalam pikiran saya tentang Indonesia adalah Indonesia terdiri dari banyak suku. Setahu saya, Indonesia memiliki lebih dari 350 suku, seperti suku Jawa, Sunda, Batak, dan Bali.

인도네시아에 대해 저의 머릿속에 떠오르는 것은 인도네시아가 많은 종족으로 구성되어 있다는 것입니다. 제가 아는 바에 따르면, 인도네시아는 자바, 순다, 바딱 그리고 발리족과 같은 350 종족 이상을 갖고 있습니다.

상황 3 Satu kata yang terlintas dalam pikiran saya tentang Indonesia adalah buah-buahan tropis. Ketika saya ke Jakarta tahun yang lalu, saya berjalan-jalan ke sebuah pasar malam dan di situ saya melihat begitu banyak aneka macam buah-buahan tropis yang tidak pernah saya lihat di Korea.

인도네시아에 대해 저의 머릿속에 떠오리는 한 단어는 **열대과일**입니다. 작년에 제가 자카르타에 갔을 때, 한 야시장에 놀러 간 적이 있었고 그곳에서 한국에서는 본 경험이 없는 다양한 종류의 많은 열대과일을 보았습니다.

 표현
Tips

· ~에 대해 제 머릿속에 떠오르는 생각은 ~ 입니다
Kesan yang terlintas dalam pikiran saya tentang ~ adalah ~.

· 이 나라는 ~이상을 보유하고 있습니다 **Negara ini memiliki lebih dari ~.**

· 저는 ~로 놀러간 적이 있습니다 **Saya pernah berjalan-jalan ke ~.**

어휘   buah-buahan tropis 열대과일 pasar malam 야시장 pikiran 생각, 사고 suku 종족 terlintas 떠오르는

Q 6 Apa fasilitas atau sarana publik di Indonesia yang pernah Anda gunakan?

이용해 본 인도네시아 공공시설에는 어떤 것들이 있나요? L06_07

 샘의 Tips
~한 적이(경험이) 있다라는 표현은 조동사 pernah를 사용합니다.

 &A 자신의 상황에 가장 비슷한 답변을 중심으로 집중 연습해 보세요!

상황 1
Waktu saya kuliah di UNJ Jakarta, saya sering berbelanja di Plaza Senayan di Sudirman. *Mall* itu sangat bersih, nyaman, dan lengkap dengan berbagai fasilitas, seperti pujasera, pasar swalayan, toko-toko pakaian, dan lain-lain.

제가 자카르타 교육 대학교를 다닐 때, 저는 자주 수디르만에 있는 **플라자 스나얀**에서 쇼핑을 했습니다. 그 몰은 매우 깨끗하고, 편리하며 푸드코트, 슈퍼마켓, 의류점 등 다양한 시설이 구비되어 있습니다.

상황 2
Saya pernah mendatangi beberapa kafe yang terletak di daerah Kuningan, Jakarta. Kalau ada pertemuan dengan klien, saya sering bertemu dengan mereka di salah satu kafe di daerah tersebut.

저는 자카르타 꾸닝안 지역에 있는 몇몇 카페에 가본 적이 있습니다. 고객과 회의가 있을 때면, 저는 자주 꾸닝안 지역의 한 카페에서 그들을 만났습니다.

상황 3
Karena belum pernah ke Indonesia, saya tidak pernah menggunakan fasilitas publik yang ada di Indonesia. Namun, jika ada kesempatan di kemudian hari, saya akan coba ke Ancol. Katanya, Ancol merupakan salah satu objek wisata yang ada di Jakarta.

아직 인도네시아에 가본 적이 없어서 인도네시아에 있는 공공시설을 이용해 본 경험이 없습니다. 그러나 나중에 기회가 있으면, 저는 **안쫄**에 가볼 것입니다. 사람들이 말하기를, 안쫄은 자카르타에 있는 관광지라고 합니다.

 표현 Tips
· 저는 종종 ~에서 장을 봅니다 **Saya sering berbelanja di ~.**
· 인도네시아에서 제가 이용해본 것은 ~입니다 **Yang pernah saya gunakan di Indonesia adalah ~.**
· ~는 ~에 있는 관광지입니다 **~ merupakan salah satu objek wisata yang ada di ~.**

어휘 klien 고객, 거래처 lengkap 완비(구비)된, 완전한, 완벽한 objek wisata 관광지 pasar swalayan 슈퍼마켓 pujasera 푸드코트 UNJ (Universitas Nasional Jakarta) 국립 자카르타 교육대학교

색칠한 단어로 표현을 완성시켜 연습해 보고 다양한 단어를 활용하여 자신에게 맞는 상황을 만들어 반복적으로 연습해 보세요.

Q1

인도네시아의 생활특성   인도네시아는 협동심과 관대함이 높아 어려움에 처한 사람이 있을 때 종교, 인종 등을 가리지 않고 모두가 서로 돕습니다. 그래서, 인도네시아의 독특한 생활양식은 언급한 문화라고 생각합니다.

Karena Indonesia dikenal dengan _____ dan _____ yang tinggi, semua saling membantu bila ada yang kesusahan tanpa membedakan _____, _____, dan lainnya. _____, saya pikir gaya hidup yang unik di Indonesia adalah budaya tersebut.

Q2

인도네시아의 독특한 문화   인도네시아 사람들은 쇼핑몰에서 장을 보는 것을 더 선호합니다. 아마도 이것은 쇼핑몰이 좋은 시설과 장소를 제공하고 있으므로 사람들이 쇼핑몰에서 물건 사는 것을 더 좋아하는 것 같습니다.

Orang Indonesia lebih suka berbelanja _____ _____. Hal ini mungkin dikarenakan _____ menyediakan fasilitas dan tempat yang bagus hingga orang-orang lebih suka berbelanja di _____.

Q3

한국과 인도네시아의 문화 차이   제 생각으로는, 인도네시아 사람들은 토론에서 간접적으로 말하는 경향이 있습니다. 그러나 한국 사람은 토론할 때 직접적으로 말하는 경향이 있습니다.

_____, orang Indonesia _____ menyindir dalam berargumentasi. Akan tetapi, orang Korea cenderung berbicara _____.

Q4 **인도네시아 생활양식에 대한 인상** 제가 롬복으로 **신혼여행을 떠났을** 때, 그곳 사람들이 착하고 항상 우리를 배려해 줘서 제 아내와 저는 인도네시아 사람과 문화에 대해 좋은 **인상을 받았습니다.** 다음에 저희는 그곳으로 다시 **여행 가기를** 바랍니다.

Waktu saya _____ ke Lombok, saya dan istri saya _____ _____ budaya dan orang Indonesia karena mereka di sana baik hati dan selalu memperhatikan kepada kami. Lain kali, kami ingin _____ _____ ke sana.

Q5 **인도네시아에 대해 떠오르는 생각** 인도네시아에 대해 제 머릿속에 **떠오르는 인상**은 인도네시아가 많은 **섬들을** 갖고 있다는 것입니다. 그래서 아마도 인도네시아가 누산따라 또는 인도네시아 **제도**라고 불리는 것 같습니다.

_____ yang _____ dalam pikiran saya tentang Indonesia adalah Indonesia memiliki banyak _____. Oleh karena itu, Indonesia disebut sebagai Nusantara atau _____ Indonesia.

Q6 **이용해 본 인도네시아 문화시설** 저는 자카르타 꾸닝안 지역에 있는 **몇몇** 카페에 가본 적이 있습니다. 고객과 **회의가** 있을 때면, 저는 자주 꾸닝안 지역의 한 카페에서 그들을 만났습니다.

Saya pernah mendatangi _____ kafe yang terletak di daerah Kuningan, Jakarta. Kalau ada _____ dengan _____, saya sering bertemu dengan mereka di salah satu kafe di daerah tersebut.

인도네시아어 회화 표현 UP 6

인도네시아어의 **특성**에 관한 다양한 표현을 응용할 수 있는 표현 Tip들입니다.

1 인도네시아 사람은 정말로 대단한 손재주를 갖고 있습니다.
Orang Indonesia benar - benar memiliki kecekatan tangan yang menakjubkan.

2 어려운 일이 있을 때 모두가 서로 돕습니다.
Semua bahu - membahu bila ada yang kesusahan.

3 가족애는 여전히 긴밀하게 느껴집니다.
Rasa kekeluargaan masih terasa erat.

4 서로 함께 일할 때 일은 더 쉬워질 것입니다.
Pekerjaan akan lebih mudah bila dikerjakan bersama - sama.

5 그들은 무조건적으로 도움을 줍니다.
Mereka membantu tanpa pamrih.

6 인도네시아는 사교성으로 유명합니다.
Indonesia terkenal dengan sikap keramah - tamahannya.

7 이 문화는 마땅히 다양한 계층에서 육성되어야 합니다.
Budaya ini seharusnya dikembangkan di berbagai lapisan.

8 이 행사는 보통 일요일에 열립니다.
Upacara ini biasanya diadakan pada hari Minggu.

9 참석자의 대부분은 서민들입니다.
Mayoritas yang ikut serta adalah masyarakat.

10 여자들은 음식을 준비할 의무가 있습니다.
Para wanita memiliki tugas untuk mempersiapkan makanan.

11 이 전통은 인도네시아에서 대를 이어 행해집니다.
Tradisi ini secara turun-temurun dilakukan di Indonesia.

12 이 전통은 조상을 숭배하기 위해 열립니다.
Tradisi ini diadakan untuk menghormati para leluhur.

13 이것은 스마랑 특유의 전통문화입니다.
Ini adalah tradisi khas Semarang.

14 이 독특한 문화는 보고르 주민들에 의해 개최됩니다.
Budaya unik yang satu ini diselenggarakan oleh masyarakat Bogor.

15 이 축제는 신의 축복을 가져온다고 여겨집니다.
Festival ini dianggap membawa berkah.

16 이 생활양식은 유행 측면에서 이미 변하였습니다.
Gaya hidup ini telah mengalami perubahan dari segi tren.

17 이 문화는 한국의 문화와 거의 비슷합니다.
Budaya ini hampir mirip dengan budaya Korea.

18 문화는 사람들과 매우 밀접한 관계가 있습니다.
Kebudayaan sangat erat hubungannya dengan masyarakat.

19 문화는 사회적 가치, 사회 규범 및 지식을 포함합니다.
Kebudayaan mengandung nilai sosial, norma sosial, dan ilmu pengetahuan.

20 나라마다 분명히 다른 문화를 갖고 있습니다.
Setiap negara pasti memiliki budaya yang berbeda.

문법 Tips 6  　　　 조동사와 시제

1. 조동사

인도네시아어에서는 조동사를 부사로도 취급합니다. 조동사는 본동사 앞에서 동사의 뜻을 명확하게 해 줍니다.
부정문을 만들 때는 tidak + 조동사 + 본동사의 순서가 됩니다.

		조동사	예 시
시간 조동사	과거형	**sudah, telah**	· Dia **sudah** tidur gara-gara kecapaian.
	진행형	**sedang, lagi**	· Saya **sedang** belajar bahasa Indonesia.
	미래형	**akan**	· Dia **akan** berangkat ke Indonesia.
	기타형	**masih, jarang**	· Saya **masih** menunggu orang tua saya datang.
의미 조동사	의무	**harus, mesti, wajib**	· Anda **harus** berolahraga setiap hari.
	가능	**bisa, dapat**	· Saya **bisa** berbahasa Indonesia.
	허락	**boleh**	· Anda **tidak boleh** merokok di sini.
	소망	**mau, hendak**	· Saya **mau** berlibur ke pulau Bali.
	당위	**perlu, usah***	· Anda **perlu** berangkat sekarang.
	개연	**mungkin**	· Dia **mungkin** sudah makan siang.

* usah는 tidak과 결합한 tidak usah (~필요가 없다)의 형태로만 쓰입니다.

2. 시제

영어와 달리, 인도네시아어는 시제에 따라 동사가 변하지 않고 시제와 관계되는 단어와 함께 사용하여 시제를
나타냅니다. 시제를 나타내는 조동사는 행위를 나타내는 동사 앞에 위치하여 과거, 현재, 미래 등의 시제를
명확하게 해 줍니다. 조동사 pernah는 과거의 경험을 나타냅니다.

구 분		예 시
과거형	**sudah, telah**	· Orang tua saya **sudah** berangkat ke Seoul.
진행형	**sedang, lagi, sekarang**	· Dia **sedang** makan siang dengan keluarganya.
미래형	**akan, mau, belum**	· Anda **akan** dipanggil oleh bapak Ahmad. · Saya **mau** berlibur ke Bali minggu depan. · Orang itu **belum** makan karena masih kenyang.
과거 경험	**pernah**	· Dia **pernah** berkunjung ke Indonesai dengan saya.

과거시제를 나타내는 sudah, telah를 사용하지 않아도 과거를 나타내는 단어를 사용하여 과거형 문장을 만들 수 있습니다.

· Saya bertemu dengan dia kemarin.	나는 어제 그를 만났습니다.
· Dia wisuda sekitar 2 tahun yang lalu.	그는 약 2년전에 졸업했습니다.
· Karena dia kelaparan, dia makan siang tadi.	배가 너무 고파서 그는 아까 점심을 먹었습니다.

Berbicara tentang Ciri Khas Korea
한국의 특성에 대해 말하기

인도네시아의 생활 특성 및 문화 등과 더불어 한국의 문화, 생활 특성, 한류 등에 대한 질문은 OPI 시험에서 빠지지 않는 토픽 중의 하나입니다. 특히, 한류에 따른 K-Pop, 한국 드라마 등을 소재로 한국 문화나 생활상에 대해 질문할 수 있으므로 시사적인 토픽을 중심으로 준비해야 합니다.

외국인의 시각에서 한국의 문화, 생활 특성, 한국 사람 등에 대해 생각해 보면 무엇이 한국의 특성을 대표하는지 정리될 것입니다.

질문에 답변할 때 긍정적인 답변만이 늘 좋은 것은 아닙니다. 긍정적인 측면과 부정적인 측면을 비교하면서 답변하는 능력이 바로 논리일 것입니다. "한국에 대해 어떻게 생각해?", "한국 생활의 특징이 뭐야?", "무엇이 한국 문화야?"라는 질문에 대한 답변을 머릿속으로 정리해 보고 나만의 키워드를 논리적으로 준비해 보세요.

Tip 01

한국을 대표하는 문화 알아두기!

Tip 02

한국의 생활 특성을 한마디로 표현하기!

Tip 03

긍정적인 측면과 부정적인 측면을 '비교'하는 답변 준비하기!

Tip 04

외국인의 관점에서 한국의 특징을 생각해 보기!

🎧 L07_01

Q1 Apa saja ciri khas kehidupan yang mewakili Korea?

한국을 대표하는 생활 특성은 무엇인가요?

Q2 Apa itu demam Korea atau Hallyu?

한류가 무엇인가요?

Q3 Mengapa orang asing menyukai K-Pop?

왜 외국인들이 케이팝을 좋아하나요?

Q4 Mengapa para siswa-siswi Korea belajar sampai larut malam?

왜 한국 학생들은 한밤중까지 공부를 하나요?

Q5 Mengapa orang-orang Korea selalu sibuk?

왜 한국 사람들은 항상 바쁜가요?

Q6 Apa alasannya siswa-siswi Korea suka bersekolah di luar negeri?

한국 학생들이 해외에서 유학하는 이유는 무엇인가요?

한국의 생활 특성

Q 1 Apa saja ciri khas kehidupan yang mewakili Korea?

한국을 대표하는 생활 특성은 무엇인가요? 🎧 L07_02

샘의 Tips merupakan은 ~을 이루다, ~을 형성(구성)하다라는 뜻의 단어로 adalah나 menjadi로 대체될 수 있습니다.

 &A 자신의 상황에 가장 비슷한 답변을 중심으로 집중 연습해 보세요!

상황 1 Menurut saya, tidak bisa hidup santai merupakan ciri khas kehidupan orang Korea. Seperti telah diketahui, warga Korea dikenal dengan budaya yang tidak bisa hidup santai dan cepat-cepat. Hal ini mungkin dikarenakan kehidupan Korea selalu dikejar oleh waktu.

제 생각에는, 한가하게 쉴 수 없는 생활이 한국 사람들의 생활 특성입니다. 이미 알려진 바와 같이, 한국사람은 **빨리빨리**와 한가하게 쉴 수 없는 문화로 알려져 있습니다. 이것은 아마도 한국의 생활이 항상 시간에 쫓기기 때문입니다.

상황 2 Saya pikir ciri khas yang dapat mewakili kehidupan Korea adalah orang Korea senang melakukan kegiatan di luar, seperti berkemah. Hal ini karena mereka ingin menghilangkan kepenatan akibat dari kesibukan sehari-hari.

제가 생각하기에 한국의 생활을 대표할 수 있는 특징으로 한국 사람은 캠핑과 같은 야외활동을 즐긴다는 것입니다. 이것은 그들이 일상의 분주함에서 오는 피로를 해소하고 싶어하기 때문입니다.

상황 3 Orang Korea sangat selektif dalam memilih dan mengkonsumsi makanan mereka sehari-hari. Hal ini mungkin bisa saja mewakili ciri khas kehidupan orang Korea. Selain itu, orang Korea rata-rata melakukan *diet* untuk tetap memiliki penampilan yang modis.

한국 사람은 매일 그들의 음식을 고르고 소비하는 데 매우 선별적입니다. 이것은 아마도 한국 사람의 생활 특성을 대표할 수 있을 것입니다. 또한, 한국 사람은 유행하는 외모를 계속 유지하기 위해서 일반적으로 다이어트를 합니다.

 표현 Tips
- 한국은 ~한 문화로 알려져 있습니다 **Korea dikenal dengan budaya yang ~.**
- 그들은 ~에서 오는 ~를 해소하고 싶어 합니다 **Mereka ingin menghilangkan ~ akibat dari ~.**
- 이것은 아마도 ~ 특징을 대표합니다 **Hal ini mungkin mewakili ciri khas ~.**

어휘 berkemah 캠핑 dikejar ~에 쫓기다 kegiatan di luar 야외활동 kepenatan 피로 mengkonsumsi 소비하다 modis 유행의, 유행을 따르는 penampilan 외모, 모습 rata-rata 평균적으로, 일반적으로 santai 한가로운 selektif 선택의, 선별적인

Q2 Apa itu demam Korea atau Hallyu?

한류가 무엇인가요?

 샘의 *Tips* 1990년대와 같이 ~년대라는 표현은 연도 뒤에 -an 접미사를 붙여 나타냅니다.
예 1990-an 1990년대, 2000-an 2000년대

&A 자신의 상황에 가장 비슷한 답변을 중심으로 집중 연습해 보세요!

상황 1 Setahu saya, Hallyu atau demam Korea adalah istilah yang diberikan untuk tersebarnya budaya drama dan musik *pop* Korea secara global di berbagai negara. Oleh karena itu, Hallyu memicu banyak orang di berbagai negara untuk mempelajari bahasa dan budaya Korea.

제가 알기로는, 한류는 여러 나라에서 한국의 드라마와 팝 문화가 전체적으로 확산된 것에 대해 붙여진 용어입니다. 그래서, 한류는 우리말과 한국 문화를 배우도록 여러 국가의 많은 사람을 북돋고 있습니다.

상황 2 Menurut media massa, kegemaran budaya Korea dimulai di Tiongkok dan Asia Tenggara sejak akhir 1990-an. Istilah Hallyu diadopsi oleh media Tiongkok setelah album musik *pop* Korea, HOT, dikeluarkan di Tiongkok.

대중매체에 따르면, 한국 문화에 대한 선호는 1990년대 후반부터 중국과 동남아시아 국가에서 시작되었습니다. 한류라는 용어는 중국에서 한국의 HOT라는 팝 음악 앨범이 발행된 이후 중국 매체에 의해 채택되었습니다.

상황 3 Sejak akhir tahun 1990-an, serial drama TV Korea mulai diputar di Tiongkok dan tersebar ke negara-negara lain, seperti Indonesia, Hong Kong, dan lain-lain. Menurut saya, fenomena penyebaran budaya Korea ke berbagai negara inilah yang disebut demam Korea.

1990년대 후반부터 한국 TV 드라마 시리즈가 중국에서 상영되기 시작했고 인도네시아, 홍콩 등과 같은 다른 나라로 확산되었습니다. 제 생각에는, 한국 문화가 여러 나라로 확산되는 현상을 한류라고 합니다.

 표현
Tips
· 한류는 ~ 입니다 **Demam Korea adalah ~.**
· 한국문화에 대한 선호는 ~에서 시작되어 ~로 퍼졌습니다
Kegemaran budaya Korea dimulai di ~ dan tersebar ke ~.
· 한류는 ~로 한국문화가 전파된 현상입니다
Demam Korea adalah fenomena penyebaran budaya Korea ke ~.

어휘 demam Korea 한류 diadopsi 받아들이다. 채택되다 diputar 상영되다 fenomena 현상 global 포괄적인, 전체적인 istilah 용어 kegemaran 선호, 좋아함 memicu 북돋우다. 유발시키다 penyebaran 확산 tersebar 확산되다. 퍼지다 Tiongkok (국가) 중국/Tionghoa (사람) 중국인

Q 3 Mengapa orang asing menyukai K-Pop?

왜 외국인들이 케이팝을 좋아하나요?

 L07_04

 샘의 Tips

~에 의해 받아들여지다, 채택되다는 diterima oleh ~으로 표현할 수 있습니다.

 &A 자신의 상황에 가장 비슷한 답변을 중심으로 집중 연습해 보세요!

상황 1 Kata orang, musik K-Pop ini dibuat untuk bisa diterima oleh semua kalangan masyarakat. Jadi, saya pikir karena jangkauannya sangat luas, K-Pop disukai oleh orang asing.

사람들이 말하기를, 케이팝 음악은 모든 사회층에 의해 받아드려질 수 있도록 만들어졌습니다. 그래서, 제 생각에 그 범주가 매우 넓기 때문에 외국인들이 케이팝을 좋아한다고 생각합니다.

상황 2 Setahu saya, K-Pop mudah diikuti iramanya sehingga para penggemar K-Pop bisa menikmatinya.

제가 알기로는, 케이팝은 리듬을 쉽게 따라할 수 있어서 모든 케이팝 팬들이 케이팝을 즐길 수 있습니다.

상황 3 Saya pikir orang asing menyukai K-Pop karena liriknya mudah diingat. Lirik K-Pop biasanya campuran antara bahasa Korea dan bahasa Inggris.

외국 사람들이 케이팝을 선호하는 것은 그 가사가 쉽게 외울 수 있기 때문이라고 생각합니다. 케이팝 가사는 보통 우리말와 영어가 섞여 있습니다.

 표현 Tips
- ~는 모든 부류에 의해 받아들여 질 수 있도록 만들어졌습니다 ~ **dibuat untuk bisa diterima oleh semua kalangan.**
- ~는 리듬을 쉽게 따라할 수 있습니다 ~ **mudah diikuti iramanya.**
- ~는 외우기가 쉽습니다 ~ **mudah diingat.**

어휘 **irama** 리듬, 음률 **jangkauan** 범위, 범주 **kalangan** 계층, 집단, 사회 **lirik** 가사 **setahu saya** 제가 알기로는 **penggemar** 애호가, 팬

Q 4 Mengapa para siswa-siswi Korea belajar sampai larut malam?

왜 한국 학생들은 한밤중까지 공부를 하나요?

 L07_05

 샘의 Tips 경쟁적인은 kompetitif, 경쟁력은 daya kompetitif 또는 daya saing이라고 표현합니다.

&A

자신의 상황에 가장 비슷한 답변을 중심으로 집중 연습해 보세요!

상황 1

Anak-anak SMP dan SMA di Korea tidak akan pulang ke rumah sebelum jam 10 malam. Mereka harus belajar, belajar, dan belajar karena selalu dituntut untuk belajar.

한국의 중학교와 고등학교 학생들은 밤 10시 전에 귀가하지 않습니다. 공부에 대한 독려를 항상 받기 때문에 그들은 학습하고, 학습하고 또 학습해야만 합니다.

상황 2

Terutama dalam hal akademik dan melanjutkan ke universitas, Korea sangat kompetitif. Siswa-siswi Korea lebih fokus untuk saling berkompetisi dengan yang lain. Hal ini adalah yang membuat mereka tidak bisa pulang cepat.

특히 학업과 대학교 진학에 있어서, 한국은 매우 경쟁적입니다. 한국 학생들은 다른 사람과 서로 경쟁하는 것에 더 초점을 맞춥니다. 이것이 한국 학생들이 일찍 귀가할 수 없게 만드는 것입니다.

상황 3

Menurut saya, karena tidak mudah melanjutkan ke universitas dan juga mendapatkan sebuah pekerjaan yang baik, siswa-siswi Korea belajar terus sampai tengah malam. Semua ini mungkin karena fenomena sosial yang sangat kompetitif.

제 생각에는, 대학에 진학하는 것과 좋은 일자리를 구하는 것 또한 쉽지 않기 때문입니다. 그래서, 한국 학생들은 밤늦게까지 배우고 또 배웁니다. 이 모든 것은 아마도 매우 경쟁적인 사회현상 때문입니다.

 표현 Tips
- 그들은 ~하도록 항상 독려됩니다 **Mereka selalu dituntut untuk ~.**
- 그들은 ~와 서로 경쟁을 합니다 **Mereka saling berkompetisi dengan yang ~.**
- 이것은 아마도 ~ 때문입니다 **Hal ini mungkin karena ~.**

어휘 akademik 학사, 학업 belajar 배우다. 공부하다 berkompetisi 경쟁하다 dituntut 독려받다. 입력을 받다 fenomena sosial 사회현상 kompetitif 경쟁적인 melanjutkan ke ~로 진학하다

한국의 분주함

Q 5 **Mengapa orang Korea selalu sibuk saja?**
왜 한국 사람들은 항상 바쁜가요?

 L07_06

셈의 *Tips* budaya는 문화, kebiasaan은 습관, 관습을 의미합니다. 서로 비슷한 듯 하지만 다른 의미를 가지고 있으므로, 주의하세요.

A 자신의 상황에 가장 비슷한 답변을 중심으로 집중 연습해 보세요!

상황1 Menurut saya, kesibukan itu telah menjadi bagian dari budaya khas yang dimiliki oleh Korea. Salah satu budaya yang ada di Korea adalah bekerja keras. Mungkin budaya itulah yang buat orang Korea selalu sibuk.

제가 생각하기에, 분주함은 한국이 갖고 있는 독특한 문화의 한 부분이 되었습니다. 한국에 있는 문화 중의 하나는 열심히 일하기입니다. 아마도 그 문화가 한국 사람들을 항상 바쁘게 만드는 것 같습니다.

상황2 Seorang pekerja biasanya harus masuk kerja pagi-pagi dan pulang kerja larut malam. Siswa-siswi harus belajar dari pagi sampai tengah malam. Kebiasaan itulah mungkin membuat orang Korea selalu sibuk dengan tugas masing-masing.

근로자는 보통 아침 일찍 출근해야 하고 한밤중에 퇴근합니다. 학생들은 아침부터 한밤중까지 공부해야 합니다. 그러한 습관이 아마도 한국 사람들을 각자의 일로 항상 바쁘게 만든 것 같습니다.

상황3 Menurut saya, karena persaingan dalam kehidupan sehari-hari di Korea cukup ketat, jika seseorang malas, dia tidak bisa hidup di Korea sehingga pekerjaan pun sulit didapat. Oleh karena itu, orang Korea selalu tidak pernah tidak sibuk.

제 생각에는, 한국은 일상생활에서의 경쟁이 매우 치열하기 때문에 게으른 사람은 한국에서 살 수 없고 직업도 구하기 어렵습니다. 그래서, 한국 사람들은 바쁘지 않아본 적이 없습니다.

 표현 *Tips*
· 이것은 ~의 일부가 되었습니다 **Hal ini telah menjadi bagian dari ~.**
· 이 습관은 ~를 항상 바쁘게 합니다 **Kebiasaan ini membuat ~ selalu sibuk.**
· 한국은 ~에 있어서의 경쟁이 매우 치열합니다 **Di korea persaingan dalam ~ cukup ketat.**

어휘 **bekerja keras** 열심히 일하다 **kebiasaan** 습관, 관행, 관습 **larut malam** 한밤중 **persaingan** 경쟁 **ketat** 치열한, 타이트한

Q 6 Apa alasannya siswa-siswi Korea suka bersekolah di luar negeri?

한국 학생들이 해외에서 유학하는 이유는 무엇인가요? L07_07

 샘의 Tips

유학하다는 belajar (bersekolah) di luar negeri라고 표현해야 합니다.

 &A

자신의 상황에 가장 비슷한 답변을 중심으로 집중 연습해 보세요!

상황 1

Saya tidak tahu persis tentang alasannya. Akan tetapi, kalau belajar di luar negeri, mungkin kualitas pendidikan itu kelas dunia dan mereka bisa belajar bahasa Inggris langsung. Oleh sebab itu, siswa-siswi Korea barangkali suka bersekolah di luar negeri.

그 이유는 정확히 모릅니다. 그러나 유학을 하면, 아마도 교육의 질은 세계적 수준이고 그들은 곧장 영어를 배울 수 있습니다. 그래서, 한국 학생들은 아마도 유학하는 것을 좋아합니다.

상황 2

Pada umumnya, lulusan luar negeri dianggap memiliki beberapa nilai tambah, seperti lebih menguasai bahasa asing, terutama bahasa Inggris baik lisan maupun tulisan. Barangkali hal ini mendorong siswa-siswi Korea belajar di luar negeri.

일반적으로, 해외 졸업자는 외국어, 특히 구어뿐만 아니라 문어에서도 영어를 더 잘 구사할 수 있다는 것처럼 몇몇 부가가치를 보유하고 있다고 평가됩니다. 아마도 이것이 한국 학생들로 하여금 해외에서 공부하게 합니다.

상황 3

Generasi orang tua sekarang mengalami banyak kesulitan dalam menguasai bahasa Inggris walaupun mereka belajar bahasa Inggris sejak SMP sampai kuliah karena bahasa Inggris itu dianggap sebagai salah satu mata pelajaran saja. Oleh karena itu, mereka ingin menyekolahkan anaknya ke luar negeri agar anak-anak mereka belajar bahasa Inggris sebagai bahasa sehari-hari.

지금의 부모 세대는 중학교부터 대학까지 영어를 배웠지만 수업의 한 과목으로만 영어를 여겼기 때문에 영어를 구사하는데 많은 어려움을 겪었습니다. 그래서, 그들은 그들의 자녀들이 일상적인 언어로서 영어를 배우게 하기 위해 자녀들을 외국으로 학교에 보내고 싶어합니다.

 표현 Tips

· 한국 학생은 ~에서 학교다니는 것을 좋아합니다 **Siswa Korea suka bersekolah di ~.**

· 해외 졸업자는 ~를 갖추고 있다고 여겨집니다 **Lulusan luar negeri dianggap memiliki ~.**

· 그는 ~를 해외로 학교보내기를 원합니다 **Dia ingin menyekolahkan ~ ke luar negeri.**

어휘

barangkali 아마도 **kualitas** 품질 **lulusan** 졸업자, 졸업생 **nilai tambah** 부가가치 **pendidikan** 교육 **persis** 정확히, 정밀하게, **sekolahkan (menyekolahkan)** ~를 학교에 보내다

색칠한 단어로 표현을 완성시켜 연습해 보고 다양한 단어를 활용하여 자신에게 맞는 상황을 만들어 반복적으로 연습해 보세요.

Q1 한국을 대표하는 생활특성   제가 생각하기에 한국의 생활을 대표할 수 있는 특징으로 한국 사람은 캠핑과 같은 야외활동을 즐긴다는 것입니다. 이것은 아마도 일상의 분주함에서 오는 그들이 겪는 피로를 해소하고 싶기 때문입니다.

Saya pikir ciri khas yang dapat mewakili _____ Korea adalah orang Korea senang melakukan _____ _____, seperti _____. Hal ini karena mereka ingin _____ stres akibat dari kesibukan sehari-hari.

Q2 한류에 대한 설명   제가 알기로는, 한류는 여러 나라에서 한국의 드라마와 팝 문화가 전체적으로 확산된 것에 대해 붙여진 용어입니다. 그래서, 한류는 우리말와 한국 문화를 배우도록 여러 국가의 많은 사람을 북돋고 있습니다.

_____, Hallyu atau demam Korea adalah istilah yang diberikan untuk tersebarnya _____ drama dan *pop* _____ secara global di berbagai negara. Oleh karena itu, Hallyu memicu banyak orang di berbagai negara untuk mempelajari _____ dan _____ Korea.

Q3 외국인들이 케이팝을 선호하는 이유   외국 사람들이 케이팝을 선호하는 이유는 그 가사가 쉽게 외울 수 있기 때문이라고 생각합니다. 케이팝 가사는 보통 우리말와 영어를 섞여 있습니다.

Saya pikir orang asing menyukai K-Pop karena liriknya mudah _____. Lirik K-Pop biasanya campuran antara _____ dan _____.

Q4 한국 학생   특히 학업과 대학 진학에 있어서, 한국은 매우 경쟁적입니다. 한국 학생들은 다른 사람과 서로 경쟁하는 것에 더 초점을 맞춥니다. 이것 때문에 그들은 일찍 귀가할 수 없습니다.

Terutama dalam hal akademik dan _____, Korea sangat _____. Siswa-siswi Korea lebih _____ untuk saling _____ dengan yang lain. Hal ini adalah yang membuat mereka tidak bisa pulang cepat.

Q5 한국사람들이 바쁜 이유   제가 생각하기에, **분주함**은 한국이 갖고 있는 독특한 **문화의** 한 부분이 되었습니다. 한국에 있는 문화 중의 하나는 **열심히 일하기**입니다. 아마도 그 문화가 한국 사람들을 항상 바쁘게 만드는 것 같습니다.

Menurut saya, _____ itu telah menjadi bagian dari _____ khas yang dimiliki oleh Korea. Salah satu budaya yang ada di Korea adalah _____ _____. Mungkin budaya itulah yang buat orang Korea selalu sibuk.

Q6 한국 학생들의 해외유학   **일반적으로,** 해외 **졸업자는** 외국어, 특히 구어뿐만 아니라 문어에서도 영어를 더 잘 구사할 수 있다는 것처럼 몇몇 **부가가치를** 보유하고 있다고 평가됩니다. 아마도 이것이 한국 학생들로 하여금 해외에서 공부하게 하는 것 같습니다.

_____, _____ luar negeri dianggap memiliki beberapa _____, seperti lebih menguasai bahasa asing, terutama bahasa Inggris baik lisan maupun tulisan. Barangkali hal ini mendorong siswa-siswi Korea belajar _____.

인도네시아어 회화 표현 UP 7

한국의 특성에 관한 다양한 표현을 응용할 수 있는 표현 Tip들입니다.

1 연공서열 문화는 약자를 괴롭힙니다.
Budaya senioritas mengganggu orang yang lemah.

2 그들의 대부분은 그들의 삶을 즐길 수 없습니다.
Banyak dari mereka tidak bisa menikmati hidup mereka.

3 사회적 격차가 매우 큽니다.
Terdapat kesenjangan sosial yang cukup besar.

4 부는 그 나라에 공평하게 분배되지 않습니다.
Kekayaan itu tidak terbagi rata dalam negaranya.

5 소득 격차가 매우 큽니다.
Kesenjangan dalam pendapatan sangat tinggi.

6 그 문화는 여전히 다소 폐쇄적이고 보수적입니다.
Budayanya masih agak tertutup dan konservatif.

7 한국의 모든 남성은 18개월 동안 병역의무를 따릅니다.
Semua pria di Korea mengikuti wajib militer selama 18 bulan.

8 모든 것이 높은 수준의 스트레스로 종결됩니다.
Semuanya berakhir dalam tingkat stres yang luar biasa tingginya.

9 한국인은 자신만의 생활 방식을 가지고 있습니다.
Orang Korea mempunyai cara tersendiri dalam gaya hidupnya.

10 저의 친한 친구는 성형수술을 했습니다.
Seorang teman dekat saya telah menjalani operasi plastik.

OPI 시험에서 꼬리를 무는 질문이 나와도 당황하지 않고 나만의 표현을
할 수 있도록 다양한 표현들을 익혀 봅시다!

11 한국인은 건강을 지키기 위한 자신만의 비결을 갖고 있습니다.
Orang Korea mempunyai rahasia tersendiri untuk menjaga kesehatannya.

12 그들은 항상 유행스럽게 보이기 위해 트렌드를 잘 조사합니다.
Mereka pandai menyiasati tren agar selalu tampil modis.

13 이것은 청년층에서 하나의 트렌드가 되고 있습니다.
Hal ini menjadi sebuah tren di kalangan kaum remaja.

14 한국인은 아침 조깅, 산책 등과 같은 가벼운 운동을 매우 좋아합니다.
Orang Korea sangat menyukai olahraga ringan, seperti lari pagi, jalan kaki, dan lain-lain.

15 한국은 많은 외국인의 관심을 끌 수 있는 자신만의 매력을 갖고 있습니다.
Korea memiliki daya tarik tersendiri yang mampu menarik perhatian banyak orang asing.

16 한국의 많은 수출실적 중의 하나는 예술과 문화입니다.
Salah satu hasil ekspor Korea yang cukup tinggi adalah seni dan budaya.

17 수출된 것 중에서 최고의 자리를 차지한 한국 연예 상품은 케이팝입니다.
Produk hiburan Korea yang menduduki peringkat tertinggi di antara yang diekspor
adalah K-Pop.

18 한국인들은 다양한 야외 활동을 즐겨 합니다.
Masyarakat Korea sangat gemar melakukan berbagai kegiatan *outdoor*.

19 외국인들은 한국에 있는 의료 서비스에 매우 만족합니다.
Orang asing sangat puas dengan pelayanan kesehatan yang ada di Korea.

20 한국은 건강 프로그램을 갖고 있는 나라로 알려져 있습니다.
Korea dikenal sebagai sebuah negara yang memiliki program kesehatan.

문법 Tips 7

 동사 (어근, 자동사, 타동사, adalah)

인도네시아어의 동사는 크게 자동사, 타동사, adalah 등으로 구분됩니다. adalah는 영어의 to be 동사에 해당하며, ~이다의 뜻을 나타냅니다.

구 분		예 시
자동사	어근 자동사	• Dia sedang **tidur** di kamar.
	ber-접두사* 자동사	• Teman saya sudah **berkeluarga** tahun lalu.
	me-접두사** 자동사	me-접두사+어근(명사, 동사, 형용사)으로 자동사 형성 • Dia sedang **menangis** karena sedih. • Salah satu teman saya **menjadi** pegawai negeri.
타동사	어근 타동사	• Teman saya **panggil** saya tadi.
	me-접두사** 타동사	me-접두사+어근(명사, 동사)으로 타동사 형성 • Dia **membeli** mobil baru yang berwarna abu-abu.
	me-kan 접환사 타동사	me+어근(자동사, 형용사, 명사)+kan으로 사역동사 형성 • Dia **memanaskan** nasi yang dingin itu. me-접두사 타동사+kan의 형태로 수혜자격 타동사 형성 • Teman saya **membelikan** saya oleh-oleh.
	me-i 접환사 타동사	me+어근(형용사, 명사, 동사, 조동사)+i로 전치사 생략 • Dia marah **kepada** teman saya. ↪ Dia memarah**i** teman saya. me-접두사 타동사+i로 반복적인 행위를 나타냄 • Dia **me**mukul teman saya **bertubi-tubi**. ↪ Dia **me**mukul**i** teman saya.
adalah	to be 동사	Buku ini **adalah** buku bahasa Indonesia.

> *** ber - 접두사가 어근과 결합할 때의 규칙**

ber+첫 글자가 r로 시작하거나 첫 음절이 -er인 어근 ➡ be-

ber+ajar ➡ bel-

ber+위의 조건들에 해당하지 않는 모든 어근 ➡ ber-

> **** me - 접두사가 어근과 결합할 때의 규칙**

me+첫 글자가 l, m, n, ng, ny, r, y, w인 어근 ➡ me-

me+첫 글자가 b, f, pr, v, p(m으로 대체)인 어근 ➡ mem-

me+첫 글자가 모음(a, e, i, o, u), g, h, kh, k(ng로 대체)인 어근 ➡ meng-

me+첫 글자가 c, d, j, sy, z, t(n으로 대체)인 어근 ➡ men-

me+첫 글자가 s(ny로 대체)인 어근 ➡meny-

me+단음절 어근 ➡ menge-

Berbicara tentang Makanan

음식에 대해 말하기

음식에 대한 질문에 대답하는 것은 쉬운 일이 아닙니다. 대부분 수험생은 좋아하는 음식의 이름에 대해 잘 대답하지만 왜 좋아하는지, 어떤 요리인지, 언제 먹어보았는지 등에 관한 설명은 어려워합니다. 인도네시아뿐만 아니라 한국의 대표 음식 2~3개를 사전에 반드시 숙지해야만 질문에 잘 대응할 수 있습니다.

음식 이름, 먹어본 경험, 언제 어디서 누구와 먹어 보았는지, 맛은 어떠했는지, 다른 사람에게 어떤 음식을 추천해주고 싶은지, 그 음식의 주재료와 특징은 무엇인지 등에 대해 논리적으로 대답할 수 있어야 합니다. 시험 당일 당황해서 즉각적인 대답이 어려울 경우, "아직 먹어본 경험이 없지만, 조만간 먹어볼 계획이다.", "대중매체를 통해 본 적이 있지만, 자세히는 모른다.", "친구에게 그 음식에 대해 들어본 경험이 있다." 등으로 위기를 모면할 수 있습니다.

Tip **01**
인도네시아와 한국의 대표 음식 2~3개 준비하기!

Tip **02**
먹어본 경험, 맛, 음식의 특징, 주재료 등에 대해 정리하기!

Tip **03**
외국인에게 추천할 만한 한국의 음식에 대해 생각해 보기!

Tip **04**
추천할 만한 음식과 그 이유에 대해 논리적으로 설명하기!

Q & A
List

🎧 L08_01

Q1 Makanan apa yang mewakili Korea?

한국을 대표하는 음식은 무엇입니까?

Q2 Makanan apa yang ingin Anda rekomendasikan kepada orang asing?

무슨 음식을 외국인에게 추천하고 싶나요?

Q3 Anda pernah makan makanan Indonesia?

인도네시아의 음식을 먹어 본 경험이 있나요?

Q4 Makanan Indonesia apa yang ingin Anda perkenalkan kepada rekan Anda?

어떤 인도네시아의 음식을 지인에게 소개하고 싶은가요?

Q5 Apa perbedaan budaya makanan antara Korea dan Indonesia?

한국과 인도네시아의 음식문화 차이점은 무엇인가요?

Q6 Makanan Indonesia apa yang terkenal di Korea?

한국에서 알려진 인도네시아의 음식은 무엇인가요?

Q 1 Makanan apa yang mewakili Korea?
한국을 대표하는 음식은 무엇입니까?

 L08_02

 셈의 *Tips* 입맛에 따라라는 표현은 sesuai dengan selera로 음식에 대한 대화에 자주 나오는 표현입니다.

 &A 자신의 상황에 가장 비슷한 답변을 중심으로 집중 연습해 보세요!

상황 1 Menurut saya, Kimchi adalah salah satu makanan tradisional yang mewakili Korea. Karena makanan itu merupakan makanan sehari-hari di Korea. Di Korea Kimchi dibuat secara masal (Gimjang) pada musim dingin.

제 생각으로는, 김치는 한국을 대표하는 전통음식 중의 하나입니다. 그 이유는 김치는 한국에서 매일 먹는 음식이기 때문입니다. 한국에서는 겨울에 항상 많은 양의 김치(김장)를 만듭니다.

상황 2 Saya pikir Bulgogi adalah salah satu masakan yang mewakili Korea karena sangat disukai oleh semua orang, termasuk orang asing. Bulgogi dimasak dengan daging sapi yang dibumbui dengan campuran kecap asin, gula, dan bumbu lain sesuai dengan selera.

외국인을 비롯한 모든 사람이 좋아하기 때문에 저는 **불고기**가 한국을 대표하는 음식이라고 생각합니다. 불고기는 입맛에 따라 간장, 설탕 그리고 기타 양념을 혼합하여 양념한 쇠고기로 요리합니다.

상황 3 Bisa dikatakan Samgyetang adalah salah satu makanan tradisional yang mewakili Korea. Samgyetang mempunyai banyak kandungan gizi, termasuk ginseng. Para wisatawan asing senang menikmatinya.

삼계탕이 한국을 대표하는 전통음식이라고 말할 수 있습니다. 삼계탕은 인삼을 비롯하여 많은 영양성분을 갖고 있습니다. 모든 외국 관광객은 삼계탕을 즐겨 먹습니다.

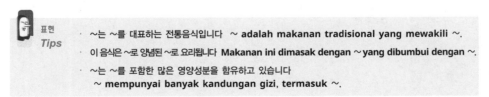

표현
Tips
- ~는 ~를 대표하는 전통음식입니다 ~ **adalah makanan tradisional yang mewakili ~.**
- 이 음식은 ~로 양념된 ~로 요리됩니다 **Makanan ini dimasak dengan ~ yang dibumbui dengan ~.**
- ~는 ~를 포함한 많은 영양성분을 함유하고 있습니다
  ~ **mempunyai banyak kandungan gizi, termasuk ~.**

어휘 dibumbui ~로 양념되다 kandungan gizi 영양성분 makanan tradisional 전통음식 mewakili
~를 대표하다 selera 입맛 wisatawan asing 외국(인) 관광객

Q2 Makanan apa yang ingin Anda rekomendasikan kepada orang asing?

무슨 음식을 외국인에게 추천하고 싶나요?

 L08_03

샘의 Tips

~로 만들어지다는 terbuat dari ~로 표현해야 합니다.

&A

자신의 상황에 가장 비슷한 답변을 중심으로 집중 연습해 보세요!

상황 1

Saya mau merekomendasikan Seolleongtang kepada orang asing. Alasan saya adalah makanan ini merupakan salah satu makanan tradisional Korea yang sehat karena makanan ini adalah sup yang terbuat dari tulang sapi yang direbus cukup lama.

저는 외국인에게 **설렁탕**을 추천하고 싶습니다. 저의 이유는 이 음식이 건강한 한국의 전통음식으로 오래 끓인 소뼈로 만들어진 탕이기 때문입니다.

상황 2

Saya mau coba merekomendasikan Gimbap kepada orang asing. Alasannya, karena makanan ini merupakan salah satu makanan unik yang terbuat dari nasi yang dibungkus dengan rumput laut. Awalnya, rasa makanan ini mungkin agak aneh bagi orang asing.

저는 외국인에게 **김밥**을 추천해 보고 싶습니다. 그 이유는 이 음식이 김으로 밥을 싸서 만든 독특한 음식이기 때문입니다. 처음에는 이 음식의 맛이 아마도 외국인에게 이상할 것입니다.

상황 3

Kalau ada orang asing yang menyukai tahu, saya mau merekomendasikan Sundubu jjigae kepadanya. Sundubu jjigae adalah salah satu makanan tradisional Korea sejenis sup yang bahan utamanya adalah tahu. Sundubu jjigae biasanya dimasak dengan menggunakan gerabah.

두부 요리를 좋아하는 외국인이 있다면, 저는 그에게 **순두부찌개**를 추천하고 싶습니다. 순두부찌개는 두부를 주재료로 하는 탕 종류의 한국 전통음식입니다. 순두부찌개는 보통 뚝배기를 이용하여 요리합니다.

표현 Tips

· 저는 ~에게 ~를 추천하고 싶습니다 **Saya mau merekomendasikan ~ kepada ~.**

· 이 음식은 ~로 만들어진 독특한 음식입니다
Makanan ini merupakan makanan unik yang terbuat dari ~.

· 이 음식은 주재료가 ~인 탕 종류입니다
Makanan ini merupakan sejenis sup yang bahan utamanya adalah ~.

어휘 bahan utama 주재료 direbus 끓이다, 삶다 gerabah 뚝배기 rumput laut 해조류, 미역, 김 tahu 두부 terbuat dari ~로 만들어지다

Q3 Anda pernah makan makanan Indonesia?

인도네시아 음식을 먹어 본 경험이 있나요? L08_04

샘의 *Tips* 몇 등, 몇 위라는 표현의 공식은 peringkat+서수사로 나타냅니다.
예 peringkat kedua는 2등을 뜻합니다.

 &A 자신의 상황에 가장 비슷한 답변을 중심으로 집중 연습해 보세요!

상황 1 Saya pernah makan Nasi Goreng di salah satu rumah makan di Seoul. Setahu saya, Nasi Goreng adalah makanan khas yang mewakili Indonesia. Saat ini sudah ada beberapa rumah makan atau restoran di Seoul yang menyajikan makanan ini.

저는 서울에 있는 한 음식점에서 **나시고렝**을 먹은 적이 있습니다. 제가 알기로는, 나시고렝은 인도네시아를 대표하는 특별한 음식입니다. 현재 서울에는 이 음식을 메뉴로 제공하는 몇몇 식당이나 레스토랑이 이미 있습니다.

상황 2 Waktu saya berwisata ke Indonesia pada tahun yang lalu, saya pernah makan Gado-gado di Surabaya. Seingat saya, makanan ini merupakan kombinasi antara potongan kentang, wortel, selada, bayam, tomat, taoge, dan jagung. Khasnya adalah saus kacang.

작년에 인도네시아로 여행을 갔을 때, 저는 수라바야에서 **가도-가도**를 먹은 적이 있습니다. 제가 기억하기로, 이 음식은 자른 감자, 당근, 샐러드, 시금치, 토마토, 숙주나물과 옥수수를 조합한 것입니다. 특징은 땅콩 소스입니다.

상황 3 Berdasarkan informasi salah satu media massa, Rendang adalah masakan peringkat pertama di antara 50 jenis makanan sedunia yang terpilih oleh CNN di Amerika Serikat. Makanan yang begitu terkenal ini pernah saya makan waktu saya ke Indonesia dalam rangka perjalanan dinas.

한 대중매체의 정보에 의하면, **른당**은 미국 CNN이 선정한 전 세계 50가지 음식 중 1위 요리입니다. 그토록 이 유명한 음식을 제가 출장으로 인도네시아에 갔을 때 먹어본 경험이 있습니다.

 표현 *Tips*
· 현재 ~를 메뉴로 제공하는 몇몇 식당이 있습니다
  Saat ini sudah ada beberapa rumah makan yang menyajikan ~.
· 이 음식은 ~와 ~를 조합한 것입니다 **Makanan ini merupakan kombinasi antara ~ dan ~.**
· 이것은 선정된 ~ 중 1위 요리입니다
  Ini adalah masakan peringkat pertama di antara ~ yang terpilih.

어휘 **Amerika Serikat** 미합중국 **kombinasi** 조합, 콤비네이션, 배합 **menyajikan** (음식을) 제공하다, 차리다 **peringkat pertama** 1등, 1위 **selada** 샐러드 **taoge** 숙주나물 **terpilih** 선정된

Q4 Makanan Indonesia apa yang ingin Anda perkenalkan kepada rekan Anda?

어떤 인도네시아의 음식을 지인에게 소개하고 싶은가요? L08_05

샘의 Tips

맛있는, 맛좋은의 표현으로는 lezet, sedap, enak 등이 있습니다.

 &A 자신의 상황에 가장 비슷한 답변을 중심으로 집중 연습해 보세요!

상황1 Saya mau memperkenalkan Pempek kepada teman-teman saya karena makanan yang berasal dari Palembang, Sumatera Selatan ini sangat *popular* di Indonesia dan juga rasanya sangat cocok bagi orang Korea.

저는 제 친구들에게 **펨펙**을 소개하고 싶은데 그 이유는 남부 수마트라 **팔렘방**에서 유래한 이 음식은 인도네시아에서 매우 인기가 있고 맛도 한국 사람에게 적당하기 때문입니다.

상황2 Menurut saya, kalau belum pernah makan Soto, Anda belum bisa mengatakan pernah ke Indonesia. Soto merupakan makanan khas yang disajikan dengan kuah, daging, dan beberapa bahan lainnya. Karena lezat sekali, saya mau memperkenalkan Soto kepada teman-teman saya.

아직 **소또**를 먹어보지 못했다면 인도네시아에 가본 적이 있다고 말할 수 없다고 저는 생각합니다. 소또는 국물, 고기 그리고 기타 여러 가지 재료로 차려지는 독특한 음식입니다. 아주 맛있기 때문에 저는 친구들에게 소또를 소개하고 싶습니다.

상황3 Waktu saya tinggal di Indonesia, saya sering makan masakan Padang. Cara penyajian makanan ini prasmanan dan cepat sekali disajikan sehingga tidak perlu menunggu lama. Karena makanan ini lezat, cepat, dan bermacam-macam, saya akan memperkenalkan masakan Padang ini kepada teman-teman saya.

인도네시아에 거주할 때, 저는 자주 **빠당** 요리를 먹었습니다. 이 음식의 차림은 뷔페식이고 매우 신속하게 차려지기 때문에 오래 기다릴 필요가 없습니다. 맛있고, 빠르고 또한 다양하기 때문에 저는 파당 요리를 친구들에게 소개할 것입니다.

표현 Tips
- 저는 ~에게 ~를 소개하고 싶습니다 **Saya mau memperkenalkan ~ kepada ~.**
- 매우 맛있어서 저는 ~를 ~에게 소개하고 싶습니다
  Karena lezat sekali, saya mau memperkenalkan ~ kepada ~.
- ~의 차림은 뷔페식입니다 **Cara penyajian ~ prasmanan.**

어휘 berasal dari ~에서 유래하다 bermacam-macam 다양한 disajikan 차려지다, 제공되다 penyajian 제공, 차림 hampir 거의, 대부분 lezat 맛있는 *popular* 인기있는 prasmanan 뷔페

Q 5 Apa perbedaan budaya makanan antara Korea dan Indonesia?

한국과 인도네시아의 음식문화 차이점은 무엇인가요? L08_06

샘의 Tips

mayoritas는 대부분, 대다수의 뜻으로 hampir semua로 대체할 수 있습니다.

&A

자신의 상황에 가장 비슷한 답변을 중심으로 집중 연습해 보세요!

상황 1

Karena makanan pokok di kedua negara adalah nasi, saya pikir pada dasarnya budaya makanan antara kedua negara hampir sama saja. Hanya saja, berdasarkan pengalaman saya, orang Korea lebih suka makan sayur-sayuran.

두 나라의 주식이 밥이기 때문에, 제가 생각하기에 기본적으로 두 나라 간의 음식문화는 거의 동일합니다. 다만, 저의 경험상, 한국 사람은 채소를 먹는 것을 더 선호합니다.

상황 2

Berdasarkan beberapa informasi, mayoritas makanan Indonesia dimasak dengan minyak goreng karena orang Indonesia suka makan makanan yang digoreng. Sementara itu, hampir semua makanan Korea dimasak dengan cara rebus atau tumis.

몇몇 정보에 따르면, 인도네시아 사람은 볶은 요리를 선호하기 때문에 대부분의 인도네시아 음식은 식용유로 요리를 합니다. 반면에, 거의 대부분의 한국 음식은 끓이거나 데쳐서 볶는 방법으로 요리를 합니다.

상황 3

Menurut saya, makanan Korea rata-rata pedas dan dimasak dengan cabai dan bawang putih. Makanan Indonesia juga pedas, tetapi lebih gurih karena dimasak dengan santan dan bumbu-bumbu khas tropis.

제 생각에는, 한국 음식은 일반적으로 맵고 고추와 마늘 양념으로 요리합니다. 인도네시아 음식도 맵습니다만 야자즙과 열대 특유의 양념들로 요리하기 때문에 더 감칠 맛 납니다.

표현 Tips

- 저의 경험상, 한국사람은 ~를 더 선호합니다
  Berdasarkan pengalaman saya, orang Korea lebih suka ~.
- 이 음식은 ~ 로 요리했습니다 **Makanan ini dimasak dengan ~.**
- 한국음식은 일반적으로 맵고 ~로 요리합니다
  Makanan Korea rata-rata pedas dan dimasak dengan ~.

어휘　budaya makanan 음식문화　makanan pokok 주식　pada dasarnya 기본적으로　rebus 끓이다, 삶다　tumis 데치다, 데쳐서 볶다

Q6 Makanan Indonesia apa yang terkenal di Korea?

한국에서 알려진 인도네시아 음식은 무엇인가요? L08_07

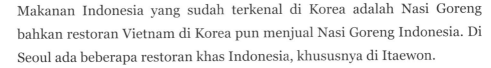

샘의 Tips tersebut은 언급된, 전술한의 뜻으로 정관사 역할을 하는 itu로 대신할 수 있습니다.

&A 자신의 상황에 가장 비슷한 답변을 중심으로 집중 연습해 보세요!

 상황 1

Makanan Indonesia yang sudah terkenal di Korea adalah Nasi Goreng bahkan restoran Vietnam di Korea pun menjual Nasi Goreng Indonesia. Di Seoul ada beberapa restoran khas Indonesia, khususnya di Itaewon.

한국에서 이미 알려진 인도네시아 음식은 나시고렝으로 한국에 있는 베트남 음식점에서도 인도네시아 나시고렝을 팔고 있습니다. 서울에는 몇몇 인도네시아 고유의 레스토랑이 있는데, 특히 이태원에 있습니다.

 상황 2

Saya kurang tahu soal ini, tetapi saya pernah makan makanan khas Indonesia di Seoul dengan rekan-rekan kantor. Pada waktu itu saya melihat tamu-tamu di restoran itu banyak yang memesan Rendang dan Mie Goreng.

이 문제에 대해 잘 알지 못하지만 저는 회사 동료들과 서울에서 인도네시아 고유의 음식을 먹어 본 적이 있습니다. 그 당시에, 그 레스토랑의 많은 손님들이 른당과 미고렝을 주문하는 것을 보았습니다.

상황 3

Selain Nasi Goreng, Soto Indonesia juga sudah terkenal di Korea, khususnya di Seoul. Kalau berjalan ke zona khusus turis, seperti Myeong-dong, Itaewon, dan Shinchon, terdapat beberapa restoran yang menjual makanan Indonesia dan banyak juga orang Korea yang makan di restoran-restoran tersebut.

나시고렝 외에, 인도네시아 소또 또한 한국, 특히 서울에서 이미 알려져 있습니다. 명동, 이태원 그리고 신촌과 같은 관광특구로 놀러가면, 인도네시아 음식을 파는 몇몇 레스토랑이 있고 그곳에서 식사하는 한국 사람도 많습니다.

 표현 Tips

· 한국에서 이미 알려진 인도네시아 음식은 ~ 입니다
Makanan Indonesia yang sudah terkenal di Korea adalah ~.

· 저는 ~에서 인도네시아 고유 음식을 먹어본 적이 있습니다
saya pernah makan makanan khas Indonesia di ~.

· 관광특구에 ~를 파는 몇몇 레스토랑이 있습니다
Di zona khusus turis terdapat beberapa restoran yang menjual ~.

어휘 bahkan 더욱이, 게다가 khususnya 특별히, 특히 rekan kantor 회사 동료 Setahu saya (접속사 관용구) 내가 알기로는 zona khusus turis 관광특구

색칠한 단어로 표현을 완성시켜 연습해 보고 다양한 단어를 활용하여 자신에게 맞는 상황을 만들어 반복적으로 연습해 보세요.

Q1 한국 대표음식　삼계탕이 한국을 대표하는 전통음식이라고 말할 수 있습니다. 삼계탕은 인삼을 비롯하여 많은 영양성분을 갖고 있습니다. 모든 외국 관광객도 삼계탕을 즐겨 먹습니다.

Bisa dikatakan Samgyetang adalah salah satu _____

yang mewakili Korea. Samgyetang mempunyai banyak_____,

termasuk ginseng. Para _____ senang menikmatinya.

Q2 한국음식 추천　저는 외국인에게 설렁탕을 추천하고 싶습니다. 저의 이유는 이 음식이 건강한 한국의 전통음식으로 오래 끓인 소뼈로 만들어진 탕이기 때문입니다.

Saya mau merekomendasikan _____ kepada _____.
Alasan saya adalah makanan ini merupakan salah satu
_____ Korea yang sehat karena makanan ini adalah
_____ _____ yang terbuat dari tulang sapi yang direbus
cukup lama.

Q3 인도네시아 음식 경험　저는 서울에 있는 한 음식점에서 나시고렝을 먹은 적이 있습니다. 제가 알기로는, 나시고렝은 인도네시아를 대표하는 특별한 음식입니다. 현재 서울에는 이 음식을 메뉴로 제공하는 몇몇 식당이나 레스토랑이 이미 있습니다.

Saya pernah makan _____ di salah satu rumah makan di Seoul.
_____, Nasi Goreng adalah makanan khas yang
_____ Indonesia. Saat ini sudah ada beberapa rumah makan atau
restoran di Seoul yang menyajikan makanan ini.

■ 해답은 바로 앞페이지 Q1~Q6에 있습니다.

Q4 인도네시아 음식 소개   저는 제 친구들에게 **펨펙**을 소개하고 싶은데 그 이유는 남부 수마트라 팔렘방에서 유래한 이 음식은 인도네시아에서 매우 인기있고 맛도 한국 사람에게 **적당하기** 때문입니다.

Saya mau memperkenalkan _____ kepada teman-teman saya karena makanan yang berasal dari Palembang, Sumatera Selatan ini sangat _____ di Indonesia dan juga rasanya _____ bagi orang Korea.

Q5 한국과 인도네시아 음식 차이   두 나라의 주식이 밥이기 때문에, 기본적으로 제가 생각하기에는 두 나라 간의 음식문화는 거의 동일합니다. 다만, 저의 경험상, 한국 사람은 채소 먹는 것을 더 선호합니다.

Karena _____ di kedua negara adalah nasi, saya pikir pada dasarnya _____ _____ antara kedua negara hampir sama saja. Hanya saja, _____, orang Korea lebih suka makan sayur-sayuran.

Q6 한국에서 알려진 인도네시아 음식   한국에서 이미 알려진 인도네시아 음식은 **나시고렝**으로 한국에 있는 베트남 음식점에서도 인도네시아 **나시고렝**을 팔고 있습니다. 서울에는 몇몇 인도네시아 고유의 레스토랑이 있는데, 특히 이태원에 있습니다.

Makanan Indonesia yang sudah terkenal di Korea adalah _____ bahkan restoran Vietnam di Korea pun menjual _____ Indonesia. Di Seoul ada beberapa restoran khas Indonesia, khususnya di _____.

인도네시아어 회화 표현 **UP 8**

음식에 관한 다양한 표현을 응용할 수 있는 표현 Tip들입니다.

1 이 음식은 흰밥을 기초 재료로 한 인도네시아 특유의 음식입니다.
Makanan ini merupakan makanan khas Indonesia yang berbahan dasar nasi putih.

2 이 음식은 독특한 맛의 향신료가 섞여 있습니다.
Makanan ini dicampur dengan rempah-rempah yang mempunyai rasa khas.

3 당신의 매운 입맛에 맞게 조절할 수 있습니다.
Anda dapat menyesuaikan dengan selera pedas Anda.

4 샐러드에 뿌리는 다양한 종류의 드레싱이 있습니다.
Ada berbagai macam variasi saus untuk salad.

5 이 음식은 닭고기와 채소를 기초 재료로 합니다.
Makanan in menggunakan bahan dasar ayam dan sayur-sayuran.

6 이 향신료는 먹는 사람에게 독특한 감동을 줄 것입니다.
Bumbu ini akan memberikan sensasi tersendiri bagi orang yang mengkonsumsinya.

7 이 음식은 해외에 있을 때 분명히 그리워질 것입니다.
Makanan khas ini pasti akan membuat kangen saat kita berada di luar negeri.

8 이 특별한 음식은 따뜻한 밥과 함께 먹을 때 맛있을 것입니다.
Makanan khas ini akan enak jika dikonsumsi dengan nasi yang hangat.

9 많은 결혼식에서 이 특별한 음식을 대접합니다.
Banyak pesta pernikahan yang menyajikan makanan khas ini.

10 현재 많은 레스토랑이 온라인에서 이 음식을 팔고 있습니다.
Saat ini banyak restoran yang menjual makanan ini secara *online* (daring dalam jaringan).

OPI 시험에서 꼬리를 무는 질문이 나와도 당황하지 않고 나만의 표현을 할 수 있도록 다양한 표현들을 익혀 봅시다!

11 이 음식은 전 세계 여러 나라의 많은 애호가의 관심을 끌고 있습니다.
Makanan ini menarik perhatian banyak pencinta kuliner dari berbagai negara di dunia.

12 달콤한 맛부터 짠맛, 매운맛까지 이 특별한 음식을 느껴볼 수 있습니다.
Mulai dari rasa yang manis, asin hingga pedas bisa Anda rasakan dalam makanan khas ini.

13 이 음식을 먹어보면 당신은 독특한 맛을 확신할 수 있습니다.
Anda dapat memastikan rasa khasnya apabila Anda sudah mencoba makanan ini.

14 한 번만 먹어보면, 당신은 두 번째 시식을 시도할 것입니다.
Kalau sekali makan saja, Anda akan mencoba untuk gigitan kedua.

15 이 음식은 국내에서뿐만 아니라 해외에서도 매우 유명합니다.
Masakan ini sangat terkenal baik di dalam negeri maupun di luar negeri.

16 이 음식은 다른 음식과 함께 먹기에 매우 좋습니다.
Makanan ini sangat cocok dikonsumsi bersama dengan kombinasi makanan lainnya.

17 이 특별한 음식에 대한 다양한 종류의 변형 음식이 있습니다.
Ada berbagai macam makanan termodifikasi dari makanan khas ini.

18 이 음식은 결혼식에서 손님들에게 제공됩니다.
Makanan ini disajikan kepada tamu-tamu dalam pesta pernikahan.

19 한국에도 이것과 거의 유사한 음식이 있는데 단지 이름만 다릅니다.
Di Korea juga terdapat makanan yang hampir sama, tetapi namanya saja berbeda.

20 한국 음식에 사용되는 주요 양념은 마늘, 고추 그리고 고춧가루입니다.
Bumbu utama yang digunakan untuk makanan Korea adalah bawang putih, cabai, dan bubuk cabai.

문법 Tips 8

1. 능동문

능동문은 일반적으로 주어 + 타동사 + 목적어의 어순을 나타내며, 주어는 행위자, 즉 사람이 오고 목적어에는 대상물이 옵니다.

· <u>Saya</u>　<u>membeli</u>　<u>buku bahasa Indonesia.</u>　나는 인도네시아어책을 샀습니다.
　　주어　　　타동사　　　　목적어
　　행위자　　　　　　　　　대상물

· <u>Saya</u>　<u>membeli</u>　<u>buku bahasa Indonesia</u>　<u>di toko buku</u>.
　　주어　　　타동사　　　　목적어　　　　　　　　부사어
　　행위자　　　　　　　　　대상물

나는 서점에서 인도네시아어책을 샀습니다.

2. 피동문

기본적으로 3인칭(3인칭대명사 단수 포함)과 나머지 인칭대명사(1인칭, 2인칭, 3인칭 복수)로 시작하는 능동문을 피동문으로 바꾸는 규칙은 다릅니다.

1 3인칭(3인칭대명사 단수 포함)이 주어, 즉 행위자인 능동문을 피동문으로 바꿀 때는 대상물 + (di + 어근 타동사) + oleh + 행위자 의 형태가 됩니다.

· Dia (Bapak Ahmad) membeli buku itu.
　➥ Buku itu dibeli oleh dia (bapak Ahmad).

2 나머지 인칭대명사(1인칭, 2인칭, 3인칭 복수)가 주어, 즉 행위자인 능동문을 피동문으로 바꿀 때는 대상물 + 행위자 + 어근 타동사의 형태가 됩니다.

$\begin{array}{l} \text{Saya} \\ \text{Anda} \\ \text{Mereka} \end{array}$　**membeli** buku itu di toko buku.

➥ Buku itu　$\begin{array}{l} \text{saya} \\ \text{Anda} \\ \text{mereka} \end{array}$　**beli** di toko buku.

여기서 행위자 + 어근 타동사가 피동사를 형성하는데 조동사, 부사 등이 행위자와 어근 타동사 사이에 들어갈 수 없고 항상 행위자 앞에 위치합니다.

· Buku itu saya <u>akan</u> beli di toko buku. (X)
· Buku itu <u>akan</u> saya beli di toko buku. (O)

Berbicara tentang Kegiatan Wisata

관광에 대해 말하기

노하우 Tips

출제빈도가 높아서 단골 토픽이라 할 수 있는 관광에 대한 질문은 매우 다양할 수 있습니다. 가본 곳, 추천할 만한 곳, 외국인이 많이 찾는 곳 등에 대해 인도네시아뿐만 아니라 한국에 대해서도 정리해야 합니다. 다른 토픽과 마찬가지로 왜 그러한지에 대한 논리적인 대답이 가장 중요합니다. 질문에 대답을 먼저 한 후에 그 이유에 대해 간략히 후반부에 대답하는 것이 좋습니다.

여행 경험이나 방문한 경험이 없는 수험생들은 질문에 대답하는 것을 매우 어려워합니다. 아직 경험하지 못한 것이 잘못된 것이 아니므로 아직 가보지 못했지만, 기회가 된다면 꼭 가보고 싶다라는 형식으로 대답하면 됩니다. 또한, 우리가 모두 여행을 좋아하고 여행을 자주 가지만, 그 여행지나 관광지에 관해서 설명할 수 있을 만큼 다양한 지식이나 여유가 없었던 것이 사실입니다. 그렇다면, 대중매체나 인터넷에 따르면과 같이 간접경험으로 얻은 정보에 기초하여 대답하면 됩니다.

Tip 01
가본 곳, 가보고 싶은 곳, 추천할 만한 관광지 정리하기!

Tip 02
외국인이 선호하는 곳 알아두기!

Tip 03
가본 곳 중 인상적이었던 곳과 이유에 대한 답변 준비하기!

Tip 04
최근 시사성있는 이슈를 중심으로 대답하는 것이 중요!

Q&A
List

L09_01

Q1 Mengapa wisatawan asing berlibur ke Indonesia?

왜 외국인 관광객이 인도네시아로 여행을 갈까요?

Q2 Objek wisata apa yang ingin Anda rekomendasikan kepada teman-teman Anda?

어떤 관광지를 친구에게 추천해 주고 싶은가요?

Q3 Objek wisata apa yang terkenal di Korea?

한국의 유명한 관광지는 어디인가요?

Q4 Wisatawan asing suka berwisata ke mana di Korea?

외국인 관광객이 선호하는 한국의 관광지는 어디인가요?

Q5 Bagaimana cara berwisata yang murah meriah?

저렴하게 여행하는 방법은 무엇일까요?

Q6 Sekolah-sekolah Korea mengadakan karya wisata ke mana?

한국 학교들은 어디로 수학여행을 가나요?

Q 1 Mengapa wisatawan asing berlibur ke Indonesia?

왜 외국인 관광객이 인도네시아로 여행을 갈까요? L09_02

 샘의 Tips ~로 휴가를 가다는 berlibur ke ~, ~로 여행을 가다는 berwisata ke ~로 비슷하면서 다른 표현이므로 주의하세요.

&A 자신의 상황에 가장 비슷한 답변을 중심으로 집중 연습해 보세요!

상황 1 Menurut saya, alasan para turis asing memilih Indonesia sebagai destinasi wisata karena keindahan alamnya. Cuaca Indonesia sangat bersahabat dan matahari bersinar sepanjang tahun. Oleh karena itu, wisatawan asing suka berlibur ke Indonesia.

제 생각으로는, 외국인 여행객이 관광 목적지로 인도네시아를 선택하는 이유는 인도네시아 자연의 아름다움때문입니다. 인도네시아의 날씨는 매우 좋고 태양도 일년 내내 내리쬡니다. 그래서, 외국인 관광객은 인도네시아로 휴가 가는 것을 좋아합니다.

상황 2 Wisatawan asing suka berkunjung ke Indonesia karena mereka bisa menikmati makanan dan buah-buahan tropis yang tidak mahal. Buah-buahan, seperti Durian yang dinamakan rajanya buah dapat dinikmati sepuas-puasnya.

외국 관광객들이 인도네시아를 방문하는 것은 그다지 비싸지 않은 음식과 열대 과일을 즐길 수 있기 때문입니다. 과일의 왕이라 불리는 두리안과 같은 과일을 마음껏 먹을 수 있습니다.

상황 3 Karena saya belum pernah ke Indonesia sebelumnya dan kurang tahu tentang objek wisata di Indonesia, saya belum bisa menjawab secara lengkap. Hanya saja saya pernah menonton serial Rumah Makan Youn (*Youn's Kitchen*) yang dibuat di pulau Lombok.

인도네시아에 가본 적이 한 번도 없었고 인도네시아 관광지에 대해 잘 모르기 때문에 저는 완전하게 답변할 수 없습니다. 단지 저는 롬복 섬에서 촬영되었던 윤식당 연속물을 본 적이 있습니다.

 표현
Tips
· 외국인 관광객은 ~ 때문에 인도네시아를 관광 목적지로 선택합니다
  Turis asing memilih Indonesia sebagai destinasi wisata karena ~.
· 우리는 ~를 마음껏 즐길 수 있습니다 **Kami dapat menikmati ~ sepuas-puasnya.**
· 저는 ~에 가본적이 없습니다 **Saya belum pernah ke ~ sebelumnya.**

어휘 **bersahabat** 우호적이다 **cuaca** 날씨 **destinasi** 목적지 **serial** 연속물, 시리즈 **turis asing** 외국인 여행객 **tropis** 열대, 열대의

Q 2 Objek wisata apa yang ingin Anda rekomendasikan kepada teman-teman Anda?

어떤 관광지를 친구에게 추천해 주고 싶은가요?   L09_03

 샘의 Tips pulau는 섬, kepulauan은 군도, 제도, 열도라는 의미입니다.

예 pulau Jeju 제주섬, kepulauan Hawaii 하와이 제도

 자신의 상황에 가장 비슷한 답변을 중심으로 집중 연습해 보세요!

상황 1

Karena saya belum pernah ke Indonesia dan kurang tahu tentang wisata di Indonesia, saya tidak bisa merekomendasikan apa-apa kepada teman-teman saya. Walaupun demikian, saya akan mencoba merekomendasikan pulau Lombok yang pernah menjadi lokasi serial TV Rumah Makan Youn (*Youn's Kitchen*) kepada teman-teman saya.

저는 인도네시아에 아직 가본 적이 없으며 인도네시아 관광에 대해 잘 모르기 때문에, 제 친구들에게 아무것도 추천할 수 없습니다. 그렇다 하더라도, 텔레비전 시리즈 윤식당이 있었던 **롬복** 섬을 추천해 볼 예정입니다.

상황 2

Saya pernah berlibur di Kepulauan Seribu pada tahun yang lalu. Yang paling memesona bagi saya adalah pulau Perak karena saya bisa menikmati pemandangan matahari terbenam yang indah. Oleh karena itu, saya mau merekomendasikan pulau Perak di Kepulauan Seribu kepada teman saya.

작년에 저는 스리부 군도에서 휴가를 보낸 적이 있습니다. 아름다운 일몰의 경관을 감상할 수 있는 **페락** 섬은 저에게 가장 인상적이었습니다. 그래서, 저는 제 친구에게 스리부 군도에 있는 페락 섬을 추천하고 싶습니다.

상황 3

Setahu saya, pulau Bali adalah primadona yang mewakili Indonesia. Dulu saya pernah berlibur ke Bali dan pantai yang menarik adalah Kuta dan Nusa Dua. Saya mau merekomendasikan pulau Bali kepada teman-teman saya karena kami bisa menjelajah puluhan pantai yang cantik.

제가 알기로는, **발리**는 인도네시아를 대표하는 프리마돈나(명물)입니다. 과거에 저는 발리로 휴가를 간 적이 있는데 매력적인 해변은 **꾸따**와 **누사 두아**였습니다. 수십 개의 아름다운 해변을 탐험해 볼 수 있기 때문에 저는 발리 섬을 친구들에게 추천하고 싶습니다.

 표현 · 저는 ~ 때문에 ~를 추천할 것입니다 **Saya akan merekomendasikan ~ karena ~.**

Tips · ~ 때문에 저에게 있어서 가장 인상적인 곳은 ~ 입니다
Yang paling memesona bagi saya adalah ~ karena ~.

· 발리섬은 ~를 대표하는 ~ 입니다 **Pulau Bali adalah ~ yang mewakili ~.**

어휘 matahari terbenam 일몰 memesona 인상적인, 감탄스러운 menjelajah(i) ~를 탐험하다

Q 3 Objek wisata apa yang terkenal di Korea?

한국의 유명한 관광지는 어디인가요?

 L09_04

 샘의 Tips ~날씨(기후)이다라는 표현에서의 날씨를 표현할 때 bercuaca ~ 또는 beriklim ~을 사용하여 나타낼 수 있습니다. 예 bercuaca hangat 따뜻한 날씨이다.

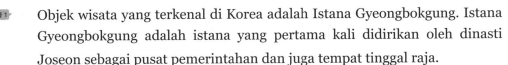 자신의 상황에 가장 비슷한 답변을 중심으로 집중 연습해 보세요!

상황 1 Objek wisata yang terkenal di Korea adalah Istana Gyeongbokgung. Istana Gyeongbokgung adalah istana yang pertama kali didirikan oleh dinasti Joseon sebagai pusat pemerintahan dan juga tempat tinggal raja.

한국에서 유명한 관광지는 **경복궁**입니다. 경복궁은 조선왕조 때 행정의 중심과 왕의 거처로 첫 번째로 건립된 궁궐입니다.

상황 2 Menurut saya, objek wisata yang paling terkenal di Korea adalah Pulau Jeju. Pulau Jeju adalah pulau yang terbesar di Korea dan beragam tempat wisata. Pulau Jeju dijuluki Samdado, pulau yang berlimpah dengan tiga hal, yaitu batu, wanita, dan angin.

제가 생각하기에, 한국에서 가장 유명한 관광지는 **제주도**입니다. 제주도는 한국에서 가장 큰 섬이고 다양한 관광지가 있습니다. 제주도는 **삼다도**, 즉 돌, 여자 그리고 바람이 많은 섬이라는 별명이 붙여져 있습니다.

상황 3 Menurut saya, objek wisata yang khas dan hanya ada di Korea adalah Panmunjeom, salah satu bangunan di zona demiliterisasi antara Korea Selatan dan Korea Utara. Karena bisa merasakan kondisi konflik antara kedua negara, saya pikir Panmunjeom merupakan salah satu objek wisata yang terkenal di Korea.

저는 독특하고 한국에만 있는 관광지가 남·북한 간의 비무장지대에 있는 건물인 **판문점**이라고 생각합니다. 양국 간의 갈등 상황을 느낄 수 있기 때문에 저는 판문점이 한국에 있는 유명한 관광지 중의 하나라고 생각합니다.

 표현 Tips
- 한국에서 유명한 관광지는 ~ 입니다 **Objek wisata yang terkenal di Korea adalah ~.**
- 제주도는 ~라는 별명이 붙여져 있습니다 **Pulau Jeju dijuluki ~.**
- 한국에만 있는 독특한 관광지는 ~ 입니다
  Objek wisata yang khas dan hanya ada di Korea adalah ~.

어휘 berlimpah 넘쳐나다 didirikan 건립되다 dijuluki ~라고 별명이 붙여진 dinasti 왕조 istana 궁궐 konflik 갈등, 충돌 pemerintahan 정부, 행정 zona demiliterisasi 비무장지대

Wisatawan asing suka berwisata ke mana di Korea?

외국인 관광객이 선호하는 한국 관광지

Q 4

외국인 관광객이 선호하는 한국의 관광지는 어디인가요? L09_05

 샘의 Tips 뜻이 비슷하지만 쓰임이 다소 다른 **때** (waktu, kala), **시기** (masa, periode), **시대** (zaman, era) 를 구분하여 상황에 맞는 가장 알맞은 단어를 사용해야 합니다.

&A 자신의 상황에 가장 비슷한 답변을 중심으로 집중 연습해 보세요!

상황 1

Wisatawan asing yang ingin merekam jejak dari masa lalu Korea sering datang ke Kampung Hanok Bukchon. Hal ini dikarenakan pengunjung bisa melihat rumah-rumah tradisional Korea yang mewarisi gaya hidup pada zaman dinasti Joseon.

한국의 과거 발자취를 보고 싶어 하는 외국인 관광객은 자주 **북촌한옥마을**을 방문합니다. 그 이유는 방문객들이 조선왕조 시대의 생활양식을 계승한 한국의 전통 가옥들을 볼 수 있기 때문입니다.

상황 2

Menurut saya, Pasar Dongdaemun adalah salah satu destinasi yang disukai wisatawan asing yang suka berwisata. Pasar ini berdekatan dengan pintu gerbang Heunginjimun dan telah lama dikenal sebagai pusat mode di Korea.

제 생각으로는, **동대문시장**이 외국인 관광객이 관광하기를 좋아하는 목적지 중의 하나입니다. 이 시장은 **흥인지문**과 가깝고 한국에서 패션의 중심으로 이미 오래전부터 유명합니다.

상황 3

Menurut saya, Myeong-dong adalah salah satu objek wisata yang banyak dikunjungi wisatawan asing. Myeong-dong merupakan pusat perbelanjaan Seoul yang terbesar dan dikenal sebagai pusat untuk mode serta produk kecantikan.

명동이 외국인 관광객이 많이 방문하는 관광지 중의 하나라고 생각합니다. **명동**은 서울의 가장 큰 쇼핑 중심지이고 패션과 미용 제품의 중심지로 알려져 있습니다.

 표현 Tips
· 한국의 과거 발자취를 훑어보고 싶은 사람은 ~로 갑니다
Yang ingin merekam jejak dari masa lalu Korea datang ke ~.

· 이곳은 한국에서 ~의 중심지로 알려진지 오래입니다
Tempat ini telah lama dikenal sebagai pusat ~ di Korea.

· 이곳은 ~에서 가장 큰 ~ 센터입니다 **Tempat ini merupakan pusat ~ yang terbesar di ~.**

어휘 berdekatan 가까운, 근접한 berwisata 여행하다, 관광하다 jejak 발자취 kecantikan 미용, 미, 아름다움 merekam 녹화(촬영)하다 merekam jejak 발자취를 훑어보다 mewariskan ~를 상속하다, 계승하다 mode 패션 pengunjung 방문객, 내방자 pusat perbelanjaan 쇼핑 중심지(센터)

Q 5 Bagaimana cara berwisata yang murah meriah?

저렴하게 여행하는 방법

저렴하게 여행하는 방법은 무엇일까요?

 L09_06

샘의 Tips

저렴한, 알찬이라는 표현을 murah meriah로 나타낼 수 있습니다.

자신의 상황에 가장 비슷한 답변을 중심으로 집중 연습해 보세요!

상황 1

Menurut saya, untuk berwisata yang murah meriah kita harus rajin dalam mencari informasi tentang akomodasi, konsumsi, dan transportasi. Dengan begitu, kita bisa mendapat tiket dan penginapan yang murah, tetapi berkualitas. Banyak objek wisata yang tidak dikenakan biaya masuk.

제 생각에는, 저렴하게 여행하기 위해서 우리는 숙박, 음식 그리고 교통수단에 대한 정보를 부지런하게 찾아야만 합니다. 그렇게 하면, 저렴하지만 양질의 티켓과 숙박시설을 구할 수 있습니다. 입장료를 받지 않는 관광지도 많이 있습니다.

상황 2

Pilihan paket wisata bisa menjadi salah satu alternatif untuk berwisata yang murah meriah karena kita bisa menentukan tempat-tempat wisata sesuai dengan anggaran kita.

아마도 옵션 투어가 저렴하게 여행할 수 있는 하나의 대안이 될 수 있는데 우리의 예산에 맞게 관광지를 결정할 수 있기 때문입니다.

상황 3

Untuk berwisata yang murah meriah lebih baik berwisata pada masa sepi kunjungan wisatawan. Dengan begitu, bisa mencari tiket yang murah atau banyak mendapat diskon dan harga sewa mobil pun murah.

저렴하게 여행하기 위해서 관광 비수기에 여행하는 것이 좋습니다. 그렇게 하면, 저렴하거나 할인이 많은 티켓을 찾을 수 있고 자동차 렌트도 저렴합니다.

표현 Tips

· 입장료를 받지 않는 ~가 많습니다 **Banyak ~ yang tidak dikenakan biaya masuk.**
· 이 옵션은 ~ 위한 대안이 될 수 있습니다 **Pilihan ini bisa menjadi salah satu alternatif untuk ~.**
· 저렴한 여행은 ~에서 할 수 있습니다 **Wisata yang murah meriah dapat dilakukan pada ~.**

어휘

akomodasi 숙박시설 anggaran 예산 berkualitas 품질이 좋은, 양질의 masa sepi kunjungan wisatawan 관광 비수기 murah meriah 저렴한, 알찬 pilihan paket wisata 옵션 투어(선택제 여행)

Sekolah-sekolah Korea mengadakan karya wisata ke mana?

한국 학교들은 어디로 수학여행을 가나요?

 L09_07

샘의 Tips

mengadakan karya wisata ke ~는 ~로 수학여행을 가다의 표현입니다.

&A 자신의 상황에 가장 비슷한 답변을 중심으로 집중 연습해 보세요!

상황 1

Setahu saya, dulu sekolah-sekolah Korea suka ke Pulau Jeju atau Gunung Seorak dalam rangka karya wisata. Mungkin sekarang kebanyakan sekolah mengadakan karya wisata ke luar negeri.

제가 알기로는, 과거에 한국의 학교들은 수학여행 차원에서 **제주도**나 **설악산**에 가는 것을 좋아했습니다. 아마도 지금은 대부분의 학교가 해외로 수학여행을 갈 것입니다.

상황 2

Karena para orang tua khawatir kemungkinan terjadi insiden atau kecelakaan di saat karya wisata, seperti kejadian kapal Sewol beberapa tahun yang lalu, sekarang semua sekolah Korea tidak mau pergi jauh. Oleh karena itu, sekarang barangkali mengadakan karya wisata di dalam Korea saja.

부모님들이 수학여행 과정에서 몇 년전 발생한 세월호 사건과 같이 사건 또는 사고가 발생할 가능성을 염려하기 때문에, 지금은 한국의 학교들이 수학여행을 위해 멀리 떠나는 것을 원치 않을 것입니다. 그래서, 지금은 아마도 한국 내에서 수학여행을 떠날 것입니다.

상황 3

Karena belum mempunyai anak, saya kurang tahu tentang topik ini, tetapi mungkin sekolah-sekolah Korea mengadakan karya wisata di dalam negeri saja. Untuk pergi ke luar negeri, beban orang tua cukup besar.

아직 아이가 없어서 이 토픽에 대해 잘 모르지만, 한국의 학교들은 아마도 국내에서 수학여행을 떠날 것입니다. 해외로 가면, 부모님들의 부담이 매우 클 것입니다.

표현
Tips

· 한국의 학교는 수학여행을 위해 ~로 가는 것을 좋아합니다
Sekolah Korea suka ke ~ dalam rangka karya wisata.

· 부모는 ~ 중간에 ~ 발생 가능성을 걱정합니다
Orang tua khawatir kemungkinan terjadinya ~ di tengah ~.

· 한국에서 ~를 위한 부담은 매우 큽니다 **Di Korea beban untuk ~ cukup besar.**

어휘 beban 짐, 부담 insiden 사건, 사고 kecelakaan (교통) 사고 kemungkinan 가능성, 개연성 karya wisata 수학여행

색칠한 단어로 표현을 완성시켜 연습해 보고 다양한 단어를 활용하여 자신에게 맞는 상황을 만들어 반복적으로 연습해 보세요.

Q1

외국인이 인도네시아로 여행가는 이유 제 생각으로는, 외국인 여행객이 관광 목적지로 인도네시아를 선택하는 이유는 인도네시아 자연의 아름다움때문입니다. 인도네시아의 날씨는 매우 좋고 태양도 일 년 내내 내리쬡니다. 그래서 외국인 관광객은 인도네시아로 휴가 가는 것을 좋아합니다.

Menurut saya, alasan para turis asing memilih Indonesia sebagai
_____ _____ karena _____ _____ _____.
Cuaca Indonesia sangat bersahabat dan matahari bersinar
_____. Oleh karena itu, wisatawan asing suka
_____ _____ Indonesia.

Q2

인도네시아 관광지 추천 발리는 인도네시아를 대표하는 프리마돈나(명물)입니다. 수십 개의 아름다운 해변을 탐험해 볼 수 있기 때문에 저는 발리 섬을 친구들에게 추천하고 싶습니다.

Setahu saya, pulau Bali adalah _____ yang mewakili Indonesia.
Saya _____ _____ pulau Bali kepada teman-teman saya
karena kita bisa menjelajah puluhan pantai yang cantik.

Q3

한국의 유명한 관광지 경복궁은 한국에서 유명한 관광지입니다. 경복궁은 조선왕조 때 행정의 중심과 왕의 거처로 첫 번째로 건립된 궁궐입니다.

Objek wisata yang terkenal di Korea adalah _____ _____.
Istana Gyeongbokgung adalah istana yang pertama kali didirikan
oleh dinasti Joseon sebagai _____ _____ dan juga
_____ _____ _____.

Q4 외국인이 선호하는 한국 관광지 명동이 서울의 가장 큰 쇼핑 중심지이고 패션과 미용 제품의 중심지로 알려져 있기 때문에 저는 명동이 많은 외국인 관광객이 방문하기를 선호하는 관광지 중의 하나라고 생각합니다.

Menurut saya, Myeong-dong adalah salah satu objek wisata yang banyak dikunjungi wisatawan asing karena Myeong-dong merupakan _____ _____ Seoul yang terbesar dan dikenal sebagai pusat untuk _____ serta _____ _____.

Q5 저렴하게 여행하는 방법 아마도 옵션 투어가 저렴하게 여행할 수 있는 하나의 대안이 될 수 있는데 예산에 맞게 관광지를 결정할 수 있기 때문입니다.

_____ bisa menjadi salah satu _____ untuk berwisata yang murah meriah karena kita bisa menentukan tempat-tempat wisata sesuai dengan _____.

Q6 한국의 수학여행 지금은 어디로 가는지 모르겠지만 과거에 한국의 학교들은 수학여행 차원에서 제주도나 설악산에 가는 것을 좋아했습니다. 아마도 지금은 대부분의 학교가 해외로 수학여행을 갈 것입니다.

Setahu saya, dulu sekolah-sekolah Korea suka ke Pulau Jeju atau Gunung Seorak _____ _____. Mungkin sekarang kebanyakan sekolah mengadakan _____ _____.

인도네시아어 회화 표현 UP 9

관광에 관한 다양한 표현을 응용할 수 있는 표현 Tip들입니다.

1 일반적으로 외국인 여행객은 관광지 탐험을 좋아합니다.
Para turis asing pada umumnya suka menjelajahi objek wisata.

2 모든 관광지는 자연적으로 형성되었고 관광지 여건도 여전히 보존되고 있습니다.
Semua objek wisata terbentuk secara alami dan kondisinya masih terjaga.

3 겨울은 관광객의 활동을 제한합니다.
Musim dingin membatasi aktivitas wisatawan.

4 이것은 외국인이 이곳에서 여행하기 좋아하도록 만듭니다.
Hal ini membuat orang asing betah berlibur di sini.

5 인도네시아는 음식여행이 풍부합니다.
Indonesia kaya dengan wisata kulinernya.

6 각 지방의 음식 풍미는 매우 다릅니다.
Cita rasa makanan masing-masing daerah sangat berbeda.

7 아마 한국에서의 관광 경비는 아세안 국가들과 비교하여 매우 비쌀 것입니다.
Biaya berwisata di Korea mungkin sangat mahal dibandingkan dengan negara-negara di ASEAN.

8 저는 비용과 치안 측면에서 관광 목적지로 인도네시아를 선택했습니다.
Saya memilih Indonesia sebagai destinasi wisata dengan pertimbangan biaya dan keamanan.

9 관광특구 입장권 가격은 매우 저렴하고 서비스도 만족스럽습니다.
Harga tiket masuk ke zona khusus turis cukup murah dan pelayanan pun sangat memuaskan.

10 이 지역은 2002년에 유네스코 세계유산지역으로 선정되었습니다.
Area ini ditetapkan sebagai Situs Warisan Dunia UNESCO pada tahun 2002.

OPI 시험에서 꼬리를 무는 질문이 나와도 당황하지 않고 나만의 표현을
할 수 있도록 다양한 표현들을 익혀 봅시다!

11 이곳은 유네스코 세계문화유산입니다.
Tempat ini adalah salah satu Warisan Budaya Dunia UNESCO.

12 이 지역은 오랜 역사를 가진 전통마을입니다.
Daerah ini merupakan sebuah kampung tradisional yang memiliki sejarah panjang.

13 이 마을은 조선왕조 고유의 생활양식과 전통을 여전히 보존하고 있습니다.
Kampung ini masih mempertahankan cara hidup dan tradisi dinasti Joseon.

14 이 사찰은 조계종의 주요 불교 사찰입니다.
Kuil ini adalah sebuah kuil Buddha utama dari sekte Jogye.

15 이 성곽은 한국에서 유명한 국립공원입니다.
Benteng ini merupakan sebuah taman nasional yang terkenal di Korea.

16 제주 화산섬과 용암동굴은 제주도에 위치한 세계 자연유산지역입니다.
Pulau vulkanik dan gua lahar Pulau Jeju adalah Situs Warisan Alam Dunia.

17 이 건물은 한국이 보유하고 있는 국보 중의 하나입니다.
Bangunan ini adalah salah satu harta nasional Korea.

18 이곳은 청동기시대 사람이 사용했던 수백 개의 고인돌을 보호하고 있습니다.
Situs ini melindungi ratusan dolmen yang digunakan oleh manusia pada zaman
perunggu.

19 고려대장경은 고려왕조 때 만들어진 한국 고유의 대장경입니다.
Tripitaka Koreana adalah tripitaka Korea yang dibuat pada zaman dinasti Goryeo.

20 이 궁궐은 서울에 있는 다섯 개의 궁궐 중 하나입니다.
Istana ini merupakan salah satu istana dari 5 istana yang ada di Seoul.

문법 Tips 9

ke-an 접환사

ke-an 접환사는 ke + 어근 (동사, 명사, 형용사) + an 형태로 결합하여 명사(추상명사/구체명사), 자동사 그리고 형용사로 만드는 기능을 합니다.

구 분	예 시	
1. 추상명사 (눈으로 볼 수 없는 명사화)	seni (예술) ilmu (지식, 학문) indah (아름다운, 멋진)	➡ kesenian (아름다움, 미, 예술) ➡ keilmuan (학식, 지식, 과학) ➡ keindahan (아름다움, 미)
2. 구체명사 (눈으로 볼 수 있는 명사화)	manusia (사람, 인간) camat (면장, 읍장) emas (금)	➡ kemanusiaan (인간성, 인간) ➡ kecamatan (행정구역 읍/면) ➡ keemasan (금박 제품, 금빛)
3. 자동사화	hujan (비, 강우) lapar (배고픈) tidur (자다)	➡ kehujanan (비를 맞다) ➡ kelaparan (배가 고프다) ➡ ketiduran (잠이 들다)
4. 형용사화	nyaman (즐거운, 편안한) takut (무서운, 두려운) lelah (피곤한, 지친)	➡ kenyamanan (편안한) ➡ ketakutan (불안한, 걱정스러운) ➡ kelelahan (피곤한, 지친)

또한, ke-an 접환사는 다음과 같이 의미로 그 활용을 구분할 수 있습니다.

구 분	예 시	
1. 장소	diam (거주하다, 살다) duta (대사, 사절) raja (왕)	➡ kediaman (거처, 거주지) ➡ kedutaan (대사관) ➡ kerajaan (왕국)
2. 의도하지 않은 행위/ 행동(피동 의미)	jatuh (떨어지다) masuk (들어가다) terlambat (늦은)	➡ kejatuhan (떨어지는 것에 맞다) ➡ kemasukan (도둑 따위가 들다) ➡ keterlambatan (지각, 지체)
3. 지나침	besar (큰) dingin (추운) malam (밤)	➡ kebesaran (너무 크다) ➡ kedinginan (추위에 떨다) ➡ kemalaman (밤이 너무 늦은)
4. ~와 같은, ~와 유사한	biru (파란색) hijau (녹색) kuning (노랑색)	➡ kebiru-biruan (푸르스름한) ➡ kehijau-hijauan (푸른 빛을 띄는) ➡ kekuning-kuningan (노르스름한)
5. 처한 상황/상태	miskin (가난한) racun (독) sendiri (혼자서)	➡ kemiskinan (가난) ➡ keracunan (중독, 중독되다) ➡ kesendirian (고독)
6. 관련되어 있는 상황	bersih (깨끗한) kacau (무질서한) ingin (바라다)	➡ kebersihan (청결) ➡ kekacauan (혼돈, 무질서) ➡ keinginan (바램, 소망)
7. 집단/무리	pulau (섬)	➡ kepulauan (군도, 열도)

Berbicara tentang Pekerjaan/Profesi

일/직업에 대해 말하기

학습 내용

일이나 직업에 대한 질문은 대답하기 쉽지 않은 질문 중 하나입니다. 담당 업무, 선호하는 직업, 미래 직업, 최근 직업 등에 대한 트렌드와 성향 등에 대해 관심을 두고 준비한다면 논리적인 대답이 가능할 것입니다.

대부분 질문이 응시자와 관련된 것이고, 트렌드나 시사와 관련된 질문도 자주 물어보고 있으므로 인터넷이나 스마트폰을 이용하여 틈틈이 직업이나 일에 대한 최근 정보나 성향 등에 대해 미리 탐색하시기 바랍니다.

Tip **01**

담당하고 있는 업무나 하고 싶은 업무에 대해 논리적으로 준비하기!

Tip **02**

선호하는 직업 또는 일이 무엇인지 탐색하기!

Tip **03**

미래에는 어떤 직업이 생겨날 것인지 관심 두기!

Tip **04**

인도네시아와 관련된 일을 한 경험이 있다면, 경험담 준비하기!

🎧 L10_01

Q1 Pekerjaan apa yang ingin Anda dapatkan di kemudian hari?

나중에 어떤 종류의 직업을 갖고 싶나요?

Q2 Pekerjaan apa yang lebih disukai oleh para mahasiswa?

대학생들이 선호하는 직업은 무엇인가요?

Q3 Pekerjaan baru apa saja yang akan tercipta di masa depan?

미래에는 어떤 새로운 직업이 생겨날까요?

Q4 Apa tugas Anda di tempat kerja?

직장에서 담당하고 있는 업무는 무엇인가?

Q5 Bagaimana lingkungan kerja di Korea?

한국의 근무환경은 어떠한가요?

Q6 Apa pendapat Anda tentang budaya kerja lembur di Korea?

한국의 초과 근무(야근) 문화에 대한 당신의 견해는 무엇인가요?

Q1 Pekerjaan apa yang ingin Anda dapatkan di kemudian hari?

나중에 어떤 종류의 직업을 갖고 싶나요? L10_02

샘의 Tips mau(ingin) bekerja di bidang ~는 ~분야에서 일하고 싶다라는 뜻으로 희망 부서 또는 직업에 관한 답변 중 자주 나오는 문장입니다.

자신의 상황에 가장 비슷한 답변을 중심으로 집중 연습해 보세요!

상황 1 Saya ingin bekerja di sebuah perusahaan di bidang manufaktur makanan olahan karena spesialisasi saya adalah pengolahan pangan. Saya mau memanfaatkan ilmu pengetahuan saya dalam pekerjaan.

전공이 식품 가공이기 때문에 저는 가공식품 제조업 분야의 회사에서 일하고 싶습니다. 저는 저의 지식을 일에 활용하고 싶습니다.

상황 2 Karena saya suka berwisata, saya mau menjadi seorang pemandu wisata profesional di bidang bahasa Indonesia-Malaysia. Untuk itu, saya sedang belajar bahasa Indonesia.

여행을 좋아하기 때문에, 저는 말레이-인도네시아어 분야의 전문 관광안내사가 되고 싶습니다. 그것 때문에 저는 현재 인도네시아어를 공부하고 있습니다.

상황 3 Saya mau bekerja di Departemen Luar Negeri Korea karena saya sangat berminat dengan kerjasama internasional. Kebetulan jurusan saya di universitas adalah kerjasama *bilateral* dan perdagangan internasional.

국제협력에 관심이 많기 때문에 저는 한국 외무부에서 일하고 싶습니다. 사실 대학교에서의 제 전공이 양자협력과 국제통상입니다.

표현 Tips

· 저는 ~에 저의 지식을 활용하고 싶습니다
  Saya mau memanfaatkan ilmu pengetahuan saya dalam ~.

· ~을 좋아해서 저는 ~가 되고 싶습니다 **Karena saya suka ~, saya mau menjadi ~.**

· 제가 ~하기 때문에 저는 ~에서 일하고 싶습니다 **Saya mau bekerja di ~ karena saya ~.**

어휘 Departemen Luar Negeri 외무부 ilmu pengetahuan 지식, 과학, 학문 kerjasama internasional 국제협력 pangan 음식, 식품, 식량 pengolahan 가공 profesional 직업상의, 전문직의 spesialisasi(≒jurusan) 전공

Pekerjaan apa yang lebih disukai oleh para mahasiswa?

대학생들이 선호하는 직업은 무엇인가요?

 L10_03

 샘의 *Tips* (일반) 회사원은 pegawai swasta, 공무원은 pegawai negeri이라고 표현하면 됩니다.

자신의 상황에 가장 비슷한 답변을 중심으로 집중 연습해 보세요!

상황 1

Menurut saya, kini para mahasiswa lebih suka menjadi seorang pegawai negeri karena pekerjaan seorang pegawai negeri lebih stabil daripada pegawai swasta.

대학생들은 일반 회사원보다 공무원이 더 안정적이기 때문에 공무원 되는 것을 더 선호한다고 생각합니다.

상황 2

Setahu saya, para pemuda generasi baru lebih suka bekerja di sebuah perusahaan di bidang teknologi informasi, seperti *Google*. Karena bidang teknologi informasi akan terus berkembang seiring dengan perkembangan revolusi industri ke-4.

제가 알기로는, 신세대 젊은이들은 구글과 같은 IT 분야 회사에서 일하는 것을 더 선호합니다. IT 분야는 4차 산업 혁명의 발전과 더불어 지속적으로 발전할 것이기 때문입니다.

상황 3

Sejumlah mahasiswa Korea memilih untuk mengikuti ujian Negara walaupun sulit dan memerlukan pengorbanan yang luar biasa besar.

일부 대학생들은 어렵고 큰 희생이 따름에도 불구하고 고시 준비를 선택합니다.

 표현 *Tips*

· ~의 직업은 ~ 보다 더 안정적입니다 **Pekerjaan ~ lebih stabil daripada ~.**

· 젊은이는 ~ 때문에 ~에서 일하는 것을 더 선호합니다
Pemuda lebih suka bekerja di ~ karena ~.

· 대학생들은 ~에도 불구하고 ~ 시험 준비를 선택합니다
Mahasiswa memilih untuk mengikutui ujian ~ walaupun ~.

어휘 bidang 분야, 부문 generasi baru 신세대 pemuda 젊은이, 청년 pegawai negeri 공무원 ujian Negara 고시 pengorbanan 희생

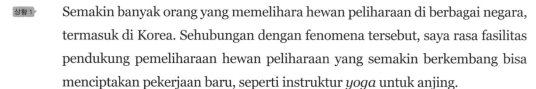

Pekerjaan baru apa saja yang akan tercipta di masa depan?

미래에는 어떤 새로운 직업이 생겨날까요?

🎧 L10_04

샘의 Tips

~때문에, ~의 결과라는 뜻의 akibat ~를 사용하면 됩니다.

&A

자신의 상황에 가장 비슷한 답변을 중심으로 집중 연습해 보세요!

상황 1

Semakin banyak orang yang memelihara hewan peliharaan di berbagai negara, termasuk di Korea. Sehubungan dengan fenomena tersebut, saya rasa fasilitas pendukung pemeliharaan hewan peliharaan yang semakin berkembang bisa menciptakan pekerjaan baru, seperti instruktur *yoga* untuk anjing.

한국을 포함한 여러 나라에서 애완동물을 기르는 사람이 점점 많아지고 있습니다. 언급한 현상과 관련하여, 애완동물을 기르는데 필요한 시설들이 점차 발달하여 애견 요가 강사와 같은 새로운 직업이 만들어질 것 같습니다.

상황 2

Karena ilmu pengetahuan dan teknologi di bidang teknologi informasi semakin berkembang dengan pesat, saya pikir ahli kecerdasan buatan, seperti *AlphaGo* akan menjadi sebuah pekerjaan baru di masa depan.

IT 분야 과학기술이 점차 빠르게 발전하고 있기 때문에, 알파고와 같은 인공지능 전문가가 미래에 새로운 직업이 될 것이라고 저는 생각합니다.

상황 3

Seperti telah diketahui orang, produksi pertanian sangat terpengaruh akibat perubahan iklim di bumi ini. Oleh karena itu, menurut saya, operator kebun cerdas (*Smart Farm*) akan menjadi sebuah pekerjaan baru di masa depan.

많은 사람이 이미 알고 있듯이, 지구의 기후변화 때문에 농업생산이 매우 영향을 받고 있습니다. 따라서, 저는 스마트팜(Smart Farm) 운영자가 미래에 새로운 직업이 될 것으로 생각합니다.

표현
Tips

- ~와 관련하여 ~ 직업이 만들어질 것입니다 **Sehubungan dengan ~, pekerjaan ~ akan tercipta.**
- ~ 분야 기술이 점차 빠르게 발전합니다
  Teknologi di bidang ~ semakin berkembang dengan pesat.
- ~ 때문에 ~ 생산이 매우 영향을 받습니다 **Produksi ~ sangat terpengaruh akibat ~.**

어휘
ahli 전문가 hewan peliharaan 애완동물 ilmu pengetahuan dan teknologi 과학기술 instruktur *yoga* 요가 강사 kebun cerdas 스마트 팜 kecerdasan buatan 인공지능 memelihara ~를 기르다 perubahan iklim 기후변화 terpengaruh 영향을 받다

Q4 Apa tugas Anda di tempat kerja?

직장에서 담당하고 있는 업무는 무엇인가?

 L10_05

샘의 Tips 담당 업무라는 표현은 tugas를 사용하여 표현할 수 있습니다.
예 tugas saya di perusahaan 회사에서 저의 업무

&A 자신의 상황에 가장 비슷한 답변을 중심으로 집중 연습해 보세요!

상황 1

Saya sedang bekerja di sebuah perusahaan perdagangan internasional. Saya menangani tugas ekspor, khususnya barang-barang konsumsi, ke negara-negara di Asia-Pasifik. Tugas ini sudah saya tangani selama kurang lebih 7 tahun.

저는 한 국제무역 회사에서 근무 중입니다. 제가 담당하고 있는 업무는 아시아 태평양 국가들에 대한 소비자재 수출업무입니다. 저는 이 업무를 약 7년간 담당했습니다.

상황 2

Saya sedang bekerja di sebuah perusahaan elektronik, khususnya di bidang strategi dan perencanaan. Tugas saya adalah pengembangan bisnis baru sehingga saya sering menangani soal merger dan akuisisi.

저는 전자회사에서 일하고 있으며, 특히 전략기획 분야에서 근무 중입니다. 저의 업무가 신사업개발이라서 자주 인수합병 문제를 처리하고 있습니다.

상황 3

Saya belum bekerja karena saya masih kuliah di universitas. Nanti, saya ingin bekerja di bidang pemasaran barang-barang kecantikan karena jurusan saya adalah *marketing*.

제가 아직 대학교를 다니고 있어서 아직 일을 하지 않습니다. 제 전공이 마케팅이라서 저는 나중에 미용 제품 마케팅 분야에서 일하고 싶습니다.

표현 Tips
· 저는 ~ 업무를 담당하고 있습니다 **Saya menangani tugas ~.**
· 회사에서 저의 업무는 ~ 입니다 **Di perusahaan tugas saya adalah ~.**
· 저는 ~ 때문에 ~ 분야에서 일하고 싶습니다 **Saya ingin bekerja di bidang ~ karena ~.**

어휘 barang kecantikan 미용 제품 barang konsumsi 소비자재 merger dan akuisisi 인수합병 pemasaran 마케팅 pengembangan 개발 strategi 전략 tugas 담당 업무, 임무

Q 5 Bagaimana lingkungan kerja di Korea?

한국의 근무환경은 어떠한가요?

 L10_06

 자신의 상황에 가장 비슷한 답변을 중심으로 집중 연습해 보세요!

상황 1

Lingkungan kerja di perusahaan-perusahaan yang terletak di kota-kota besar mungkin lebih baik dibandingkan dengan yang ada di daerah. Walaupun demikian, lingkungan kerja itu saya rasa sangat tergantung pada direksi atau para pemegang saham.

대도시에 위치하고 있는 회사들의 근무환경은 지방에 있는 곳들과 비교하여 더 좋을 것입니다. 그렇다 하더라도, 근무환경은 경영자나 주주에 매우 달려있다고 생각합니다.

상황 2

Menurut saya, baik atau tidaknya lingkungan kerja tergantung pada perbedaan sudut pandang masing-masing. Misalnya, seorang buruh merasa lingkungan kerjanya masih kurang memuaskan, tetapi pihak manajemen menganggap sudah bagus.

좋고 나쁨은 제가 생각하기에 각자의 시각 차이에 따라 다르다고 생각합니다. 예를들어, 아마도 노동자는 근무환경이 아직 만족스럽지 않다고 생각할 것이고 경영자는 이미 좋다고 여길 것입니다.

상황 3

Menurut OECD, lingkungan kerja di Korea sudah lumayan bagus. Namun, masih ada beberapa perusahaan yang kurang adil dalam hal kebijakan kesejahteraan terhadap para pekerjanya.

OECD에 따르면, 한국의 근무환경은 이미 상당히 좋습니다. 그러나, 근로자에 대한 복지정책에 있어서 공정하지 않은 몇몇 회사들이 아마도 여전히 있습니다.

표현 *Tips*

· 근무환경은 ~에 매우 달려있다 **Lingkungan kerja itu sangat tergantung pada ~.**

· ~는 시각차이에 달려있습니다 **~ tergantung pada perbedaan sudut pandang.**

· ~에 따르면 한국의 근무환경은 ~ 입니다 **Menurut ~, lingkungan kerja di Korea ~.**

어휘 adil 공정한, 공평한 buruh 노동자, 근로자 direksi 경영자, 이사회 kebijakan 정책 kesejahteraan 복지 lingkungan kerja 근무환경 manajemen 경영 pekerja 근로자 pemegang saham 주주 perbedaan sudut pandang 시각 차이

Q 6 Apa pendapat Anda tentang budaya kerja lembur di Korea?

한국의 초과 근무(야근) 문화에 대한 당신의 견해는 무엇인가요? 🎧 L10_07

 샘의 Tips 초과 근무(야근)을 하다라는 표현은 bekerja lembur 또는 melembur를 사용합니다.

&A

자신의 상황에 가장 비슷한 답변을 중심으로 집중 연습해 보세요!

상황 1
Kerja lembur itu sudah biasa di kalangan pekerja di Korea. Walaupun tugas seorang karyawan bukan bidang produksi, tetap bekerja lembur sampai larut malam setiap hari.

초과 근무를 하는 것은 한국의 근로자층에서 이미 습관이 되었습니다. 한 직원의 담당이 생산부문이 아니더라도 여전히 매일 한밤중까지 초과근무를 합니다.

상황 2
Menurut saya, kerja lembur itu perlu, tetapi jangan sampai mengorbankan kehidupan seorang karyawan. Di Korea masih banyak terdapat perusahaan-perusahaan yang memaksakan karyawannya bekerja lembur padahal tidak ada tugas yang mendesak dan tidak dibayar juga.

제 생각에는, 초과 근무는 필요하지만 직원의 삶을 희생시키지 말아야 합니다. 한국에는 직원에게 야근을 강요하는 회사들이 여전히 많지만 시급한 업무도 없고 돈도 주지 않습니다.

상황 3
Katanya, dulu kerja lembur itu merupakan sebuah daya penggerak dalam pembangunan negara Korea. Saya pikir waktu Korea sedang dalam proses industrialisasi mungkin ada banyak pekerjaan yang harus diselesaikan dalam sehari sehingga mau tidak mau semuanya bekerja lembur.

야근이 과거에 한국의 발전에 있어서 하나의 원동력이었다고 사람들은 말을 합니다. 제가 생각하기에 한국이 산업화 과정에 있었을 당시에는 하루에 끝내야만 하는 업무가 많이 있었고 그래서 원하든 원하지 않든 모두가 야근을 했을 것입니다.

 표현 Tips
· 비록 ~일지라도 그는 여전히 초과근무를 합니다 **Walaupun ~, dia tetap bekerja lembur.**
· 초과근무는 필요하지만 ~ 하지 말아야 합니다 **Kerja lembur itu perlu, tetapi jangan sampai ~.**
· 이것은 ~에 있어 하나의 원동력입니다 **Ini merupakan sebuah daya penggerak dalam ~.**

어휘 bidang produksi 생산직 daya penggerak 원동력 diselesaikan 끝내다, 마무리되다 industrialisasi 산업화 kerja lembur 야근 memaksakan ~하도록 압박하다 mendesak 시급하다, 절박하다

151

색칠한 단어로 표현을 완성시켜 연습해 보고 다양한 단어를 활용하여 자신에게 맞는 상황을 만들어 반복적으로 연습해 보세요.

Q1

대학생이 선호하는 직업 여행을 좋아하기 때문에, 저는 말레이–인도네시아어 분야의 전문 관광안내사가 되고 싶습니다. 그것 때문에 현재 인도네시아어를 공부하고 있습니다.

Karena saya _____ _____, saya mau menjadi seorang _____ profesional di bidang _____. Untuk itu, saya sedang belajar _____.

Q2

대학생이 선호하는 직업 일부 대학생들은 어렵고 큰 희생이 따름에도 불구하고 고시 준비를 선택합니다.

Sejumlah mahasiswa Korea memilih untuk mengikuti _____ _____ walaupun sulit dan memerlukan _____ _____.

Q3

미래의 직업 한국을 포함한 여러 나라에서 애완동물을 기르는 사람이 점점 많아지고 있습니다. 언급한 현상과 관련하여, 저는 애완동물을 기르는데 필요한 시설들이 점차 발달하여 애견 요가 강사와 같은 새로운 직업이 만들어질 것 같습니다

Semakin banyak orang yang memelihara _____ di berbagai Negara, termasuk di Korea. Sehubungan dengan fenomena tersebut, saya rasa fasilitas pendukung pemeliharaan hewan peliharaan yang semakin berkembang bisa menciptakan _____ _____, seperti _____ _____ untuk anjing.

Q4

직장에서 담당하고 있는 업무 저는 **전자회사**에서 일하고 있으며, 특히 **전략기획** 분야에서 근무 중입니다. 회사에서 저의 업무는 신사업개발이라서 자주 **인수합병** 문제를 처리하고 있습니다.

Saya sedang bekerja di sebuah _____ _____, khususnya di bidang _____ _____. Tugas saya adalah _____ _____ sehingga saya sering menangani soal _____.

Q5

한국의 근무환경 좋고 나쁨은 제가 생각하기에 각자의 **시각** 차이에 따라 다르다고 생각합니다. 예를들어, 아마도 **노동자는** 근무환경이 아직 만족스럽지 않다고 생각할 것이고 **경영자는** 이미 좋다고 여길 것이기 때문입니다.

Menurut saya, baik atau tidaknya lingkungan kerja tergantung pada _____ masing-masing. Misalnya, seorang _____ merasa lingkungan kerjanya masih kurang memuaskan, tetapi _____ menganggap sudah bagus.

Q6

한국의 초과근무(야근) 문화 야근이 과거에 **한국의 발전에** 있어서 하나의 원동력이었다고 사람들이 말을 합니다. 제가 생각하기에 한국이 **산업화** 과정에 있었을 당시에는 하루에 끝내야만 하는 업무가 많이 있었고 그래서 **원하든 원하지 않든** 모두가 야근을 했을 것입니다.

Katanya, dulu kerja lembur itu merupakan sebuah _____ _____ _____ _____. Saya pikir waktu Korea sedang dalam proses _____ mungkin ada banyak pekerjaan yang harus diselesaikan dalam sehari sehingga _____ semuanya bekerja lembur.

인도네시아어 회화 표현 **UP 10**

일/직업에 관한 다양한 표현을 응용할 수 있는 표현 Tip들입니다.

1 이 직업을 위해, 당신은 훌륭한 의사소통 기술을 보유해야만 합니다.
Untuk pekerjaan ini, Anda harus memiliki teknik komunikasi yang baik.

2 몇몇 학교가 이 직업을 위한 정규교육을 제공하고 있습니다.
Terdapat beberapa sekolah yang menyediakan pendidikan *formal* untuk pekerjaan ini.

이 직업은 관심이 있고 필요한 기술을 가진 누구에게나 열려 있습니다.
3 Pekerjaan ini terbuka untuk siapa saja yang berminat dan memiliki keahlian yang dibutuhkan.

4 이 전문적인 직업은 많은 사람에게 꿈의 직업입니다.
Pekerjaan profesional ini adalah sebuah pekerjaan impian bagi banyak orang.

5 당신은 점점 이 일을 하는 것이 흥미로울 것입니다.
Anda akan semakin tertarik untuk melakukan pekerjaan ini.

6 매니저로서 당신은 고객에 대한 책임이 있습니다.
Sebagai seorang manajer, Anda memiliki tanggung jawab terhadap klien Anda.

매니저가 하는 일은 제품에 대한 고객의 불만과 바람을 듣는 것입니다.
7 Pekerjaan yang dilakukan seorang manajer adalah mendengarkan keluhan dan keinginan klien terhadap produknya.

8 이 일은 특허에 적용할 수 있는 창의적인 아이디어가 필요합니다.
Pekerjaan ini memerlukan ide-ide kreatif yang dapat dipatenkan.

9 당신의 전문성을 허비하지 마십시오.
Jangan sia-siakan keahlian Anda.

10 이 분야의 전문성은 모든 사람이 보유하고 있는 전문성이 아닙니다.
Keahlian di bidang ini merupakan keahlian yang tidak dimiliki semua orang.

11 이 전문성을 갖고 있는 사람들은 이미 미래를 위한 자본을 보유한 것입니다.
Orang yang sudah memiliki keahlian ini sebenarnya sudah memiliki modal untuk masa depan.

12 이 자격증은 제 소득의 근원이 될 것입니다.
Sertifikat ini akan menjadi sumber penghasilan saya.

13 모든 사람은 이 직업이 많은 월급을 받을 수 있다고 이미 알고 있습니다.
Semua orang sudah tahu bahwa pekerjaan ini menghasilkan gaji yang besar.

14 IT 전문가가 되고자 하는 사람은 반드시 특별 프로그램과 엄격한 시험을 통과해야 합니다.
Orang yang mau menjadi ahli teknologi informasi harus melewati program khusus dan ujian yang ketat.

15 당신은 이 사업면허를 획득한 첫 번째 사람이 될 수 있습니다.
Anda bisa menjadi orang pertama yang memperoleh lisensi bisnis ini.

16 공인회계사로서의 직업은 아마도 당신에게 맞을 것입니다.
Pekerjaan sebagai seorang akuntan publik mungkin cocok untuk Anda.

17 이 직업은 당신이 특별 자격증을 보유하는 것을 필수로 합니다.
Pekerjaan ini mengharuskan Anda untuk memiliki sertifikat khusus.

18 성공하기 위해서 당신은 좋은 평판을 쌓아야 합니다.
Untuk menjadi sukses Anda perlu membangun reputasi yang baik.

19 이 일은 즐겁고 유연성있는 일입니다.
Pekerjaan ini adalah yang menyenangkan dan fleksibel.

20 저는 항상 제 회사의 모든 고객을 위한 봉사자로 일하려는 태도를 취합니다.
Saya selalu bersikap untuk melayani para klien perusaahan saya.

1. pe - 접두사

pe - 접두사는 pe + 어근 형태로 결합하여 행위자와 도구(수단)를 나타냅니다.

구 분		예 시	
1. 행위자	pe+lukis (그림을 그리다)	➡	pelukis (화가)
	pe+dengar (듣다))	➡	pendengar (청취자)
	pe+musik (음악)	➡	pemusik (연주자, 음악가)
2. 도구(수단)	pe+hapus (지우다)	➡	penghapus (지우개)
	pe+bersih (깨끗한)	➡	pembersih (청소도구, 청소기)
	pe+garis (선, 줄)	➡	penggaris (자)

pe-접두사가,

- n. l. m으로 시작하는 어근과 결합할 때 :   pe + 단어
- c. j. d로 시작하는 어근과 결합할 때   pe + n (추가) + 단어
- t로 시작하는 어근과 결합할 때   pe + n (t가 n으로 대체) + 단어   예 tari ➡ penari
- b. v로 시작하는 어근과 결합할 때   pe + m (추가) + 단어
- p로 시작하는 어근과 결합할 때   pe + m (p가 m으로 대체) + 단어   예 potong ➡ pemotong
- s로 시작하는 어근과 결합할 때   pe + ny (s가 ny로 대체) + 단어   예 siram ➡ penyiram
- 모음 (a. e. i. o. u). h. g로 시작하는 어근과 결합할 때   pe + ng (추가) + 단어
- k로 시작하는 어근과 결합할 때   pe + ng (k가 ng로 대체) + 단어   예 kembang ➡ pengembang
- 단음절로 시작하는 어근과 결합할 때   pe + nge (추가) + 단어   예 bom ➡ pengebom

2. pe - an 접환사

pe - an 접환사는 pe + 어근 + an 형태로 결합하여 어근을 명사로 만들어 주는데, me - 접두사 타동사에서 유래한 파생명사라고 할 수 있습니다. pe - an 접환사도 pe - 접두사와 마찬가지로 결합하는 어근의 첫소리에 따라 아래와 같이 바뀌며 규칙은 위 pe - 접두사의 경우와 같습니다.

구 분		예 시
1. pe-an	pe-an+nilai. latar. mandi	➡ penilaian. pelataran. pemandian
2. pen-an	pe-an+cuci. jual. data	➡ pencucian. penjualan. pendataan
	pe-an+tari	➡ penarian
3. pem-an	pe-an+baru. vonis	➡ pembaruan. pemvonisan
	pe-an+pakai	➡ pemakaian
4. peny-an	pe-an+siram	➡ penyiraman
5. peng-an	pe-an+asap. hijau. gendong	➡ pengasapan. penghijauan. penggendongan
	pe-an+kembang	➡ pengembangan
6. penge-an	pe-an+bom. cat. tik	➡ pengeboman. pengecatan. pengetikan

Berbicara tentang Topik Terkini

시사/토픽에 대해 말하기

노하우
Tips

최근 시사나 토픽에 대한 질문은 수험생의 관심과 노력이 최선의 해결책입니다. OPI 시험 응시 2~3주 전부터 한국과 인도네시아에 관한 기사를 틈틈이 체크하여 준비하십시오. 시험 당일 아침까지 휴대전화 등을 활용하여 최근 시사에 관해 공부하시기 바랍니다.

최소 2~3개의 최근 시사나 상식을 준비해야 하며, 시사나 토픽에 대한 수험생의 의견을 묻는 질문을 주로 하므로 논리적인 대답을 할 수 있어야 합니다. 사회적 이슈, 기후, 환경, 노령인구, 농촌문제, 도시문제, 건강 등 큰 틀에서 토픽을 관찰하면 됩니다. ~ 이슈에 대해 ~게 생각하나요?라는 식의 질문이 대부분이므로 해당 이슈나 토픽에 대해 알고 있는 것이 중요한 게 아니라, 그 토픽에 대한 여러분의 논리적인 생각이 가장 중요합니다.

Tip **01**

시험 2~3주 전부터 한국과 인도네시아의 최근 시사나 사회적 이슈 등 살펴보기!

Tip **02**

시험 당일까지 휴대전화로 뉴스를 검색하여 머릿속에 정리하기!

Tip **03**

최근 시사나 사회적 이슈에 대한 자신의 논리적인 생각이 중요함!

Tip **04**

모르는 시사에 대해 질문 받더라도 당황하지 않고,
알고 있는 내용으로 대화를 유도하기!

🎧 L11_01

Q1 Apa saja yang menjadi isu sosial sebagai akibat dari penggunaan *internet* oleh pemuda?

청소년의 인터넷 사용에 따른 사회적 이슈는 무엇인가요?

Q2 Apa dampak dari gim ponsel terhadap pemuda?

핸드폰 게임이 청소년에게 미치는 영향은 무엇인가요?

Q3 Bagaimana menurut Anda tentang operasi plastik?

성형수술에 대해 어떻게 생각하나요?

Q4 Apa penyebab dan dampak perubahan iklim?

기후변화의 원인과 영향은 무엇인가요?

Q5 Apa perbedaan antara perkotaan dan pedesaan?

도시와 농촌의 차이점은 무엇인가요?

Q6 Apa pendapat Anda tentang fenomena penuaan usia penduduk?

인구 고령화 현상에 대해 어떻게 생각하나요?

Q 1 Apa saja yang menjadi isu sosial sebagai akibat dari penggunaan *internet* oleh pemuda?

청소년의 인터넷 사용에 따른 사회적 이슈는 무엇인가요? L11_02

 샘의 *Tips* 긍정적 영향은 dampak (pengaruh) positif,
부정적 영향은 dampak (pengaruh) negatif로 표현합니다.

&A 자신의 상황에 가장 비슷한 답변을 중심으로 집중 연습해 보세요!

상황 1 Banyak waktu yang dihabiskan untuk *online* dapat membuat para pemuda tidak peduli dan lupa dengan aktivitas lainnya atau kehidupan sekitar mereka. Jadi, hal ini dapat menjadi isu sosial yang serius pada generasi pemuda.

온라인을 위해 많은 시간을 사용하여 청소년들이 다른 활동이나 그들의 주변 생활에 무관심하고 잊을 수 있습니다. 따라서, 이 문제는 청소년 세대에서 심각한 사회적 이슈가 될 수 있습니다.

상황 2 Setahu saya, masalah kecanduan sebagai akibat dari penggunaan *internet* semakin menjadi salah satu isu sosial di Korea. Karena *internet* memberikan dampak negatif pada perilaku pemuda secara langsung.

제가 알기로는, 인터넷 사용으로 일어나는 중독은 한국에서 점점 사회적 이슈가 되고 있습니다. 인터넷이 청소년의 행동에 직접적으로 부정적인 영향을 미치기 때문입니다.

상황 3 Menurut saya, yang menjadi isu sosial sebagai akibat dari penggunaan *internet* di kalangan pemuda adalah mereka mendapat nilai yang buruk dan tinggal jauh dalam pelajarannya.

제 생각에는, 청소년층에서 인터넷 사용으로 사회적 문제가 되는 것은 그들의 학업 성적이 나빠지고 학업을 게을리한다는 것입니다.

 표현 *Tips*
· ~를 위해 사용한 시간은 ~할 수 있습니다 **Waktu yang dihabiskan untuk ~ dapat ~.**
· ~의 사용은 점점 사회적 이슈가 되고 있습니다 **Penggunaan ~ semakin menjadi isu sosial.**
· ~의 결과로 사회적 이슈가 되고 있는 것은 ~ 입니다
Yang menjadi isu sosial sebagai akibat dari ~ adalah ~.

어휘 **dampak negatif** 부정적인 영향 **generasi** 세대 **kecanduan** (=adiksi) 중독 **peduli** 관심을 기울이다,
염려하다 **perilaku** 행동, 행위 **tinggal jauh** ~에서 멀어지다

핸드폰 게임

Q2 Apa dampak dari gim ponsel terhadap pemuda?

핸드폰 게임이 청소년에게 미치는 영향은 무엇인가요? L11_03

샘의 Tips

휴대전화는 ponsel, telepon genggam이라고 합니다.

&A 자신의 상황에 가장 비슷한 답변을 중심으로 집중 연습해 보세요!

상황 1

Menurut saya, ponsel, seperti *smartphone* bisa membuat para pemuda kecanduan. Alasan saya berpikir begitu karena mereka terus mengecek SNS atau jejaring sosial melalui ponselnya.

제 생각으로는, 스마트폰과 같은 휴대전화는 청소년들을 중독되게 만듭니다. 제가 그렇게 생각하는 이유는 청소년들이 핸드폰으로 SNS나 사회관계망을 계속해서 확인하기 때문입니다.

상황 2

Saya pikir banjirnya informasi dari dunia maya membuat para pemuda tidak memilah informasi yang benar dan salah.

사이버 상에서 넘쳐나는 많은 정보들이 청소년들로 하여금 그 정보가 옳은지 아닌지를 구별할 수 없게 만든다고 생각합니다.

상황 3

Seorang pengguna ponsel, seperti pemuda mungkin saja tidak menyadari betapa banyak waktu yang dipakai olehnya untuk menggunakannya. Akibatnya, dia lupa belajar.

청소년과 같은 핸드폰 이용자는 아마도 핸드폰을 사용하는데 그가 얼마나 많은 시간을 사용했는지 인지하지 못할 수 있습니다. 결국에, 그는 학업을 잊을 것입니다.

표현 Tips

- ~는 ~가 중독되게 만들 수 있습니다 ~ **bisa membuat** ~ **kecanduan**.
- 이것은 ~가 ~을 구별할 수 없게 만듭니다 **Ini membuat** ~ **tidak memilah** ~.
- 이것은 ~가 ~를 인지하지 못하게 만들 수 있습니다 **Ini dapat membuat** ~ **tidak menyadari** ~.

어휘 banjirnya 넘쳐나다 betapa 얼마나 dunia maya 사이버 gim 게임 jejaring sosial 사회관계망(SNS) kecanduan 중독된, 중독되다 memilah 나누다, 구별하다 mengecek ~를 확인하다 menyadari 인지하다 pengguna 이용자

161

Q3 Bagaimana menurut Anda tentang operasi plastik?

성형수술에 대해 어떻게 생각하나요?

 L11_04

 샘의 Tips (환자가) 수술을 받다는 menjalani operasi 또는 dioperasi로, (의사가) 수술을 하다는 mengoperasikan으로 표현하면 됩니다.

&A

자신의 상황에 가장 비슷한 답변을 중심으로 집중 연습해 보세요!

상황 1
Menurut saya, standar kecantikan di Korea kurang realistis. Jadi, banyak orang berpikir pendek dan menjalani operasi plastik tanpa memikirkan efek sampingnya.

저는 한국의 아름다움의 기준이 비현실적이라고 생각합니다. 그래서, 많은 사람이 짧게 생각하고 부작용에 대한 생각을 하지 않고 성형수술을 받습니다.

상황 2
Kalau ada seorang yang punya masalah di bagian muka, saya pikir menjalani operasi plastik itu tidak masalah dan tindakan medis itu barangkali bisa membuat dia hidup berbahagia.

얼굴 부위에 문제가 있는 사람이 있다면, 성형수술을 받는 것은 문제가 되지 않으며 그 의료조치로 그는 행복하게 살 수 있다고 생각합니다.

상황 3
Sebenarnya, saya kurang tahu apakah operasi plastik itu diperlukan atau tidak. Kalau melihat tren saat ini di Korea, kelihatannya kalangan generasi muda Korea menganggap operasi plastik itu dibutuhkan untuk penampilan mereka, terutama wajahnya.

사실, 저는 성형수술이 필요한지 그렇지 않은지 잘 모릅니다. 한국의 현재의 트렌드를 보면, 젊은 세대층은 그들의 외모, 특히 얼굴을 위해 성형수술이 필요하다고 여기는 것 같습니다.

 표현 Tips
· 그는 ~를 생각하지 않고 수술을 받습니다 **Dia menjalani operasi tanpa memikirkan ~.**
· 그 조치는 그가 ~하도록 만들 수 있습니다 **Tindakan itu bisa membuat dia ~.**
· 그는 ~가 ~를 위해 필요하다고 여깁니다 **Dia menganggap ~ dibutuhkan untuk ~.**

어휘   efek samping 부작용   kelihatannya 보기에는, ~하는 듯 하다   operasi plastik 성형수술   realistis 현실적인   standar 표준, 기준   tindakan medis 의료조치

Q4 Apa penyebab dan dampak perubahan iklim?

기후변화의 원인과 영향은 무엇인가요?

 L11_05

셈의 *Tips* 기후변화를 나타낼 때의 표현으로, pertukaran iklim은 계절변화에 따른 기후 변화의 의미에 가깝기 때문에 perubahan iklim을 사용하는 것이 맞습니다.

&A

자신의 상황에 가장 비슷한 답변을 중심으로 집중 연습해 보세요!

상황 1

Menurut saya, aktivitas manusia, seperti penebangan hutan secara liar menyebabkan perubahan iklim. Hal ini mengakibatkan berbagai bencana alam, seperti banjir.

제 생각으로는, 불법적인 산림 벌목과 같은 인류의 행위가 기후변화를 일으킵니다. 이것이 홍수와 같은 다양한 자연재해를 발생시킵니다.

상황 2

Menurut saya, fenomena pemanasan global sebagai akibat dari aktivitas manusia menyebabkan perubahan iklim. Pada akhirnya, peristiwa perubahan iklim ini bisa saja menimbulkan wabah penyakit, seperti penyakit pernapasan.

제 생각에는, 인류의 행위로 야기되는 지구온난화 현상이 기후변화를 초래합니다. 결국에, 이 기후변화 현상은 호흡기 질병과 같은 전염병을 퍼뜨릴 수 있습니다.

상황 3

Berdasarkan media massa, perubahan iklim terjadi karena peristiwa efek rumah kaca. Fenomena tersebut dapat mengakibatkan kekeringan dan kekurangan sumber air di bumi ini.

대중매체에 따르면, 기후변화는 온실효과 때문에 발생합니다. 언급한 현상은 지구상의 가뭄과 물 부족을 일으킬 수 있습니다.

 표현 *Tips*

· 이것은 다양한 ~를 야기합니다 **Hal ini mengakibatkan berbagai ~.**

· ~의 결과로서 ~의 현상은 ~를 야기합니다 **Fenomena ~ sebagai akibat dari ~ menyebabkan ~.**

· 그 일은 ~때문에 발생합니다 **Hal itu terjadi karena ~.**

어휘　efek rumah kaca 온실효과 kekeringan 가뭄 kekurangan 부족, 결핍 liar 불법적인, 야생의 menimbulkan ~을 야기하다 pemanasan global 지구온난화 penebangan 벌목, 벌채 penyakit pernapasan 호흡기 질병 peristiwa 사건, 현상 wabah 전염병

Q 5 Apa perbedaan antara perkotaan dan pedesaan?

도시와 농촌의 차이점은 무엇인가요? L11_06

샘의 Tips kota vs. perkotaan과 desa vs. pedesaan는 의미상 차이가 있습니다.
행정구역 측면 kota(도시), desa(마을, 촌락)
위치/장소 perkotaan (도시 지역), pedesaan (시골, 농촌)

 자신의 상황에 가장 비슷한 답변을 중심으로 집중 연습해 보세요!

상황 1

Pada umumnya, orang kota tidak mau bergantung pada orang lain. Mereka bersifat individualis. Sedangkan, orang desa hidup bermasyarakat dan saling mengenal.

일반적으로 도시 사람은 다른 사람에게 의존하고 싶어하지 않습니다. 그들은 개인주의자 성향입니다. 한편, 농촌 사람은 서로를 알고 지내는 어울림의 삶을 살고 있습니다.

상황 2

Masyarakat perkotaan berinteraksi berdasarkan pada faktor kepentingan daripada faktor pribadi. Sedangkan, masyarakat pedesaan mempunyai hubungan yang lebih mendalam dan erat.

도시는 개인적인 요인보다 중요도 요인에 기초하여 상요작용이 이루어집니다. 한편, 농촌에서는 더 깊고 끈끈한 관계를 갖고 있습니다.

상황 3

Perubahan sosial tampak nyata di perkotaan sebab perkotaan biasanya terbuka dalam menerima pengaruh dari luar. Sedangkan, karena sifat homogen, seperti dalam hal mata pencaharian dan adat istiadat, masyarakat pedesaan tertutup terhadap perubahan.

도시는 외부의 영향을 받아들이는 데 있어서 보통 개방적이기 때문에 사회적 변화가 분명하게 나타납니다. 반면에, 농촌은 소득원과 관습에 있어서와 같이 동질적인 성격을 보이기 때문에 변화에 대해 폐쇄적입니다.

표현 Tips

· 그는 ~에 의존하고 싶어하지 않습니다 **Dia tidak mau bergantung pada ~.**
· ~는 ~에 기초하여 상호작용을 합니다 **~ berinteraksi berdasarkan pada ~.**
· 그는 보통 ~에 폐쇄적입니다 **Dia biasanya tertutup terhadap ~.**

어휘 adat istiadat 전통, 풍습 bergantung pada ~에 의지하다, 의존하다 erat 끈끈한 homogen 동종의, 단일, 동종 individualis 개인주의자 interaksi 상호작용 mata pencaharian 소득원 pengaruh 영향 perubahan 변화 tertutup 폐쇄적인

Apa pendapat Anda tentang fenomena penuaan usia penduduk?

인구 고령화 현상에 대해 어떻게 생각하나요?　 L11_07

샘의 Tips

fenomena ~은 ~ 현상의 뜻으로 놀랍거나 이상스러운 현상을 나타낼 때 사용합니다.

&A

자신의 상황에 가장 비슷한 답변을 중심으로 집중 연습해 보세요!

상황 1

Menurut saya, fenomena penuaan usia penduduk merupakan hal yang sangat serius dalam sosial dan ekonomi. Karena fenomena sosial ini menunjukkan penduduk produktif semakin berkurang, sedangkan beban sosial mereka semakin meningkat.

제 생각으로는, 인구 고령화 현상은 사회와 경제 차원에서 매우 심각한 일입니다. 그 이유는 이러한 사회현상이 생산적인 인구는 점점 줄어드는 반면에 그들의 부담은 점점 늘어나고 있음을 보여주기 때문입니다.

상황 2

Setahu saya, anggaran kesejahteraan, seperti biaya medis, biaya hidup, dan tunjangan hidup semakin meningkat sebagai akibat dari penuaan usia penduduk. Apalagi, karena semakin berumur panjang, beban biaya perawatan medis pun meningkat.

제가 알기로는, 의료비, 생활비 그리고 연금과 같은 복지예산이 인구 고령화로 점점 증가하고 있습니다. 특히, 점차 수명이 길어져서 의료비 부담도 증가하고 있습니다.

상황 3

Berumur panjang itu mungkin satu hal yang sangat membahagiakan. Kita harus berterima kasih pada kemajuan teknologi medis. Yang menjadi masalah sosial, menurut saya, adalah penduduk di dunia, termasuk Korea semakin tua, tetapi generasi muda tidak mau melahirkan keturunannya.

장수한다는 것은 매우 행복한 일입니다. 우리는 의료기술의 발전에 감사해야 합니다. 제 생각으로는, 사회적인 문제가 되는 것은, 한국을 포함한 세계의 인구가 점차 늙어가지만 젊은 세대가 후손을 낳는 것을 원치 않는다는 것입니다.

표현
Tips

· 이 현상은 ~를 보여줍니다　**Fenomena ini menunjukkan ~.**

· ~는 ~의 결과로서 점점 증가합니다　**~ semakin meningkat sebagai akibat dari ~.**

· 사회적인 문제가 되는 것은 ~ 입니다　**Yang menjadi masalah sosial adalah ~.**

어휘　anggaran kesejahteraan 복지예산 berumur panjang 장수하다 fenomena penuaan usia penduduk 인구 고령화 현상 keturunan 후손 menunjukkan ~를 보여주다 penduduk produktif 생산적 인구 teknologi medis 의료기술 tunjangan hidup 연금

색칠한 단어로 표현을 완성시켜 연습해 보고 다양한 단어를 활용하여 자신에게 맞는 상황을 만들어 반복적으로 연습해 보세요.

Q1

청소년의 인터넷 사용 이슈　　제가 알기로는, 인터넷 사용으로 일어나는 중독은 한국에서 점점 사회적 이슈가 되고 있습니다. 인터넷이 청소년의 행동에 직접적으로 부정적인 영향을 미치기 때문입니다.

Setahu saya, masalah _____ sebagai akibat dari penggunaan *internet* semakin menjadi salah satu _____ _____ di Korea. Karena *internet* memberikan _____ _____ pada perilaku pemuda secara langsung.

Q2

핸드폰 게임의 영향　　사이버 상에서 넘쳐나는 많은 정보들이 청소년들로 하여금 그 정보가 옳은지 아닌지를 구별할 수 없게 만든다고 생각합니다.

Saya pikir banjirnya informasi dari _____ _____ membuat para pemuda _____ _____ informasi yang benar dan salah.

Q3

성형수술　　저는 한국의 아름다움의 기준이 비현실적이라고 생각합니다. 그래서, 많은 사람이 짧게 생각하고 부작용에 대한 생각을 하지 않고 성형수술을 받습니다.

Saya pikir standar _____ di Korea _____ _____. Jadi, banyak orang berpikir pendek dan menjalani operasi plastik tanpa memikirkan _____.

Q4 기후변화   대중매체에 따르면, 기후변화는 온실효과 때문에 발생하고 지구상의 가뭄과 물 부족을 일으킬 수 있습니다.

Berdasarkan _____, perubahan iklim terjadi karena peristiwa _____ _____ dan fenomena tersebut dapat mengakibatkan _____ dan _____ di bumi ini.

Q5 도시와 농촌의 차이   일반적으로 도시 사람은 다른 사람에게 의존하고 싶어하지 않습니다. 그들은 개인주의자 성향입니다. 한편, 농촌 사람은 서로를 알고 지내는 어울림의 삶을 살고 있습니다.

Pada umumnya, orang kota tidak mau bergantung pada _____ _____. Mereka bersifat _____. Sedangkan, _____ _____ hidup bermasyarakat dan saling mengenal.

Q6 인구 고령화결혼 여부   제가 알기로는, 의료비, 생활비 그리고 연금과 같은 복지예산이 인구 고령화로 점점 증가하고 있습니다. 특히, 점차 수명이 길어져서 의료비 부담도 증가하고 있습니다.

Setahu saya, anggaran kesejahteraan, seperti _____, _____, dan _____ semakin meningkat sebagai akibat dari _____. Apalagi, karena semakin berumur panjang, _____ biaya perawatan medis pun meningkat.

인도네시아어 회화 표현 UP 11

시사/토익에 관한 다양한 표현을 응용할 수 있는 표현 Tip들입니다.

1 정부는 심각하게 인터넷 중독 문제를 다루고 있습니다.
Pemerintah sedang menangani masalah kecanduan *internet* secara serius.

2 한국은 인터넷 접속이 매우 빠릅니다.
Korea memiliki akses *internet* berkecepatan sangat tinggi.

3 인터넷은 오히려 중독 수준의 증가와 같은 부정적인 영향을 초래합니다.
Internet justru membawa dampak negatif, seperti meningkatnya tingkat kecanduan.

4 정부는 상담과 특별 심리치료를 제공합니다.
Pemerintah memberikan konseling dan pengobatan psikologis secara khusus.

5 인터넷과 핸드폰에 대한 청소년들의 중독 수준은 점점 감소되고 있습니다.
Tingkat kecanduan para remaja terhadap *internet* dan ponsel semakin menurun.

6 인터넷 중독은 사용시간으로 알 수 있습니다.
Kecanduan terhadap *internet* terlihat dari lamanya waktu yang digunakan.

7 인터넷 중독 장애는 인터넷과 연관된 모든 것을 포함합니다.
Masalah kecanduan *internet* meliputi segala macam hal yang negatif berhubungan dengan *internet*.

8 인터넷 중독 증세는 도박중독의 형태와 가깝습니다.
Gejala kecanduan *internet* mirip dengan gejala kecanduan judi.

9 이 중독 증세는 현실 세계에서 장애가 있는 사람들이 갖고 있습니다.
Kecenderungan kecanduan ini dimiliki oleh mereka yang memiliki gangguan dalam dunia nyata.

10 한국에는 인터넷 중독을 치료하기 위한 재활원이 이미 설립되었습니다.
Di Korea telah berdiri panti rehabilitasi untuk menyembuhkan kecanduan *internet*.

OPI 시험에서 꼬리를 무는 질문이 나와도 당황하지 않고 나만의 표현을 할 수 있도록 다양한 표현들을 익혀 봅시다!

11 요즘 많은 사람들이 핸드폰 사용에 중독되어 있습니다.
Pada zaman sekarang banyak orang kecanduan ponsel.

12 핸드폰의 과도한 사용은 해로울 수 있습니다.
Penggunaan ponsel berlebihan bisa merugikan.

13 부정적인 영향을 줄 수 있으므로 사용자는 핸드폰 사용 시간을 제한해야 합니다.
Pengguna harus membatasi waktu memakai ponsel karena bisa berdampak negatif.

14 중독에 맞서기 위해, 하루에 몇 분 정도 핸드폰을 끄십시오.
Untuk melawan kecanduan, matikan ponsel beberapa menit sehari.

15 핸드폰은 집중력을 깨고 사고로 이어질 수 있습니다.
Ponsel bisa memecah konsentrasi hingga berujung pada kecelakaan.

16 현실 세계에서의 대화는 핸드폰을 통한 대화로 대체될 수 없습니다.
Komunikasi langsung tidak dapat digantikan dengan komunikasi lewat ponsel.

17 많은 운동을 하고 당신의 핸드폰을 내버려 두십시오.
Lakukan banyak olahraga dan tinggalkan ponsel Anda.

18 최상의 조치는 현명하게 핸드폰을 사용하는 것입니다.
Langkah yang terbaik adalah menggunakan ponsel dengan bijaksana.

19 우리는 지구를 지키고 보존하기 위해 노력해야 합니다.
Kita harus berupaya untuk menjaga dan melestarikan bumi ini.

20 기후변화 현상은 갑자기 발생하지 않습니다.
Peristiwa perubahan iklim tidak terjadi secara tiba-tiba.

문법 Tips 11

1. per - 접두사

per - 접두사는 per + 어근 형태로 결합하여 명령을 나타내는 동사를 만듭니다. 또한, mem - 의 형태로 타동사를 나타내기도 합니다. 예를 들어, mempertajam은 ~를 예리하게 만들다의 뜻이 됩니다.

- per + tajam (예리한, 날카로운) ➡ pertajam! (예리하게 하세요!)
- per + tegas (분명한, 명백한) ➡ pertegas! (확실하게 하세요!)
- per + banyak (많은) ➡ perbanyak! (많이 해 주세요!)
- per + lambat (늦은) ➡ perlambat! (지연시키세요!)
- per + lancar (원활한) ➡ perlancar! (원활하게 해주세요!)
- per + kecil (작은) ➡ perkecil (줄여주세요!)

2. per - an 접환사

per - an 접환사는 per + 어근 + an 형태로 결합하여 인위적 것, 변화/과정, 장소 등을 나타내는 명사를 만듭니다. 일반적으로 ber - 접두사 자동사에서 파생된 명사라고 볼 수 있습니다. 또한, 어근의 첫소리에 따라 per - an, pel - an 등으로 바뀝니다.

구 분	예 시	
	a, s, d, k, j, u 등으로 시작하는 어근과 결합할 때 변화없음	
1. per-an	• per - an + adil (공정한)	➡ peradilan (재판)
	• per - an + sama (동일한, 같은)	➡ persamaan (동등, 유사)
	• per - an + damai (평화로운)	➡ perdamaian (평화) 인위
	• per - an + kawin (결혼하다)	➡ perkawinan (결혼)
	• per - an + kota (도시)	➡ perkotaan (도시) 장소
	• per - an + juang (투쟁하다)	➡ perjuangan (투쟁)
	• per - an + ubah (변하다)	➡ perubahan (변화) 변화
	a, l로 시작하는 어근과 결합할 때 r이 탈락, 단 ajar의 경우에는 r이 l로 대체	
2. pel-an	• per - an + ajar (교육, 지도)	➡ pelajaran (수업)
	• per - an + lapor (보고하다)	➡ pelaporan (보고)
	• per - an + langgar (충돌하다, 위반하다)	➡ pelanggaran (충돌, 위반)

Berbicara tentang Cuaca/Musim

날씨/계절에 대해 말하기

학습내용

노하우
Tips

계절이나 날씨에 대한 토픽 중 자주 출제되는 부분은 선호하는 계절, 여행하기 좋은 계절, 특정계절 소개하기 등입니다. 한국의 계절에 대해서 주로 질문하는 만큼 계절별 특징을 숙지해야 할것입니다.

선호하는 계절이나 여행하기 좋은 계절 등에 대해 대답할 때에는 왜 그 계절이 좋은지에 대한 논리적인 설명이 반드시 뒷받침되어야 합니다. 예를 들어, 어느 계절을 좋아합니까?라는 질문은 왜 그 계절이 좋습니까?를 물어보는 질문이라고 해석할 수 있습니다. 계절별 특징을 중심으로 학습해 보세요.

Tip **01**

계절별 특징에 대한 답변 준비하기!

Tip **02**

선호하는 계절, 여행하기 좋은 계절과 이유 정리하기!

Tip **03**

단답형의 대답보다는 최소 두 문장 정도의 논리로 전개하기!

Tip **04**

외국인의 관점에서 한국의 계절에 대해 생각해 보기!

🎧 L12_01

Q1 Musim apa yang Anda suka dan apa alasannya?

당신이 선호하는 계절과 이유는 무엇인가요?

Q2 Musim apa yang terbaik bagi wisatawan asing untuk berwisata?

외국인 관광객이 관광하기에는 어느 계절이 가장 좋은가요?

Q3 Apa perbedaan musim di Korea dan di Indonesia?

한국과 인도네시아의 계절에는 무슨 차이가 있나요?

Q4 Bagaimana musim panas di Korea?

한국의 여름은 어떻습니까?

Q5 Bagaimana musim gugur di Korea?

한국의 가을은 어떻습니까?

Q6 Bagaimana musim dingin di Korea?

한국의 겨울은 어떻습니까?

Q1 Musim apa yang Anda suka dan apa alasannya ?

당신이 선호하는 계절과 이유는 무엇인가요?

 L12_02

셈의 Tips buah는 하나의 과일을 의미하고 buah-buahan은 과일류, 즉 다양한 과일을 의미합니다.

자신의 상황에 가장 비슷한 답변을 중심으로 집중 연습해 보세요!

상황 1

Saya lebih suka musim semi yang dimulai pada bulan Maret hingga bulan Mei karena pemandangannya sangat indah dengan bunga-bunga yang bermekaran. Saya pikir musim semi adalah musim untuk para wanita.

저는 개화한 꽃들로 전경이 매우 아름다운 3월부터 5월까지의 봄을 더 선호합니다. 저는 봄이 여성들을 위한 계절이라고 생각합니다.

상황 2

Saya lebih suka musim panas karena banyak terdapat buah-buahan, seperti semangka, melon, dan buah persik. Musim panas di Korea dimulai pada bulan Juni hingga bulan Agustus.

여름에는 수박, 멜론 그리고 복숭아와 같은 과일들이 나오기 때문에 여름을 저는 더 선호합니다. 한국의 여름은 6월에 시작되어 8월까지입니다.

상황 3

Selama musim gugur masyarakat Korea senang mendaki gunung untuk menikmati pemandangan indah yang tercipta di musim gugur. Saya juga lebih suka musim gugur karena saya juga senang melihat pohon dan daun-daunan yang berwarna-warni.

가을 동안에 한국 사람들은 가을에 만들어진 아름다운 전경을 즐기기 위해 산에 오르는 것을 좋아합니다. 저도 다채로운 나무와 단풍을 보는 것이 즐겁기 때문에 때문에 가을을 더 선호합니다.

표현 Tips
- 저는 ~ 때문에 ~ 계절을 선호합니다 **Saya lebih suka musim ~ karena ~.**
- 한국의 ~ 계절은 ~월에 시작하여 ~월까지입니다
  Musim ~ di Korea dimulai pada bulan ~ hingga bulan ~.
- 그는 ~을 즐기기 위해 등산가는 것을 좋아합니다
  Dia senang mendaki gunung untuk menikmati ~.

어휘 bermekaran 개화하다 berwarna-warni 다양한 색깔의, 형형색색의 buah persik 복숭아 daun-daunan yang berjatuhan 낙엽 daun-daunan yang berwarna-warni 단풍 mendaki ~에 오르다

Musim apa yang terbaik bagi wisatawan asing untuk berwisata?

외국인 관광객이 관광하기에는 어느 계절이 가장 좋은가요? 🎧 L12_03

샘의 Tips

berbunga는 꽃이 피다, bermekaran은 (꽃이) 만발하다라는 의미가 강합니다.

&A

자신의 상황에 가장 비슷한 답변을 중심으로 집중 연습해 보세요!

 Karena suhu yang hangat dan menyegarkan, menjadikan musim semi sebagai musim yang paling *ideal* untuk wisatawan asing berwisata ke Korea. Mereka dapat menyaksikan bunga-bunga bermekaran yang begitu indah.

봄은 춥지 않고 상쾌한 온도 때문에 봄은 한국을 여행하는 외국인 관광객에게 가장 이상적인 계절입니다. 그들은 매우 아름답게 핀 꽃들을 볼 수 있습니다.

 Musim panas adalah musim untuk orang-orang yang suka pergi ke pantai. Musim panas adalah musim yang tepat bagi wisatawan asing yang senang menyelam atau berselancar di laut.

여름은 해변에 가는 것을 좋아하는 사람들을 위한 계절입니다. 여름이 바다에서 다이빙이나 서핑하기를 좋아하는 외국인 관광객에게 적당한 계절입니다.

상황 3 Karena dapat menikmati berbagai olahraga musim dingin, seperti *ski*, *snowboard*, dan memancing di es, saya pikir musim dingin adalah musim yang paling *ideal* bagi wisatawan asing yang suka olahraga musim dingin.

스키, 스노보드, 얼음낚시와 같은 다양한 겨울 스포츠를 즐길 수 있기 때문에 겨울 스포츠를 좋아하는 외국인 관광객에게는 겨울이 가장 이상적이라고 생각합니다.

 표현 Tips

- ~ 계절은 ~ 때문에 외국인 관광객에게 가장 이상적입니다
  Musim ~ paling *ideal* untuk wisatawan asing karena ~.

- ~ 계절은 ~를 좋아하는 사람을 위한 계절입니다
  Musim ~ adalah musim untuk orang yang suka ~.

- ~ 계절에 그는 ~와 같은 다양한 ~를 즐길 수 있습니다
  Pada musim ~ dia bisa menikmati berbagai ~, seperti ~.

어휘   berselancar 서핑하다   menyaksikan 확인하다, 목격하다   paling *ideal* 가장 이상적인   memancing di es 얼음낚시   penyelaman 다이빙   selancar 서핑   terbaik 가장 좋은, 최상의

Q 3 Apa perbedaan musim di Korea dan di Indonesia ?

한국과 인도네시아의 계절에는 무슨 차이가 있나요? L12_04

 샘의 Tips 건기/우기를 위한 표현은 아래와 같습니다.

건기 musim kemarau, musim kering 우기 musim hujan, musim penghujan

 &A 자신의 상황에 가장 비슷한 답변을 중심으로 집중 연습해 보세요!

상황 1 Setahu saya, Indonesia memiliki dua musim saja, yaitu musim kemarau dan musim hujan. Sedangkan, iklim Korea dibedakan menjadi empat musim, yaitu musim semi, musim panas, musim gugur, dan musim dingin.

제가 알기로는, 인도네시아는 건기와 우기의 두 종류의 계절이 있습니다. 한편, 한국의 기후는 4계절, 즉 봄, 여름, 가을, 겨울로 구분됩니다.

상황 2 Karena belum pernah ke Indonesia, saya kurang tahu soal perbedaan musim antara kedua negara. Menurut informasi yang saya dapatkan, iklim Indonesia adalah tropis, sedangkan Korea beriklim sedang.

인도네시아에 가본 적이 없어서 저는 두 나라 간 계절의 차이점을 잘 모릅니다. 제가 얻은 정보에 따르면, 인도네시아 기후는 열대성인 반면에 한국은 온대성 기후입니다.

상황 3 Saya pikir perbedaan musim antara kedua negara adalah Korea memiliki musim dingin, sedangkan Indonesia tidak. Kita selalu beranggapan musim dingin itu indah dan romantis. Hal itu benar, tetapi tidak selalu begitu.

두 나라의 계절적인 차이는 한국에서는 겨울이 있는 반면에 인도네시아는 그렇지 않다는 것입니다. 우리는 항상 겨울이 아름답고 로맨틱하다고 생각합니다. 사실이지만 늘 그렇지는 않습니다.

 표현 Tips
· ~는 ~ 계절을 갖고 있습니다/계절이 있습니다 ~ **memiliki musim** ~.
· 저는 ~간의 계절차이를 잘 모릅니다 **Saya kurang tahu perbedaan musim antara** ~.
· 그는 ~ 계절이 ~하다고 여깁니다 **Dia beranggapan musim** ~ **itu** ~.

어휘 **beranggapan** 간주하다, 여기다, 생각하다 **iklim sedang, beriklim sedang** 온대성 기후, 온화한 기후 **iklim** 기후 **romantis** 로맨틱한 **tropis** 열대의, 열대지방의

Q4 Bagaimana musim panas di Korea?

한국의 여름은 어떻습니까?

 L12_05

샘의 Tips

온도를 말할 때 **영상**은 di atas nol, **영하**는 di bawah nol로 표현합니다.

&A

자신의 상황에 가장 비슷한 답변을 중심으로 집중 연습해 보세요!

상황 1

Musim panas di Korea dimulai pada bulan Juni hingga bulan Agustus. Puncak musim panas adalah bulan Agustus dengan suhu lebih tinggi dari 30 derajat celsius. Selain suhunya tinggi, udaranya sangat lembab selama musim tersebut.

한국의 여름은 6월부터 8월까지입니다. 여름의 정점은 8월로 섭씨 30° 이상의 온도입니다. 기온이 높은 것 외에, 여름 동안 공기는 매우 습합니다.

상황 2

Umumnya, antara akhir bulan Juni hingga pertengahan bulan Juli Korea sudah memasuki musim hujan. Selama musim hujan di Korea tidak ada terik matahari dan untuk beberapa minggu biasanya berawan disertai hujan.

일반적으로, 6월 말부터 7월 중순까지 한국은 우기에 접어듭니다. 장마철에 한국에서는 심한 더위가 없고 몇 주 동안 흐리고 비가 옵니다.

상황 3

Untuk menghindari teriknya matahari orang Korea biasanya mendaki gunung, pergi ke pesisir pantai, atau pergi ke daerah lembah untuk menikmati waktu liburan musim panas.

태양의 무더위를 피하기 위해, 한국 사람들은 일반적으로 등산하거나, 해변으로 가거나 계곡으로 가서 여름철 휴가를 즐깁니다.

표현 Tips

· 기온은 섭씨 ~도 이상에 달합니다 **Suhu udara mencapai lebih dari ~ derajat celsius.**

· ~ 주는 보통 구름끼고 비가 옵니다 **~ minggu biasanya berawan disertai hujan.**

· ~를 피하기 위해 그는 보통 ~로 갑니다 **Untuk menghindari ~ dia biasanya pergi ke ~.**

어휘 celsius 섭씨 disertai 동반하다 lembab 습한 lembah 계곡. 협곡 mendaki 등산하다 pertengahan 중간 pesisir pantai 해변 puncak 정상. 정점 terik 대단한. 심한. 쨍쨍한 udara 공기

Bagaimana musim gugur di Korea?

한국의 가을은 어떻습니까?

 L12_06

 샘의 *Tips*

가을 날씨처럼 시원한, 선선한이라는 표현은 sejuk 또는 segar라는 단어를 사용합니다.

&A 자신의 상황에 가장 비슷한 답변을 중심으로 집중 연습해 보세요!

상황 1

Musim gugur di Korea dimulai pada bulan September hingga bulan November. Udara di musim gugur sejuk dan juga kering, sedangkan langitnya biru dengan sedikit awan. Panasnya musim panas masih tersisa sampai bulan September.

한국의 가을은 9월에 시작하여 11월까지입니다. 가을의 공기는 시원하고 건조하며 하늘은 약간의 구름이 있는 파란색입니다. 여름철의 더위는 9월까지 여전히 남아있습니다.

상황 2

Musim gugur dimulai pada bulan September. Pada bulan Oktober terdapat sedikit curah hujan, namun tingkat kelembaban di udara menurun sehingga cuacanya kering dan sejuk. Orang-orang biasanya suka pergi ke gunung untuk menikmati keindahannya.

가을은 9월에 시작됩니다. 10월에는 강우량이 거의 없지만 공기 중의 습도는 낮아져서 날씨는 건조하고 상쾌합니다. 사람들은 가을의 아름다움을 즐기기 위해 보통 산에 가는 것을 좋아합니다.

상황 3

Orang Korea senang mendaki gunung untuk menikmati pemandangan indah yang tercipta di musim gugur. Musim itu juga dikenal sebagai musim panen yang melimpah di antaranya panen padi, ubi, buah apel, dan buah persik.

한국 사람들은 가을에 만들어진 아름다운 광경을 즐기기 위해 등산하는 것을 좋아합니다. 이 계절은 또한 쌀, 고구마, 사과, 복숭아와 같은 풍성한 수확의 계절로도 유명합니다.

 표현 *Tips*

· ~ 계절의 공기는 상쾌하고 건조합니다 **Udara di musim ~ kering dan sejuk**.
· 공기 중 습도는 낮아져 ~ 합니다 **Tingkat kelembaban di udara menurun sehingga ~**.
· 이 계절은 ~ 계절로 알려져 있습니다 **Musim ini dikenal sebagai musim ~**.

어휘 curah hujan 강우, 강우량 musim panen 수확의 계절 padi 벼, 쌀 sejuk 상쾌한 tingkat kelembaban 습도

Q 6 Bagaimana musim dingin di Korea?

한국의 겨울은 어떻습니까?

 L12_07

샘의 Tips 월초, 월말 등의 기간을 나타낼 때 사용하는 어휘는 자주 사용되는 표현입니다.
초순 awal bulan, 중순 pertengahan bulan, 하순 akhir bulan

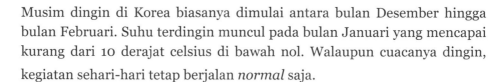

&A

자신의 상황에 가장 비슷한 답변을 중심으로 집중 연습해 보세요!

상황 1

Musim dingin di Korea biasanya dimulai antara bulan Desember hingga bulan Februari. Suhu terdingin muncul pada bulan Januari yang mencapai kurang dari 10 derajat celsius di bawah nol. Walaupun cuacanya dingin, kegiatan sehari-hari tetap berjalan *normal* saja.

한국의 겨울은 12월에 시작하여 2월까지입니다. 가장 추운 온도는 1월에 나타나는데 섭씨 영하 10℃ 이하까지 떨어집니다. 날씨가 춥더라도 일상생활은 계속 정상적으로 이루어집니다.

상황 2

Di musim dingin hari-hari dengan suhu yang paling rendah biasanya terjadi antara pertengahan dan akhir bulan Januari. Apalagi, di musim dingin hari menjadi lebih pendek, sinar matahari muncul lebih lambat, dan matahari terbenam lebih awal.

겨울에 가장 기온이 낮은 날은 보통 1월 중순에서 하순에 나타납니다. 특히, 겨울에는 하루의 길이가 더 짧아지고, 해가 늦게 뜨며 더 일찍 집니다.

상황 3

Musim dingin di Korea dimulai di daerah pegunungan, seperti provinsi Gangwon karena turun salju sejak awal musim dingin dengan suhu yang semakin dingin dan kering. Orang-orang Korea sangat senang pada bulan Desember hingga bulan Februari karena terdapat liburan hari-hari besar, seperti Hari Natal, Tahun Baru Masehi, dan Tahun Baru Imlek.

한국의 겨울은 강원도와 같은 산악지역에서 시작되는데 초겨울부터 눈이 내리고 기온이 점차 춥고 건조해지기 때문입니다. 한국사람들은 성탄절, 신정과 구정과 같은 명절 휴가를 받을 수 있기 때문에 12월에서 2월까지 매우 행복합니다.

표현 Tips

· ~ 월에 기온은 영하 섭씨 ~도 이하까지 떨어집니다
Pada bulan ~ suhu udara mencapai kurang dari ~ derajat celsius di bawah nol.

· ~ 계절에 가장 기온이 낮은 날은 ~월 ~와 ~사이에 나타납니다
Di musim ~ hari dengan suhu yang paling rendah terjadi antara ~ dan ~ bulan ~.

· ~ 월에 ~와 같은 명절이 있습니다 **Pada bulan ~ terdapat liburan hari besar, seperti ~**

어휘 akhir bulan 하순 derajat celsius 섭씨 ~도 di bawah nol 영하 Hari Natal 성탄절 Tahun Baru Masehi 설날 (신정) Tahun Baru Imlek 설날 (구정) pertengahan bulan 중순 suhu 온도 terbenam 해가 지다

색칠한 단어로 표현을 완성시켜 연습해 보고 다양한 단어를 활용하여 자신에게 맞는 상황을 만들어 반복적으로 연습해 보세요.

Q1

선호하는 계절 저는 개화한 꽃들로 전경이 매우 아름다운 3월부터 5월까지의 봄을 더 선호합니다. 저는 봄이 여성들을 위한 계절이라고 생각합니다.

Saya lebih suka musim semi yang dimulai pada _____ _____ hingga _____ _____ karena pemandangannya sangat indah dengan bunga-bunga yang bermekaran. Saya pikir musim semi adalah _____ _____ _____.

Q2

외국인 관광객에게 좋은 계절 봄은 춥지 않고 상쾌한 온도 때문에 한국을 여행하는 외국인 관광객에게 가장 이상적인 계절입니다. 그들은 매우 아름답게 핀 꽃들을 볼 수 있습니다.

Karena suhu yang _____ _____, menjadikan musim semi sebagai musim yang _____ _____ untuk _____ _____ berwisata ke Korea. Mereka dapat menyaksikan bunga-bunga bermekaran yang begitu indah.

Q3

한국과 인도네시아의 계절 차이 인도네시아에 가본 적이 없어서 저는 두 나라 간의 계절 차이점을 잘 모릅니다. 제가 얻은 정보에 따르면, 인도네시아 기후는 열대성인 반면에 한국은 온대성 기후입니다.

Karena belum pernah ke Indonesia, saya _____ _____ soal perbedaan musim antara kedua negara. Menurut informasi yang saya dapatkan, iklim Indonesia adalah _____, sedangkan Korea _____ _____.

Q4 한국의 여름 태양의 무더위를 피하기 위해, 한국 사람들은 일반적으로 등산하거나, 해변으로 가거나 계곡으로 가서 여름철 휴가를 즐깁니다.

Untuk menghindari teriknya matahari orang Korea biasanya pergi
_____ _____, pergi ke _____, atau pergi ke daerah
lembah untuk menikmati _____ _____.

Q5 한국의 가을 한국 사람들은 가을에 만들어진 아름다운 광경을 즐기기 위해 등산하는 것을 좋아합니다. 이 계절은 또한 쌀, 고구마, 사과, 복숭아와 같은 풍성한 수확의 계절로도 유명합니다.

Orang Korea senang _____ _____ untuk menikmati
_____ _____ yang tercipta di musim gugur. Musim itu juga
dikenal sebagai _____ _____ yang melimpah di antaranya
panen padi, ubi, buah apel, dan buah persik.

Q6 한국의 겨울 한국의 겨울은 12월에 시작하여 2월까지입니다. 가장 추운 온도는 1월에 나타나는데 섭씨 영하 10℃ 이하까지 떨어집니다. 날씨가 춥더라도 일상생활은 계속 정상적으로 이루어집니다.

Musim dingin di Korea biasanya dimulai antara bulan Desember hingga
bulan Februari. _____ _____ muncul pada bulan Januari
yang mencapai kurang dari 10 derajat celsius _____.
Walaupun _____ _____, kegiatan sehari-hari tetap berjalan
normal saja.

181

1 이 계절은 성수기에 속합니다.
Musim ini tergolong musim yang sibuk.

2 겨울과 봄의 가뭄은 여름 동안 사라질 것입니다.
Kekeringan pada musim dingin dan musim semi akan menghilang selama musim panas.

3 여름철 기온은 매우 높고 습기가 많습니다.
Suhu musim panas sangat tinggi dan lembab.

4 습도가 높아질수록 사람들은 더 덥게 느낍니다.
Seiring dengan meningkatnya tingkat kelembaban, orang-orang merasakan suhu lebih panas.

5 산악지역은 녹색 식물로 덮여있습니다.
Wilayah pegunungan tertutup oleh hijaunya pepohonan.

6 가을의 공기는 시원하고 건조합니다.
Udara di musim gugur sejuk dan juga kering.

7 가을은 독서하기에 매우 적당한 계절입니다.
Musim gugur adalah musim yang sangat cocok untuk membaca.

8 낮의 공기는 뜨겁지만 아침과 오후의 공기는 약간 차갑습니다.
Udaranya panas pada waktu siang, tetapi udara di pagi dan sore hari agak dingin.

9 강우량이 적고 공기 중 습도가 떨어집니다.
Curah hujan sedikit dan tingkat kelembaban di udara pun menurun.

10 날씨는 건조하고 쾌적합니다.
Cuacanya kering dan sejuk.

OPI 시험에서 꼬리를 무는 질문이 나와도 당황하지 않고 나만의 표현을 할 수 있도록 다양한 표현들을 익혀 봅시다!

11 늦여름에서 초가을에, 태풍은 남태평양 방향에서 나타납니다.
Di akhir musim panas hingga awal musim gugur, angin topan muncul dari arah Pasifik Selatan.

12 학생들은 보통 가을을 즐기기 위해 산으로 소풍을 갑니다.
Siswa-siswi biasanya berpiknik ke gunung untuk menikmati musim gugur.

13 가을은 결혼의 계절로도 알려져 있습니다.
Musim gugur juga dikenal sebagai musim pernikahan.

14 매년 4월에 벚꽃 축제가 열립니다.
Festival bunga Sakura diadakan pada setiap bulan April.

15 기온이 가장 낮은 날은 보통 1월 하순에 나타나는데 가끔 상수도 시설이 동파되기도 합니다.
Hari dengan suhu yang paling rendah biasanya terjadi pada akhir bulan Januari hingga terkadang fasilitas penyediaan air membeku dan pecah.

16 가을 동안 농민들은 논에서 벼를 수확하느라 매우 바쁩니다.
Selama musim gugur, para petani sangat sibuk memanen padi di sawah.

17 삼한사온 주기가 겨울 동안 항상 반복됩니다.
Siklus tiga hari dingin yang diikuti empat hari hangat selalu berulang selama musim dingin.

18 2월에서 3월 초는 졸업시즌입니다.
Antara bulan Februari hingga awal bulan Maret adalah masa untuk wisuda.

19 겨울 동안, 농경지는 봄철 농번기가 도래할 때까지 잠시 휴식에 들어갑니다.
Selama musim dingin, lahan pertanian beristirahat sejenak sampai tibanya masa tanam di musim semi.

20 한국의 김장 문화는 세계 문화유산 중의 하나로 2013년에 유네스코에 의해 등재되었습니다.
Budaya Gimjang Korea adalah salah satu Warisan Budaya Dunia dan terdaftar di UNESCO pada tahun 2013.

문법 Tips 12

─ an 접미사

─an 접미사는 어근 (명사, 형용사, 동사) + an의 형태로 결합하여 어근을 명사로 만드는 기능을 합니다. 어근의 원래 형태를 변화시키지 않고 단어 끝에 an ─ 접미사만 붙여주면 됩니다.

구 분	예 시	
1. 장소 의미	lapang (넓은)+an	➡ lapangan (운동장)
	pangkal (토대, 기초)+an	➡ pangkalan (정박소, 부두, 주둔지)
	kubang (수렁)+an	➡ kubangan (웅덩이)
2. 도구(수단) 의미	timbang (균형을 이루는)+an	➡ timbangan (저울)
	main (놀다)+an	➡ mainan (장난감)
	angkut (옮기다, 나르다)+an	➡ angkutan (탈 것, 교통수단)
3. 방법 또는 발생한 일 의미	didik (교육)+an	➡ didikan (교육 결과, 교육 방법)
	pimpin (인도하다, 주재하다)+an	➡ pimpinan (지도, 인도)
	balas (응답, 응수)+an	➡ balasan (대답, 응답, 회신)
4. 모방, 유사 또는 흉내 의미	rumah (집)+an	➡ umah-rumahan (집 모형, 모델하우스)
	mobil (자동차)+an	➡ mobil-mobilan (장난감 자동차)
5. 행위 또는 행동 결과 의미	buat (만들다)+an	➡ buatan (상품, 생산품)
	hukum (법)+an	➡ hukuman (처벌, 선고, 징역)
	bantu (돕다)+an	➡ bantuan (지원, 도움, 원조)
6. 전체 또는 집합 의미	laut (바다)+an	➡ lautan (대양)
	darat (육지)+an	➡ daratan (대륙)
	kotor (더러운)+an	➡ kotoran (쓰레기)
7. 매/매번/매회 의미	lusin (다스)+an	➡ lusinan (몇몇 다스)
	hari (날)+an	➡ harian (매일)
	bulan (달)+an	➡ bulanan (매달)
8. 성질/성격의 보유 의미	manis (달콤한)+an	➡ manisan (단 것, 사탕류)
	asin (짠)+an	➡ asinan (절임)
9. 질(품질) 의미	tinggi (큰)+an	➡ tinggian (더 큰)
	kecil (작은)+an	➡ kecilan (더 작은)
10. 이행된 것 또는 피동된 것	catat (필기, 메모하다)+an	➡ catatan (메모)
	larang (금하다)+an	➡ larangan (금지령, 금지)

Berbicara tentang *Target*/**Rencana**

목표 / 계획에 대해 말하기

새해와 올해의 목표, 개인적인 소망, 여행계획 등 어떤 계획이나 목표에 대한 질문이 OPI 시험에서 자주 등장합니다. 단순한 답변보다는 그 목표나 소망을 갖고 있는 이유 또는 배경과 함께 어떻게 달성할 것인지에 대한 논리적인 대답이 요구됩니다.

이유나 배경이 없는 목표가 없고, 추진계획이나 방법을 생각하지 않고 세우는 계획이 없듯이 수험생의 계획이나 목표에 대한 질문에 간략하면서도 명료하게 대답할 수 있어야 합니다. OPI 시험에서 좋은 등급을 받기 위해서는 어휘력, 표현력 그리고 논리가 가장 중요합니다. 머릿속으로 대답에 대한 가상훈련(Image training)을 해본 후 반드시 직접 말로 표현해 보시기 바랍니다. 짧은 대답이라도 표현이 풍부하고 논리가 있으면 높은 점수를 얻을 수 있습니다.

Tip **01**
새해 또는 올해의 개인목표 정리하기!

Tip **02**
휴가를 위한 여행계획을 세우는 방법에 대해 생각해 보기!

Tip **03**
목표나 계획을 어떻게 달성할 것인지 방법론을 정리하기!

Tip **04**
목표나 계획을 추진할 때 어떤 해결책이 좋은지 정리하기!

Q & A
List

L13_01

Q1 Apa *target* Anda untuk tahun ini?

올해의 목표가 무엇입니까?

Q2 Kapan Anda akan berkunjung ke Indonesia?

언제 인도네시아에 방문할 계획인가요?

Q3 Apa rencana perjalanan Anda untuk tahun ini?

당신의 올해 여행 계획은 무엇인가요?

Q4 Bagaimana Anda akan mencapai *target* Anda?

어떻게 당신의 목표를 달성할 계획인가요?

Q5 Faktor apa yang terpenting dalam membuat suatu rencana?

계획을 세울 때 가장 중요한 요소는 무엇인가요?

Q6 Mengapa mayoritas orang meninggalkan rencana atau *target* di tengah jalan?

왜 대부분의 사람이 계획이나 목표를 중도에 포기할까요?

Q 1 Apa *target* Anda untuk tahun ini?

올해의 목표가 무엇입니까?

 L13_02

 셈의 Tips ~하기 위하여, ~ 하도록의 의미를 갖는 접속사 agar는 희망, supaya는 목적, 희망을 나타낼 때 사용합니다. Untuk은 ~를 위한과 같이 목적, 용도 등을 나타내는 치사입니다.

&A 자신의 상황에 가장 비슷한 답변을 중심으로 집중 연습해 보세요!

상황 1
Memperoleh sertifikat pemandu wisata profesional adalah *target* saya untuk tahun ini. Saya merencanakan *target* ini pada tahun yang lalu untuk membuat sebuah rencana *target* mendetil mungkin.

전문 관광안내사 자격증을 취득하는 것이 금년도 저의 목표입니다. 가급적 상세하게 목표 계획을 만들기 위해서 저는 이 목표를 작년에 계획하였습니다.

상황 2
Naik jabatan adalah *target* saya untuk tahun ini. Posisi saya sekarang adalah seorang manajer, tetapi karena perusahaan saya membuka posisi senior manajer, saya ingin mencobanya.

올해 승진하는 것이 올해 저의 목표입니다. 저의 현재 직급은 매니저이지만 우리 회사가 부장 직급을 모집하고 있어서 도전해 보려고 합니다.

상황 3
Belajar program S-2 di luar negeri adalah *target* saya untuk tahun ini. Sehubungan dengan hal tersebut, saya sedang mempersiapkan diri untuk ujian masuk. Kemungkinan besar saya akan belajar di Singapura atau Indonesia. Yang saya ingin pelajari adalah ilmu bioteknologi.

해외에서 석사과정을 공부하는 것이 올해 저의 목표입니다. 그것과 관련하여, 저는 입학시험을 준비 중입니다. 아마도 저는 싱가포르나 인도네시아에서 공부할 것입니다. 제가 배우고 싶은 것은 생명공학입니다.

 표현 Tips
· ~를 취득하는 것이 ~ 목표입니다 **Memperoleh ~ adalah *target* ~.**
· 그 회사는 ~ 직급을 모집합니다 **Perusahaan itu membuka posisi ~.**
· ~에서 ~ 과정을 공부하는 것이 저의 목표입니다 **Belajar program ~ di ~ adalah *target* saya.**

어휘 **bioteknologi** 생명공학 **naik jabatan** 승진 **peroleh** 달성하다. 실현하다 **posisi** 직급 **sehubungan dengan** ~와 관련하여

Q 2 Kapan Anda akan berkunjung ke Indonesia?

언제 인도네시아에 방문할 계획인가요?

 L13_03

 샘의 Tips
국내에는 di dalam negeri, 해외에는 di luar negeri로 표현하면 됩니다.

A

자신의 상황에 가장 비슷한 답변을 중심으로 집중 연습해 보세요!

상황1

Sampai saat ini belum ada rencana untuk berkunjung ke Indonesia. Akan tetapi, karena keluarga saya ingin berlibur ke luar negeri, saya akan mencoba mempelajari beberapa objek wisata di Indonesia.

현재까지는 아직 인도네시아에 방문할 계획이 없습니다. 그러나 제 가족이 해외로 휴가 가기를 원하기 때문에 인도네시아에 있는 몇몇 관광지에 관해 공부하려고 합니다.

상황2

Kebetulan perusahaan saya sedang merencanakan untuk membuka bisnis baru di Indonesia. Untuk itu, kami sedang mencoba mencari calon mitra kerja di sana untuk bekerjasama. Mungkin dalam waktu dekat saya akan berkunjung ke sana untuk bertemu dengan calon tersebut.

우연히도 우리 회사는 인도네시아에서 새로운 사업을 하려고 계획하고 있습니다. 그것을 위해 우리는 협력을 위해 인도네시아에 있는 사업 파트너 후보들을 찾고 있습니다. 아마도 가까운 시일 내에 제가 인도네시아에 방문하여 그 후보들을 만날 것 같습니다.

상황3

Saya mempunyai rencana untuk berkunjung ke Indonesia sekitar bulan Juli atau bulan Agustus tahun ini untuk berpartisipasi pada sebuah seminar. Seminar itu akan diselenggarakan oleh Institut Pertanian Bogor.

저는 세미나에 참석하기 위해 올해 7월이나 8월경에 인도네시아를 방문할 계획을 가지고 있습니다. 그 세미나는 **보고르 농업대학교**가 주최합니다.

 표현 Tips

· 현재까지 ~에 방문할 계획이 없습니다
  Sampai saat ini belum ada rencana untuk berkunjung ke ~.

· 조만간 저는 ~에 방문할 것입니다 **Dalam waktu dekat saya akan berkunjung ke ~.**

· 저는 ~를 위해 ~를 방문할 것입니다 **Saya akan berkunjung ke ~ untuk ~.**

어휘 berlibur 휴가를 가다 berpartisipasi 참석하다 calon 후보 diselenggarakan 주최(개최)되다 membuka bisnis baru 새로운 사업을 하다 mitra kerja 업무(사업) 파트너 rencana 계획

샘의 Tips 몇 박 몇 일을 이야기 할 때 가장 많이 쓰는 표현으로
~ hari ~ malam(~일 ~박)을 사용합니다. 예 3 hari 2 malam 2박 3일

 &A 자신의 상황에 가장 비슷한 답변을 중심으로 집중 연습해 보세요!

상황 1 Saya belum mempunyai rencana perjalanan untuk tahun ini karena saya sedang sibuk mempersiapkan diri untuk mencari pekerjaan. Karena tahun depan saya akan wisuda, saya ingin mendapatkan pekerjaan pada tahun ini.

제가 직장을 구하기 위해 바쁘게 준비 중이라서 올해 여행 계획은 아직 없습니다. 내년에 제가 졸업할 예정이라서 올해 직장을 구하고 싶습니다.

상황 2 Untuk liburan musim panas teman saya dan saya sedang membuat rencana perjalanan untuk berwisata ke Pulau Jeju selama 5 hari 4 malam. Untuk itu, kami sedang mencari beberapa informasi tentang akomodasi, konsumsi, dan transportasi melalui situs *internet*.

하계휴가를 위해서 저와 제 친구는 4박 5일간 **제주도**에 놀러 갈 여행 계획을 만들고 있습니다. 그것을 위해, 우리는 인터넷 사이트를 통해 숙박시설, 식사와 교통수단에 대한 몇몇 정보를 찾고 있습니다.

상황 3 Karena sedang sibuk dengan tugas baru di perusahaan, ada kemungkinan besar saya tidak bisa berlibur ke mana-mana. Walaupun kondisinya demikian, saya akan mengizinkan keluarga saya berjalan-jalan ke beberapa objek wisata.

회사의 새로운 업무로 바쁘기 때문에, 아마도 저는 휴가를 아무데도 못갈 것 같습니다. 그런 상황에도 불구하고, 저는 제 가족에게 몇몇 관광지로 여행을 가라고 할 것입니다.

 표현 Tips
· 저는 ~를 위한 ~ 계획이 아직 없습니다 **Saya belum punya rencana ~ untuk ~.**
· 저는 ~박 ~일간 ~로 여행갈 것입니다 **Saya akan berwisata ke ~ selama ~ hari ~ malam.**
· ~ 때문에 저는 아마 ~에 갈 수 없을 것입니다 **Karena ~, saya mungkin tidak bisa ke ~.**

어휘 ada kemungkinan besar ~할 가능성(공산)이 크다 konsumsi 식사, 소비 mengizinkan 허락하다 transportasi 교통수단

목표 달성

Q4 Bagaimana Anda akan mencapai *target* Anda?

어떻게 당신의 목표를 달성할 계획인가요?

 L13_05

샘의 *Tips* ~를 획득/달성하다,~를 실현하다/이르다의 표현으로 mencapai, memperoleh, merealisasikan 등을 사용합니다.

&A 자신의 상황에 가장 비슷한 답변을 중심으로 집중 연습해 보세요!

 Memperoleh nilai tertinggi dalam ujian OPI adalah *target* saya. Untuk mencapai *target* tersebut, saya akan membuat rencana jangka panjang dan menuliskannya tanpa membatasi kemampuan yang ada saat ini.

OPI 시험에서 가장 높은 점수를 얻는 것이 제 목표입니다. 그 목표를 달성하기 위해서, 저는 장기 계획을 세우고 현재의 실력으로 제한하지 않고 저의 바람을 기록할 것입니다.

 Menurut saya, semua orang pasti tidak mau membuat rencana yang gagal. Jadi, saya akan membuat tahapan pelaksanaan untuk mencapai *target* saya. Saya pikir kunci kesuksesan dalam mencapai *target* adalah membuat *target* dan menyederhanakan tahapannya.

제 생각에는, 모두가 실패하는 계획을 만들고 싶지 않을 것입니다. 그래서, 제 목표를 달성하기 위해 추진 단계를 만들 것입니다. 제 생각으로는, 목표를 달성하는 데 있어서 성공의 열쇠는 목표를 만들고 추진 단계를 단순화하는 것입니다.

상황 3 Dalam membuat suatu *target* saya biasanya memikirkan terlebih dahulu rencana jangka pendek, rencana jangka panjang, tahapan pelaksanaan, dan cara pemecahannya. Kemudian, saya akan mencoba mencapai *target* saya berdasarkan komponen-komponen tersebut.

어떤 목표를 세울 때, 저는 보통 단기 계획, 장기 계획, 추진 단계 그리고 해결책에 대해서 최우선으로 생각합니다. 그런 다음에, 저는 언급한 구성요소들에 기초하여 저의 목표를 달성하기 위해 시도할 것입니다.

 표현 *Tips*
- 저는 ~를 위한 실행단계를 만들 것입니다 **Saya akan membuat tahapan pelaksanaan untuk ~.**
- 목표달성에 있어 성공의 열쇠 중의 하나는 ~ 입니다
  Salah satu kunci kesuksesan dalam mencapai *target* adalah ~.
- 저는 ~에 기초하여 목표를 달성할 것입니다 **Saya akan mencapai *target* berdasarkan ~.**

어휘 cara pemecahan 해결책 gagal 실패하다 komponen 구성요소 kunci kesuksesan 성공의 열쇠 rencana jangka panjang 장기 계획 rencana jangka pendek 단기 계획 tahapan 단계 terlebih dahulu 최우선적으로

Q 5 Faktor apa yang terpenting dalam membuat suatu rencana?

계획을 세울 때 가장 중요한 요소는 무엇인가요? L13_06

 샘의 Tips 상세히, 자세히는 dengan mendetil, dengan rincian 또는 secara terperinci 로 표현할 수 있습니다.

 &A 자신의 상황에 가장 비슷한 답변을 중심으로 집중 연습해 보세요!

상황1 Saya yakin bahwa faktor yang paling penting dalam membuat suatu rencana adalah anggaran. Misalnya, walaupun kita membuat sebuah rencana perjalanan dengan mendetil, tidak bisa merealisasikan rencana itu kalau kita tidak punya anggaran aktual.

저는 계획을 세울 때 가장 중요한 요소가 예산이라고 확신합니다. 예를 들어, 우리가 상세하게 어떤 여행 계획을 만들었다고 하더라도 현실적인 예산이 없다면 그 계획을 실행하는 것은 불가능합니다.

상황2 Faktor yang terpenting dalam membuat suatu rencana atau *target* adalah tahapan yang konkret dan detil. Mengapa saya berpikir begitu karena faktor tersebut adalah kunci kesuksesan dalam terealisasinya suatu rencana.

어떤 계획이나 목표를 세우는 가장 중요한 요소는 구체적이고 상세한 단계입니다. 그렇게 생각하는 이유는 그 요소가 어떤 계획을 실현하는데 있어서 성공 열쇠이기 때문입니다.

상황3 Menurut saya, membuat suatu rencana dengan jangka pendek maupun jangka panjang merupakan faktor terpenting. Kalau membuat suatu rencana dengan rincian seperti itu, pelaksanaannya akan mudah dikendalikan.

제 생각으로는, 어떤 계획을 단기 계획과 장기 계획으로 만드는 것은 가장 중요한 요소라고 봅니다. 어떤 계획을 그렇게 세부적으로 만들면 실행은 쉽게 제어될 수 있습니다.

 표현 Tips
· ~에서 가장 중요한 요소는 ~ 입니다 **Faktor yang paling penting dalam ~ adalah ~.**
· 그 요소는 ~에 있어서 성공의 열쇠입니다 **Faktor itu adalah kunci kesuksesan dalam ~.**
· 이것은 ~한 요소입니다 **Hal ini merupakan faktor ~.**

어휘 **aktual** 현실적인 **anggaran** 예산 **dikendalikan** 통제(제어)되다 **jangka panjang** 장기 **jangka pendek** 단기 **konkret** 구체적인 **merealisasikan** ~를 실현하다 **rincian** 세부사항, 세부내역 **terpenting** 가장 중요한

Q 6 Mengapa mayoritas orang meninggalkan rencana atau *target* di tengah jalan?

왜 대부분의 사람이 계획이나 목표를 중도에 포기할까요?   L13_07

샘의 Tips 추상적으로의 표현은 secara abstrak, 반의어적 의미인 **구체적으로는** secara nyata, secara mendalam, secara kongkret 등으로 표현합니다.

&A 자신의 상황에 가장 비슷한 답변을 중심으로 집중 연습해 보세요!

상황 1 Sehubungan dengan pertanyaan ini, mungkin saja alasannya banyak dan berbeda-beda menurut individu. Saya pikir bahwa mayoritas orang-orang yang meninggalkan rencana atau *target* mereka di tengah jalan dikarenakan tidak adanya keyakinan diri.

이 질문과 관련하여, 아마도 개인에 따라 이유가 많고 다를 것입니다. 제가 생각하기에 도중에 계획이나 목표를 포기하는 대부분의 사람은 아마도 자신만의 확신이 없기 때문인 것 같습니다.

상황 2 Menurut saya, mungkin kebanyakan orang membuat rencana atau *target* secara abstrak sehingga mereka bingung dalam pelaksanaannya. Itulah sebabnya mayoritas orang mengundurkan diri dari rencana atau *target* mereka di tengah jalan.

제 생각에는, 아마도 많은 사람이 계획이나 목표를 추상적으로 만들어 추진단계에서 당황합니다. 대부분의 사람이 중간에 계획이나 목표를 포기하는 것은 바로 이런 이유 때문입니다.

상황 3 Membuat suatu rencana atau *target* harus berdasarkan kepastian, tahapan pelaksanaan, dan anggaran. Kalau salah satu di antaranya kurang atau tidak pasti, maka mayoritas orang berhenti melaksanakannya di tengah jalan.

어떤 계획이나 목표를 만드는 것은 반드시 구체성, 추진단계 및 예산에 기초해야 합니다. 만약에 그중에서 어느 하나가 부족하거나 불확실하다면, 대부분의 사람이 중도에 실행을 포기할 것입니다.

표현 Tips
· 이유는 ~에 따라 다릅니다 **Alasannya berbeda-beda menurut ~.**
· 대부분의 사람은 ~를 포기합니다 **Mayoritas orang mengundurkan diri dari ~.**
· 그 계획은 ~에 기초해야만 합니다 **Rencana itu harus berdasarkan ~.**

어휘 bingung 당황하는 di tengah jalan 중간에 keyakinan 확신, 신념 mengundurkan diri ~를 포기하다 meninggalkan 포기하다, 그만두다 secara abstrak 추상적으로 tahapan pelaksanaan 추진 단계 tidak pasti 불확실한

색칠한 단어로 표현을 완성시켜 연습해 보고 다양한 단어를 활용하여 자신에게 맞는 상황을 만들어 반복적으로 연습해 보세요.

Q1 올해의 목표　올해 승진하는 것이 저의 목표입니다. 저의 현재 직급은 매니저이지만 우리 회사가 부장 직급을 모집하고 있어서 도전해 보려고 합니다.

_____ _____ adalah *target* saya untuk tahun ini. Walaupun _____ saya sekarang adalah seorang _____, karena perusahaan saya membuka posisi senior manajer, saya ingin mencobanya.

Q2 인도네시아 방문 계획　저는 세미나에 참석하기 위해 올해 7월이나 8월경에 인도네시아를 방문할 계획을 가지고 있습니다. 그 세미나는 보고르 농업대학교가 주최합니다.

Saya mempunyai rencana untuk berkunjung ke Indonesia sekitar bulan Juli atau bulan Agustus tahun ini untuk _____ pada sebuah seminar. Seminar itu akan _____ oleh _____.

Q3 올해의 여행 계획　하계휴가를 위해서, 저와 제 친구는 4박 5일간 제주도에 놀러 갈 여행 계획을 만들고 있습니다. 그것을 위해, 우리는 인터넷 사이트를 통해 숙박시설, 식사와 교통수단에 대한 몇몇 정보를 찾고 있습니다.

Untuk liburan musim panas teman saya dan saya sedang membuat _____ _____ untuk berwisata ke Pulau Jeju selama _____ _____. Untuk itu, kami sedang mencari beberapa informasi tentang _____, _____, dan _____ melalui situs *internet*.

Q4 목표달성 계획　OPI 시험에서 가장 높은 점수를 얻는 것이 제 목표입니다. 그 목표를 달성하기 위해서, 저는 장기 계획을 세우고 현재의 실력으로 제한하지 않고 저의 바람을 기록할 것입니다.

Memperoleh _____ _____ dalam ujian OPI adalah _____ _____. Untuk mencapai *target* tersebut, saya akan membuat _____ _____ _____ dan menuliskannya tanpa membatasi kemampuan yang ada saat ini.

Q5 계획을 세울 때 가장 중요한 요소　저는 계획을 세울 때 가장 중요한 요소가 예산이라고 확신합니다. 예를 들어, 우리가 상세하게 어떤 여행 계획을 만들었다고 하더라도 현실적인 예산이 없다면 그 계획을 실행하는 것은 불가능합니다.

Saya yakin bahwa faktor _____ _____ dalam membuat suatu rencana adalah anggaran. Misalnya, walaupun kita membuat sebuah rencana perjalanan _____, tidak bisa merealisasikan rencana itu kalau kita tidak punya _____ _____.

Q6 계획이나 목표의 중도포기 이유　어떤 계획이나 목표를 만드는 것은 반드시 구체성, 추진단계 및 예산에 기초해야 합니다. 만약에 그중에서 어느 하나가 부족하거나 비현실적이라면, 대부분의 사람이 중도에 실행을 포기할 것입니다.

Membuat suatu rencana atau *target* harus berdasarkan _____, _____ _____, dan _____. Kalau salah satu di antaranya kurang atau _____ _____, maka mayoritas orang berhenti melaksanakannya di tengah jalan.

1 저는 새해에 달성하고자 하는 목표 또는 소원을 갖고 있습니다.
Saya mempunyai *target* atau keinginan yang bisa saya capai tahun depan.

2 당신은 이미 그 목표나 계획을 문서로 만들었습니까?
Apakah Anda sudah membuat *target* atau rencana itu secara tertulis?

3 그저 머릿속으로 계획을 만든다면, 그것은 단지 빈말에 불과합니다.
Kalau hanya membuat rencana dalam pikiran, itu hanya omong kosong saja.

4 당신은 문서로 작성된 상세한 계획을 만들어야 합니다.
Anda harus membuat rencana tertulis dan mendetil.

5 필요하다면 장기 계획을 만드세요.
Kalau perlu, buatlah rencana jangka panjang.

6 소원을 최대한 높게 적으세요.
Gantungkan harapan Anda setinggi-tingginya.

7 현재의 능력으로 제한하지 마세요.
Jangan membatasi kemampuan yang ada saat ini.

8 저는 제 소원을 적어서 침실 천장에 붙였습니다.
Saya menuliskan harapan saya dan menempelkannya di langit-langit kamar tidur.

9 저는 항상 상세하고 단순하게 제 계획을 만듭니다.
Saya selalu membuat rencana saya yang mendetil dan sederhana.

10 저는 내년에 저의 애인과 결혼할 계획을 가지고 있습니다.
Saya mempunyai rencana untuk menikah dengan pacar saya tahun depan.

OPI 시험에서 꼬리를 무는 질문이 나와도 당황하지 않고 나만의 표현을 할 수 있도록 다양한 표현들을 익혀 봅시다!

11 목표를 달성하기 위해 계획, 체크 리스트와 단계를 만드세요.
Buatlah rencana, daftar pengecekan, dan tahapan yang harus dicapai.

12 그는 업무 능력에 대한 높은 점수 취득을 목표로 갖고 있습니다.
Dia mempunyai *target* nilai tinggi dalam kinerjanya.

13 저는 달성해야 하는 목표가 얼마인지 인지하기 위해 매월로 나눕니다.
Saya menentukan jumlah *target* yang harus dicapai setiap bulan.

14 저는 목표 달성 여부를 측정할 수 있습니다.
Saya dapat mengukur *target* itu tercapai atau tidak.

15 아직 달성되지 않았으면, 저는 저의 시너지를 높입니다.
Kalau belum tercapai, saya akan meningkatkan kinerja saya.

16 어려움이 있다면, 저는 최상의 해결책을 찾기 위해 노력합니다.
Kalau ada kesulitan, saya berusaha untuk mencari solusi terbaik.

17 저는 해결책을 얻기 위해 자주 친구들과 상담을 합니다.
Saya sering berkonsultasi dengan teman untuk mendapatkan solusi.

18 가까운 사람들에게 조언을 구하는 것이 가장 좋은 방법입니다.
Meminta nasihat kepada orang-orang dekat itu adalah cara yang terbaik.

19 목표를 세우는 것은 저에게 있어서 활력소입니다.
Membuat *target* adalah sumber energi saya.

20 저는 저의 목표 단계가 잘 진행되고 있는지 여부를 늘 확인합니다.
Saya selalu mengecek apakah tahapan *target* saya berjalan dengan baik atau tidak.

1. 접속사 yang

yang이 주절과 종속절을 연결하여 복합문을 만들 때 yang은 접속사의 기능을 합니다. yang이 사용된 긴 문장에서는 adalah를 사용하여 주어와 술어를 명확하게 구분해 줍니다.

구 분	예 시
1. 주어 명사구 형성	· Orang itu teman saya. + Orang itu sedang makan. ⤷ Orang **yang** sedang makan itu adalah teman saya.
2. 부사어 명사구 형성	· Dia berlibur ke tempat itu. + Tempat itu sangat indah. ⤷ Dia berlibur ke tempat **yang** sangat indah itu.
3. 주절과 종속절의 공통요소가 종속절의 주어에 위치	· Orang itu makan makanan itu. + Makanan itu saya masak. ⤷ Orang itu makan makanan **yang** saya masak itu.
4. 주절과 종속절의 공통요소가 모두 목적어에 위치	· Teman saya makan makanan itu. + Saya memasak makanan itu. ⤷ Teman saya makan makanan **yang** saya masak itu.

2. 관계대명사 yang

yang이 하나의 명사구나 불완전한 문장을 구성할 경우에 yang은 관계대명사의 기능을 합니다. 관계대명사 yang이 사용된 문장에서도 adalah를 사용하여 주어와 술어를 명확하게 구분해 줍니다.

구 분	예 시
1. 특정인 지목	**Yang** sedang belajar adalah teman saya.
2. yang 명사구가 주어 역할	**Yang** baik hati itu adalah orang tua saya.
3. 특징 묘사	**Yang** tinggi dan kurus adalah pacar dia.
4. yang 명사구가 서술어에 위치	Orang tua saya adalah **yang** duduk di tengah.
5. yang 명사구가 부사에 위치	Anak itu bermain dengan **yang** dibeli oleh ayahnya.

Berbicara tentang Rencana setelah Selesai Ujian

시험종료 후 일정에 대해 말하기

OPI 시험에서 좋은 결과를 얻기 위한 방법 중의 하나는 첫인상을 마지막까지 가져가야 한다는 것입니다. 즉, 시험 도입부에서 중반부까지 모든 질문에 논리적으로 잘 답변했다 하더라도 후반부의 마무리를 잘 대처하지 못하면 결국에 마지막 인상이 남게 될 것입니다.

시험 종료 이후의 계획, 활동, 약속, 식사일정 등에 대해 꼭 준비를 철저히 하여 후반부까지 현명하게 대처할 수 있는 마음의 여유를 갖기 바랍니다. 시험의 후반부에는 꼬리물기 질문이 많지 않습니다. 각 질문에 대해 단답형 형식으로 대답하는 것이 좋습니다. 후반부의 역할은 Cooling down, 즉 열을 좀 식히는 단계라고 할 수 있습니다. 따라서, 장황한 설명이나 대답보다는 간단, 명료한 단답형의 대답이 더 좋습니다.

Tip **01**

시험 종료 후 계획이나 약속 정리하기!

Tip **02**

시험 종료 후 먹고 싶은 음식 정리하기!

Tip **03**

간단한 단답형으로 답변하기!

Tip **04**

시험의 마무리 단계로 접어드는 과정이므로 긍정적인 표현 사용하기!

Q&A *List*

🎧 L14_01

Q1 Apa rencana hari ini setelah selesai ujian OPI?

OPI 시험 종료 후 오늘의 일정은 무엇인가요?

Q2 Setelah selesai ujian ini Anda akan makan siang atau malam dengan siapa?

시험 종료 후 누구와 식사할 예정인가요?

Q3 Apa rencana Anda pada akhir pekan ini?

이번 주말에 무슨 계획을 갖고 있나요?

Q4 Setelah selesai ujian ini Anda mau makan atau minum apa saja?

시험 종료 후 무엇을 먹을(마실) 건가요?

Q5 Apakah ujian OPI hari ini merupakan ujian pertama bagi Anda?

오늘 본 OPI 시험이 처음인가요?

Q6 Apakah Anda punya rencana untuk mengikuti ujian OPI lagi?

OPI 시험을 다시 볼 계획을 갖고 있나요?

Q 1 Apa rencana pada hari ini setelah selesai ujian OPI?

OPI 시험 종료 후 오늘의 일정은 무엇인가요?

 L14_02

 샘의 Tips ~하기 위한 계획이 있다라는 표현은 saya berencana untuk ~으로 표현하는 것이 좋습니다.

 &A 자신의 상황에 가장 비슷한 답변을 중심으로 집중 연습해 보세요!

상황 1 Setelah selesai ujian OPI ini saya mau ke rumah orang tua saya karena hari ini adalah hari ulang tahun bapak saya. Saya mau merayakan ulang tahun beliau.

이 OPI 시험이 끝난 후, 저는 오늘 아버지의 생신이라서 부모님 댁에 가고 싶습니다. 아버지의 생신을 축하해 드리고 싶습니다.

상황 2 Saya berencana untuk menonton sebuah film dengan teman-teman saya setelah selesai ujian ini. Kami sudah membuat rencana ini pada minggu lalu. Setelah itu, rasa lelah saya akan hilang.

이 시험이 끝난 후에 저는 친구들과 영화를 관람할 계획을 갖고 있습니다. 우리는 지난주에 이 계획을 세웠습니다. 관람하고 나면, 저의 피로가 사라질 것입니다.

상황 3 Kalau ujian ini sudah selesai, saya mau langsung pulang ke rumah. Selanjutnya, beristirahat saja karena tadi malam saya kurang tidur. Dengan begitu, badan saya akan segar kembali.

이 시험이 끝나면 저는 곧장 귀가할 것입니다. 그런 다음, 지난밤에 수면이 부족했기 때문에 저는 그냥 쉴 것입니다. 그렇게 하면, 제 몸이 다시 가뿐해질 것입니다.

 표현 Tips
· 저는 ~를 축하하고 싶습니다 **Saya mau merayakan ~.**
· 그는 ~에 이 계획을 세웠습니다 **Dia membuat rencana ini pada ~.**
· 이 시험이 끝나면, 저는 ~에 갈 것입니다 **Kalau ujian ini selesai, saya mau ke ~.**

어휘 lelah 피로한 menghilang 사라지다, 없어지다 merayakan ~을 축하(경축)하다, 기념하다 segar 가뿐한, 상쾌한, 건강한 selanjutnya. (문장 접속사) 그런 다음에

Setelah selesai ujian ini Anda akan makan siang atau malam dengan siapa?

시험 종료 후 누구와 식사할 예정인가요?   L14_03

샘의 Tips ~와 약속하다는 ada janji dengan ~ 또는 berjanji dengan ~으로 표현할 수 있습니다.

자신의 상황에 가장 비슷한 답변을 중심으로 집중 연습해 보세요!

상황 1

Saya ada janji dengan teman-teman saya untuk makan siang di sebuah restoran tradisional Korea. Di sana kami akan makan Bulgogi dengan berbagai sayur-sayuran.

저는 한식당에서 친구들과 점심을 같이 먹기로 약속했습니다. 그곳에서 우리는 다양한 채소와 함께 **불고기**를 먹을 것입니다.

상황 2

Karena kecapaian, saya mau beristirahat saja di rumah. Setelah itu, saya akan memasak sendiri untuk makan malam. Karena saya suka memasak.

너무 피곤해서 저는 그냥 집에서 쉬고 싶습니다. 그 후에, 저는 저녁 식사를 위해 혼자 요리를 할 것입니다. 제가 요리하는 것을 좋아해서 입니다.

상황 3

Saya ada janji dengan pacar saya untuk makan malam di sebuah restoran Indonesia di Itaewon, Seoul. Karena suka makan masakan Indonesia, kami sering pergi ke restoran itu, tetapi masalahnya saya tidak hafal nama restorannya.

저는 서울 이태원에 있는 한 인도네시아 레스토랑에서 함께 저녁을 먹기로 애인과 약속을 했습니다. 인도네시아 요리를 좋아해서 우리는 자주 그 레스토랑에 가는 데 문제는 제가 그 레스토랑 이름을 외우지 못합니다.

표현 Tips

· 저는 저의 친구와 ~ 하기로 약속했습니다 **Saya ada janji dengan teman saya untuk ~.**
· 저는 ~를 위해 요리를 할 것입니다 **Saya akan memasak untuk ~.**
· ~ 먹는 것을 좋아해서 저는 종종 ~에 갑니다 **Karena suka makan ~, saya sering pergi ke ~.**

어휘 hafal 외우다, 암기하다 masalahnya 문제는 memasak 요리하다, 음식을 만들다
restoran tradisional Korea 한식당

Q 3 Apa rencana Anda pada akhir pekan ini?
이번 주말에 무슨 계획을 갖고 있나요?

 L14_04

샘의 **Tips**
~라고 예상(추정)되다라는 표현은 diperkirakan ~으로 표현할 수 있습니다.

 &A 자신의 상황에 가장 비슷한 답변을 중심으로 집중 연습해 보세요!

상황 1
Rencana saya adalah pergi memancing dengan teman-teman saya pada hari Minggu. Kami biasanya memancing di sebuah sungai kecil dekat dari sungai Soyanggang. Diperkirakan perjalanannya memakan waktu 1 setengah jam dari rumah saya.

저의 계획은 일요일에 친구들과 낚시를 가는 것입니다. 보통 우리는 **소양강** 근처의 한 작은 강에서 낚시를 합니다. 저의 집에서 약 1시간 30분 정도 소요될 것으로 예상됩니다.

상황 2
Saya mau beristirahat saja di rumah karena kecapaian. Akan tetapi, saya juga akan belajar bahasa Indonesia. Saya akan mengikuti ujian OPI lagi bulan depan karena saya belum puas dengan nilai saya.

저는 피곤해서 그냥 집에서 쉬고 싶습니다. 그러나 저는 인도네시아어 공부도 할 예정입니다. 저는 저의 성적에 아직 만족하지 않기 때문에 다음 달에 다시 OPI 시험을 볼 것입니다.

상황 3
Saya tidak mempunyai rencana apa-apa pada akhir pekan ini. Saya hanya mau membantu keluarga saya membersihkan rumah dan halaman saja. Berdasarkan siaran prakiraan cuaca, hari Minggu ini hangat dan cerah.

저는 이번 주말에 아무 계획도 없습니다. 저는 그냥 가족을 도와 집과 정원을 청소할 것입니다. 일기예보 방송에 따르면, 이번 주 일요일은 따뜻하고 맑습니다.

 표현
Tips
· 저는 ~와 낚시를 갈 것입니다 **Saya akan pergi memancing dengan ~.**
· 저는 ~에 아무 계획도 없습니다 **Saya tidak mempunyai rencana apa-apa pada ~.**
· 일기예보 방송에 따르면, 일요일은 ~ 합니다 **Berdasarkan siaran prakiraan cuaca, hari Minggu ~.**

어휘 **diperkirakan** ~로 추정(추측)되다 **membersihkan rumah** 집 청소를 하다 **pergi memancing** 낚시가다 **puas** 만족한, 흡족한 **siaran prakiraan cuaca** 일기예보 방송

Q 4 Setelah selesai ujian ini Anda mau makan atau minum apa saja?

시험 종료 후 무엇을 먹을(마실) 건가요?

 L14_05

샘의 Tips 식사 등에 지인을 초대하려 할 때, (ber) silaturahmi saja! 라고 말하면 한국식의 **화목(우정)을 다지다**라는 목적을 나타내는 것입니다.

A 자신의 상황에 가장 비슷한 답변을 중심으로 집중 연습해 보세요!

상황 1

Saya mau makan Bibimbap saja karena kebetulan ada sebuah restoran yang bagus dekat dari sini. Ketika merasa lapar sekali, makan Bibimbap itu enak sekali dan mengenyangkan.

우연히도 여기 근처에 좋은 식당이 있어서 저는 **비빔밥**을 먹고 싶습니다. 아주 배고플 때 비빔밥을 먹으면 무척 맛있고 배부릅니다.

상황 2

Karena masih kenyang, saya tidak mau makan apa-apa setelah ujian ini. Mungkin saja nanti malam saya akan makan nasi goreng ala Korea. Saya suka makan nasi goreng yang rasanya agak pedas.

아직 배부르기 때문에 저는 이 시험 이후에 아무것도 먹고 싶지 않습니다. 아마도 이따 저녁에 저는 한국식 볶음밥을 먹을 것입니다. 저는 약간 매운맛의 볶음밥을 즐겨 먹습니다.

상황 3

Nanti malam saya mau minum bir sambil makan ayam goreng beramai-ramai dengan teman-teman saya. Kami biasanya berkumpul sebulan sekali untuk bersilaturahmi saja.

이따 밤에 저는 친구들과 함께 왁자지껄하게 튀김닭에 맥주를 마시고 싶습니다. 우리는 보통 한 달에 한 번 우정을 다지기 위해 모입니다.

 표현 Tips

· 우연히 이 근처에 ~가 있습니다 **Kebetulan ada sebuah ~ dekat dari sini.**

· 저는 ~와 왁자지껄하게 ~하고 싶습니다 **Saya mau ~ beramai-ramai dengan ~.**

· 그들은 우정을 다지기 위해 모입니다 **Mereka berkumpul untuk bersilaturahmi.**

어휘 ala ~풍의, ~식의 beramai-ramai 떼를 지어, 여럿이 함께, 왁자지껄하게 berkumpul 모이다, 단합하다 bersilaturahmi 화목(우정)을 다지다 bir 맥주 kenyang 배부른

오늘 본 OPI 시험

Q 5 Apakah ujian OPI hari ini merupakan ujian pertama bagi Anda?

오늘 본 OPI 시험이 처음인가요? L14_06

 샘의 Tips
중요한 것은 ~이다는 yang penting adalah ~로 표현하면 됩니다.

 &A 자신의 상황에 가장 비슷한 답변을 중심으로 집중 연습해 보세요!

상황1
Iya, Bu. Ujian hari ini adalah pengalaman pertama bagi saya sehingga tadi waktu ditanya saya agak kaku berjawab. Yang penting adalah pengalaman kali ini sangat bermanfaat bagi saya.

네, 선생님. 오늘 시험이 저의 첫 번째 경험이라서 아까 질문받았을 때 대답하는 것이 다소 어색했습니다. 중요한 것은 이번 경험이 저에게 매우 유익했습니다.

상황2
Tidak. Ujian ini merupakan yang kedua kalinya. Sekitar tiga bulan yang lalu saya pernah mencobanya, namun nilai yang saya dapat kurang memuaskan. Hari ini saya puas karena saya sudah berusaha semaksimal mungkin.

아니요. 이 시험이 두 번째입니다. 약 3개월 전에 시도해 보았는데 제가 받은 성적은 만족스럽지 못했습니다. 저는 오늘 가능한 한 최대로 노력했기 때문에 만족합니다.

상황3
Sekitar setahun yang lalu saya pernah mencoba ujian OPI. Waktu itu sebenarnya saya belum siap untuk mencobanya, tetapi saya mencoba saja untuk merasakan bagaimana sistem ujian OPI.

약 1년 전쯤에 저는 OPI 시험을 시도해 본 적이 있습니다. 사실은 제가 그 당시에 시험을 볼 준비가 덜 되어있었지만, OPI 시험 체계가 어떤지를 느껴보기 위해서 시도했었습니다.

상황4
Ya, ujian hari ini adalah yang pertama bagi saya. Sepanjang ujian ini saya berusaha untuk mengendalikan diri saya agar dapat berkonsentrasi pada pertanyaan-pertanyaan Anda.

네, 오늘 시험이 저에게 첫 번째입니다. 이 시험 내내 당신의 질문들에 집중하기 위해 저는 저 자신을 통제하려고 노력했습니다.

 표현 Tips
· 제가 질문을 받았을 때, 대답하는 것이 다소 어색했습니다
Waktu saya ditanya, saya agak kaku berjawab.
· 가능한한 최대로 ~해서 오늘 저는 만족합니다
Hari ini saya puas karena saya ~ semaksimal mungkin.
· 시험 내내 저는 ~을 위해 노력했습니다 **Sepanjang ujian ini saya berusaha untuk ~.**

어휘 kaku 어색한, 경직된 mengendalikan ~를 통제(제어)하다 sepanjang ~하는 동안, ~하는 내내 semaksimal mungkin 가능한 한 최대로 sistem ujian 시험체계, 시험방식

Apakah Anda mempunyai rencana untuk mengikuti ujian OPI lagi?

OPI 시험을 다시 볼 계획을 갖고 있나요? 🎧 L14_07

샘의 *Tips* ~ 능력을 향상시키다의 가장 많이 쓰는 두 가지 표현으로, tingkatkan kemampuan ~ 또는 meningkatkan kemampuan ~을 사용합니다.

자신의 상황에 가장 비슷한 답변을 중심으로 집중 연습해 보세요!

상황 1

Tentu saja! Karena membutuhkan nilai minimal *Intermediate High*, saya akan mengikuti ujian ini kembali kalau saya gagal kali ini. Akan tetapi, saya mau belajar dulu kira-kira satu semester lagi.

물론입니다! 저는 최소한 중상급의 성적이 필요하기 때문에 이번에 실패하면 시험을 다시 볼 것입니다. 그러나 약 한 학기 정도 먼저 공부를 하고 싶습니다.

상황 2

Saya akan mengikuti ujian ini secara *reguler* untuk meningkatkan kemampuan berbahasa Indonesia. Sebenarnya, tujuan saya bukan untuk mendapatkan nilainya, tetapi saya hanya ingin mempraktikkan bahasa Indonesia saya.

인도네시아어 능력을 향상시키기 위해서 저는 정기적으로 이 시험을 볼 것입니다. 사실 저는 시험 성적을 얻고자 하는 목적이 없고 단지 저의 인도네시아어를 실습하고자 합니다.

상황 3

Karena biaya ujian ini sebenarnya cukup mahal, saya akan memikirkannya lagi. Saya memang membutuhkan sebuah nilai yang sangat memuaskan, tetapi soal biaya pun harus saya pertimbangkan.

이 시험의 비용이 꽤 비싸기 때문에 저는 고민을 좀 할 것입니다. 물론 제가 매우 만족스러운 성적이 필요하기는 하나 비용 문제도 심사숙고해야만 합니다.

표현
Tips

· 그는 최소 ~ 성적이 필요합니다 **Dia butuh nilai minimal ~.**
· 저는 ~ 위한 목적이 없습니다 **Saya tidak bermaksud untuk ~.**
· 저는 ~을 위해 ~을 고려해야만 합니다 **Saya harus mempertimbangkan ~ untuk ~.**

어휘   bermaksud 의도를 갖다, 뜻을 갖다 mempraktikkan ~를 실습하다, 연습하다 minimal 최소의 pertimbangkan ~를 심사숙고하다 pikirkan lagi 고민하다, 심사숙고하다 secara *reguler* 정기적으로

색칠한 단어로 표현을 완성시켜 연습해 보고 다양한 단어를 활용하여 자신에게 맞는 상황을 만들어 반복적으로 연습해 보세요.

Q1 시험종료 후 일정 이 시험이 끝난 후에 저는 친구들과 영화를 관람할 계획을 갖고 있습니다. 우리는 지난주에 이 계획을 세웠습니다. 관람하고 나면 저의 피로가 사라질 것입니다.

Saya berencana untuk _____ _____ dengan teman-teman saya setelah selesai ujian ini. Kami sudah _____ _____ ini pada minggu lalu. Setelah itu, _____ _____ akan hilang.

Q2 시험종료 후 식사 계획 저는 한식당에서 친구들과 점심을 같이 먹기로 약속했습니다. 그곳에서 우리는 다양한 채소와 함께 불고기를 먹을 것입니다.

Saya ada janji dengan teman-teman saya untuk makan siang di sebuah _____ _____. Di sana kami akan makan _____ dengan berbagai _____.

Q3 주말 계획 저의 계획은 일요일에 친구들과 낚시를 가는 것입니다. 보통 우리는 소양강 근처의 한 작은 강에서 낚시를 합니다. 저의 집에서 약 1시간 30분 정도 소요될 것으로 예상됩니다.

Rencana saya adalah _____ _____ dengan teman-teman saya pada hari Minggu. Kami biasanya memancing di sebuah sungai kecil dekat dari sungai Soyanggang. Diperkirakan perjalanannya _____ _____ _____dari rumah saya.

Q4 시험종료 후 무엇을 먹을(마실) 것인지   이따 밤에 저는 친구들과 함께 왁자지껄하게 튀김닭에 맥주를 마시고 싶습니다. 보통 한 달에 한 번 우리는 우정을 다지기 위해 모입니다.

Nanti malam saya mau minum bir sambil makan ayam goreng _____ dengan teman-teman saya. Kami biasanya _____ _____ berkumpul untuk _____ _____.

Q5 OPI 시험이 처음인지   오늘 시험이 저의 **첫 번째 경험**이라서 아까 질문받았을 때 대답하는 것이 다소 **어색했습니다.** 중요한 것은 이번 경험이 저에게 매우 **유익했습니다.**

Ujian hari ini adalah _____ _____ bagi saya sehingga tadi waktu ditanya saya agak _____ berjawab. Yang penting adalah pengalaman kali ini sangat _____ bagi saya.

Q6 OPI 시험 재 응시 계획   이 시험의 비용이 꽤 비싸기 때문에 저는 고민을 좀 할 것입니다. 물론 제가 매우 **만족스러운** 성적이 필요하기는 하나 비용 문제도 **심사숙고해야만** 합니다.

Karena _____ _____ _____ sebenarnya cukup mahal, saya akan memikirkannya lagi. Saya memang membutuhkan sebuah nilai yang sangat _____, tetapi soal biaya pun harus saya _____.

인도네시아어 회화 표현 UP 14

시험종료 후 일정에 관한 다양한 표현을 응용할 수 있는 표현 Tip들입니다.

1 저는 콜레스테롤이 낮은 음식을 먹습니다.
Saya makan makanan yang rendah kolesterol.

2 저는 저 자신에게 보상을 하고 싶습니다.
Saya mau memberi penghargaan kepada diri saya sendiri.

3 저는 조용한 곳을 좋아합니다.
Saya suka tempat yang tenang.

4 이 행사는 보통 주말에 있습니다.
Upacara ini biasanya diadakan pada akhir pekan.

5 이 시험을 보는 대부분은 대학생입니다.
Mayoritas yang ikut ujian ini adalah mahasiswa.

6 저는 음식을 대충 고르지 않습니다.
Saya tidak memilih makanan secara sembarangan.

7 저는 한국에서 유래한 호신술 중 하나를 배우고 있습니다.
Saya sedang belajar salah satu seni bela diri yang berasal dari Korea.

8 저는 주말에 명상을 합니다.
Saya bermeditasi pada akhir pekan.

9 더 세밀한 시간 분배는 매우 중요합니다.
Penggunaan waktu yang lebih rinci sangat penting.

10 저는 다른 사람에게 의지하지 않고 자기 자신을 관리할 수 있습니다.
Saya dapat mengurus diri sendiri tanpa harus bergantung pada orang lain.

OPI 시험에서 꼬리를 무는 질문이 나와도 당황하지 않고 나만의 표현을 할 수 있도록 다양한 표현들을 익혀 봅시다!

11 직업을 구할 개연성은 도시에 더 많습니다.
Kesempatan untuk mendapatkan pekerjaan lebih besar di kota.

12 인도네시아어를 배우기 위한 동기는 개인적인 요인에 기초하여 생깁니다.
Motivasi untuk belajar bahasa Indonesia terbentuk berdasarkan faktor pribadi.

13 이 시험은 개인적인 목표를 달성하기 위해 매우 중요합니다.
Ujian ini sangat penting untuk dapat mencapai tujuan pribadi.

14 이 계획은 기상 조건의 영향을 많이 받습니다.
Rencana ini sangat dipengaruhi oleh kondisi cuaca.

15 이 활동은 부업의 성격입니다.
Kegiatan ini bersifat sambilan.

16 저는 이 친구와 더 깊은 관계를 갖고 있습니다.
Saya mempunyai hubungan yang lebih mendalam dengan teman ini.

17 이것은 저의 소득원입니다.
Ini adalah mata pencaharian saya.

18 이 현상은 세계화 트렌드 때문에 생겼습니다.
Fenomena ini terjadi karena tren globalisasi.

19 대부분의 한국 사람들은 주말에 치킨에 맥주를 마시는 것을 좋아합니다.
Mayoritas masyarakat Korea suka minum bir sambil makan ayam goreng pada akhir pekan.

20 저는 아세안 경제공동체에 대해 배울 것입니다.
Saya akan belajar tentang Masyarakat Ekonomi ASEAN.

문법 Tips 14    ● 절 접속사

주절과 종속절을 연결하여 하나의 복합 문장을 완성하는 절 접속사에는 종류가 많습니다. 일반적으로 절 접속사는 문장의 중간에 위치합니다. 절 접속사는 쉼표가 먼저 오는 접속사와 앞에 쉼표를 쓰지 않는 접속사로 구분할 수 있습니다.

1. 쉼표가 먼저 오는 접속사

구 분		예 시
..., kecuali ...	..., 외에는 ...	• Semuanya suka mendengar musik, **kecuali** saya.
..., melainkan ...	..., 반면에 ...	• Ini bukan milik saya, **melainkan** milik teman saya.
..., padahal ...	..., 그런데 ...	• Dia makan nasi, **padahal** dia sudah makan.
..., sedangkan ...	..., 한편 ...	• Dia tinggi, **sedangkan** adiknya pendek.
..., seperti ...	..., 처럼 ...	• Saya suka buah-buahan, **seperti** apel, pisang, dan durian.
..., tetapi ...	..., 그러나 ...	• Saya sudah makan tadi, **tetapi** saya belum kenyang.
..., yaitu ...	..., 즉	• Itu memerlukan 3 unsur, **yaitu** air, sinar matahari, dan oksigen.
..., yakni ...	..., 즉 ...	• Semua siswa memerlukan alat tulis, **yakni** bolpoin dan pensil.

* 접속사 dan과 atau는 3개 이상의 단어, 구, 절 등을 연결할 때만 앞에 쉼표를 사용합니다.

 - 쉼표를 사용하지 않는 경우　A dan B 또는 A atau B
 - 쉼표를 사용하는 경우　A, B, dan C 또는 A, B, atau C

2. 쉼표를 쓰지 않는 접속사

구 분		예 시
... agar ...	... 위해서 ...	• Saya mendengarkan musik **agar** stres hilang.
... bahwa ...	... 라고 ...	• Dia mengatakan **bahwa** dia lebih suka mie daripada nasi.
... jika ...	... 만일	• Kami akan bermain bola basket **jika** ada waktu nanti sore.
... karena ...	... 때문에 ...	• Dia lagi sedih **karena** orang tuanya sakit.
... maka ...	... 그래서 ...	• Sudah kemalaman **maka** kami naik taksi.
... sebab ...	... 때문에 ...	• Saya sedang belajar **sebab** besok ada ujian semester.
... sehingga ...	... 그래서 ...	• Saya suka membaca koran **sehingga** setiap hari saya membelinya.

학습내용

OPI 시험을 마치기 전 마지막 코스로 롤 플레이를 진행하게 됩니다. 하나의 상황을 시험관이 제시하고 해당 역할을 주면, 그 역할의 인물이 되어 시험관과 함께 역할극을 하게 됩니다. OPI 수험생들이 가장 어려워하는 부분이 바로 역할극(*Role play*)입니다. 항공권·입장권·레스토랑·택시 예약, 음식·음료 주문 등 일상생활에서 우리가 흔히 접하거나 행하는 다양한 상황을 정리하여 대응해야 합니다.

역할극을 할 때 역할이 바뀔 수 있다는 점을 항상 주의하세요!

Tip **01**
식당, 티켓, 택시, 여행 등 일상생활에서 하는 주문이나 예약에 대한 상황 정리하기!

Tip **02**
역할극에서 발생하는 돌발상황(취소, 환불 등)에 대비하기!

Tip **03**
말을 더 많이 해야 하는 역할을 맡더라도 당황하지 않고 역할극 리드하기!

Tip **04**
예약이나 주문 상황을 오래 끌지 않고
적당히 "끝났습니다(Sudah Selesai)"로 매듭짓기!

샘의 *Tips* 롤플레이는 시험관이 질문하는 입장이 될 수도 있고, 내가 질문하는 입장이 될수도 있습니다. 그러므로, 양쪽의 역할을 모두 연습하는 게 좋습니다. 친구들과 역할을 바꾸어 역할극 놀이를 해보세요.

🎧 L15_01

A Selamat pagi! The Star Hotel, dengan bagian reservasi. Ada yang bisa saya bantu?
좋은 아침입니다. 스타 호텔. 예약부서입니다. 무엇을 도와드릴까요?

B Selamat pagi, saya mau memesan kamar. 좋은 아침입니다, 방을 예약하고 싶습니다.

A Ya, Pak. Boleh saya tahu Bapak ingin memesan tipe kamar apa dan untuk berapa orang? 네, 선생님. 어떤 타입의 방을 원하고 몇 명을 위한 것인지 물어봐도 될까요?

B Saya ingin memesan *suite room*. Dan hanya untuk saya sendiri.
스위트룸을 예약하고 싶습니다. 저 혼자 쓸 것입니다.

A Pada tanggal berapa Bapak akan datang? 언제 오실 건가요?

B Saya mau datang pada tanggal 09 September. 9월 9일에 도착할 겁니다.

A *Check out*-nya tanggal berapa kira-kira, Pak? 체크아웃은 대략 언제쯤 하실 예정인가요?

B Pada tanggal 12 September. 9월 12일입니다.

A Baik. Maaf, nama Bapak siapa? 좋습니다. 죄송하지만, 선생님 성함이 무엇인가요?

B Nama saya Muhamad. 제 이름은 **무하마드**입니다.

A Terima kasih banyak atas pemesanannya. Kami tunggu kedatangan Bapak di hotel kami. Jika ada pembatalan, mohon segera beritahu kami.
예약에 감사드립니다. 저희 호텔에 선생님이 도착하기를 기다리겠습니다. 만일 취소하는 경우, 즉시 저희에게 알려주세요.

B Terima kasih banyak atas kerjasamanya. 협조에 감사드립니다.

A Sama-sama, Pak. 천만에요.

어휘   **memesan** 예약하다 **pembatalan** 취소 **reservasi** 예약 **tipe** 타입, 종류

Q 2 Memesan Meja di Restoran lewat Telepon

전화로 레스토랑 예약하기

 L15_03

A Selamat siang, Restoran ABC. Ada yang bisa saya bantu?

안녕하세요, ABC 레스토랑입니다. 무엇을 도와드릴까요?

B Selamat siang. Saya ingin membuat reservasi untuk dua orang.

안녕하세요. 나는 두 사람을 예약하고 싶습니다.

A Silakan. Itu untuk malam ini, Pak?　　　　　　　　　물론입니다. 오늘 밤인가요, 선생님?

B Iya, benar. Malam ini pada jam 7.30. Apakah bisa?

네, 맞습니다. 오늘 밤 7시 30분입니다. 가능합니까?

A Tunggu sebentar, Pak. Saya akan mengecek dulu. Halo, Pak. Ya, kami memiliki meja yang tersedia untuk dua orang pada pukul 7.30 malam ini. Boleh saya tahu nama Anda, Pak?

잠깐만요, 확인 좀 먼저 할게요. 여보세요, 선생님. 네, 오늘 밤 7시 30분에 두 명을 위한 자리가 있습니다. 선생님 성함이 어떻게 되나요?

B Nama saya Ahmad.　　　　　　　　　　　　　　제 이름은 아흐마드입니다.

A Baiklah, Bapak Ahmad. Nomor kontak Bapak berapa?

좋습니다. 아흐마드 선생님. 연락번호가 어떻게 되나요?

B Nomor saya 010-1353-4243.　　　　　　　　내 번호는 010-1353-4243번입니다.

A Terima kasih, Pak. Saya akan menunggu kedatangan Bapak untuk malam ini.

감사합니다. 선생님. 오늘 밤 방문을 기다리겠습니다.

B Terima kasih kembali. Saya mau bertanya. Kalau saya mendadak tidak bisa datang, bagaimana? 감사합니다. 물어보고 싶은데요. 만약에 제가 갑자기 갈 수 없다면 어떻게 되나요?

A Kalau Bapak membatalkan reservasinya sampai jam 5 sore, tidak masalah. Namun, kalau pembatalan Bapak sudah lewat jam 5 sore, kami akan membatasi reservasi Bapak di kemudian hari.

선생님께서 오후 5시까지 예약을 취소하시면, 문제없습니다. 그러나 선생님의 취소가 오후 5시를 지나면, 우리는 다음번 선생님의 예약을 제한할 것입니다.

B Oh, begitu? Terima kasih atas penjelasannya, ya. 오. 그래요? 설명해 주셔서 감사합니다.

A Sama-sama, Pak.　　　　　　　　　　　　　　　천만에요. 선생님.

어휘　　**bermasalah** 문제되다　**bertanya** 질문하다　**membatalkan** ~를 취소하다　**membatasi** ~를 제한하다　**mendadak** 갑자기　**penjelasan** 설명

Memesan Makanan di Restoran

레스토랑에서 음식 주문하기

 L15_04

&A

A Selamat siang, Pak. Selamat datang di restoran ABC. Ada yang bisa saya bantu?

안녕하세요, 선생님. ABC 레스토랑에 오신 것을 환영합니다. 무엇을 도와드릴까요?

B Ada meja kosong untuk satu orang?　　　　　한 명만을 위한 자리를 예약할 수 있나요?

A Ya, Pak! Silakan lewat sini. Sudah siap untuk pesan sekarang, Pak?

네, 선생님! 이쪽으로 오세요. 지금 주문하시겠습니까, 선생님?

B Ya, apa menu spesialnya untuk hari ini?　　　　네, 오늘의 특별 메뉴는 무엇인가요?

A Hari ini menu spesialnya adalah *salmon* panggang dan *spaghetti* ikan laut, Pak.

오늘의 특별 요리는 연어 구이와 해산물 스파게티입니다, 선생님.

B Hmmm, Oke, saya ingin *salmon* panggang.　　　음, 좋아요, 연어 구이로 할게요.

A Mau pesan minum apa, Pak?　　　　　음료는 무엇으로 주문하실건가요, 선생님?

B Air putih saja.　　　　　　　　　　　　　　　물만 주세요.

A Baik, Pak! Pesanan Anda akan tersaji segera.　좋습니다, 선생님! 주문하신 것은 곧 나올 것입니다.

Ini pesanan Anda, Pak! Selamat makan. Jika Anda membutuhkan sesuatu, panggil saya saja, Pak. 선생님이 주문하신 겁니다! 맛있게 드십시오. 만일 필요한 게 있으면, 저를 부르면 됩니다.

B Oke, *makasih*.　　　　　　　　　　　　알겠습니다, 감사합니다.

A Bagaimana dengan makanannya?　　　　　　어떠셨습니까?

B Lezat! Terima kasih banyak.　　　　　　맛있습니다! 감사합니다.

A Ingin melihat menu penutupnya, Pak?　　　후식 메뉴 보시겠습니까, 선생님?

B Tidak, *makasih*. Tagihannya saja.　　　　괜찮습니다. 계산서 주세요.

어휘　　**air putih** 생수, 맹물　**menu penutup** 후식 메뉴　**panggang** 구운, 불에 익힌, 굽다　**tagihan** 계산서, 영수증

Q4 Memesan Makanan lewat Telepon

전화로 음식 주문하기

 L15_05

A Halo, di sini restoran ABC. Apa yang ingin Anda pesan?
여보세요. ABC 레스토랑입니다. 무엇을 주문하시겠습니까?

B Halo. Saya ingin pesan *hamburger* dan *seafood spaghetti*. Apa bisa?
여보세요. 햄버거와 해산물 스파게티를 주문하고 싶은데요. 가능한가요?

A Hanya itu, Pak? Apa Anda ingin memesan sup atau sesuatu untuk minum?
그것뿐인가요. 선생님? 수프나 음료수도 주문하시겠습니까?

B Hmmm, tidak *makasih*. Itu saja.
음. 아닙니다. 그것만 주문하죠.

A Baik. Ini untuk diambil atau dikirim?
좋습니다. 테이크 아웃인가요 배달인가요?

B Dikirim saja. Alamat saya di Sudirman View.
배달입니다. 제 주소는 수디르만 뷰입니다.

A Itu rumah atau apartemen, Pak?
단독주택인가요? 아파트인가요?

B Apartemen.
아파트입니다.

A Bisa saya minta nomor ponselnya, Pak?
전화번호 좀 주시겠습니까?

B Ya. Nomornya 010-1234-5678.
네. 제 번호는 010-1234-5678번입니다.

A Baik, Pak! Pesanan Anda akan segera sampai di sana.
좋습니다. 선생님! 주문하신 것은 신속하게 도착할 것입니다.

B Oke. Ngomong-ngomong, berapa lama sampai di rumah? Dan berapa harganya?
좋습니다. 그나저나, 배달을 위해 얼마나 오래 걸리나요? 그리고 가격은 얼마인가요?

A Sekitar 20 menit saja, Pak. Dan totalnya adalah sebesar 15.000 rupiah. Ada sedikit ongkos kirim sebesar 5.000 rupiah, Pak.
약 20분 걸립니다. 선생님. 그리고 총 15천 루피아입니다. 5천 루피아 정도의 배달 비용이 있습니다. 선생님.

B Oh, Oke-oke. *Makasih*.
아, 좋습니다. 감사합니다.

A Baik, Pak! Semoga hari Bapak menyenangkan. 좋습니다. 선생님! 즐거운 하루 보내십시오.

어휘 **ngomong-ngomong** 그나저나, 어쨌든 간에 **diambil** 테이크 아웃 **dikirim** 배달 **ongkos kirim** 배달료

219

Q5 Memesan Tiket Penerbangan lewat Telepon
전화로 항공권 예약하기

 L15_06

A Selamat siang, travel ABC. Ada yang bisa saya bantu?
ABC 여행사입니다. 무엇을 도와드릴까요?

B Ya. Saya mau pesan tiket tujuan Jakarta pada tanggal 20 Juni.
네. 6월 20일 자카르타행 항공권을 예약하고 싶습니다.

A Sebentar, Ibu. Saya segera cek dulu.
잠시만요, 부인. 먼저 체크 좀 할게요.

Halo. Untuk penerbangan pagi hari tanggal 20 Juni sudah penuh. Akan tetapi, masih ada satu tiket untuk keberangkatan malam hari jam 20.45 dengan pesawat AAA Airlines. Apakah Ibu mau?
여보세요. 6월 20일 아침 항공편은 모두 매진입니다. 그렇지만 아직 티켓 한 장이 있는데 밤 8시 45분에 출발하는 AAA 항공입니다. 원하세요?

B Kalau tidak ada pilihan lain, saya pesan saja. 만약 다른 선택의 여지가 없으면, 예약할게요.

A Bisa sebutkan namanya, Ibu ? 이름 좀 말씀해 주세요.

B Siti. 씨띠.

A Tolong dieja, Ibu. 철자 좀 말해주시겠어요, 부인?

B Siera-India-Tango-India. 시에라-인디아-탱고-인디아

A Baik, Ibu selesai. Kami mohon Ibu membayar tiket yang dipesan pada jam 5 sore besok. Jika Ibu tidak datang, pesanannya kami anggap batal.
좋습니다, 완료되었습니다. 예약하신 티켓을 내일 오후 5시에 결제하십시오. 만약에 부인께서 오지 않으면, 예약하신 것을 취소하는 것으로 하겠습니다.

B Baiklah. Saya akan mampir jam 3 sore. 좋습니다. 오후 3시에 들리겠습니다.

A Terima kasih, Ibu. 감사합니다, 부인.

B Sama-sama. 천만에요.

어휘   **dieja** 철자를 말하다 **mampir** 들르다, 잠시 방문하다

Memesan Taksi Lewat Telepon

전화로 택시 예약하기

 L15_07

A Halo, selamat siang! Jasa Layanan ABC Taksi. Ada yang bisa saya bantu?
안녕하세요, 좋은 아침입니다! ABC 택시 서비스입니다. 무엇을 도와드릴까요?

B Halo, saya ingin memesan taksi untuk besok malam, mungkin pada pukul 6 untuk ke Insa-dong. 여보세요, 내일 밤을 위해 택시를 예약하고 싶습니다. 대략 6시경에 인사동에 가려고 합니다.

A Baiklah. Bolehkah saya tahu nama Anda? 좋습니다. 부인 성함 좀 알 수 있을까요?

B Ibu Siti. 씨띠라고 합니다.

A Baik, Ibu Siti. Bisa Anda memberikan alamat lengkap dan nomor telepon yang dapat kami hubungi? 알겠습니다. 씨띠 부인. 부인의 주소와 저희가 연락할 수 있는 전화번호 좀 알려주실 수 있나요?

B Alamat saya adalah Jongro-gu No. 10. Anda dapat menghubungi saya di nomor 2365-8734. 제 주소는 종로구 10번지입니다. 2365-8734번으로 연락하시면 됩니다.

A Baik. 좋습니다.

B Berapa ongkos yang harus saya bayar? 요금은 얼마를 내야 하나요?

A Sekitar 35.000 won saja. 약 3만 5천 원입니다.

B Oke, saya setuju. 알겠습니다. 동의합니다.

A Baik. Taksi yang Ibu pesan akan menunggu di depan rumah Ibu pada pukul 6 besok malam.
좋습니다. 그리고 부인이 예약하신 택시는 내일 밤 6시에 부인 주소의 현관 앞에서 대기하고 있을 겁니다.

B Baik. Terima kasih. 좋습니다. 감사합니다.

A Kami senang dapat melayani Ibu. Terima kasih atas kerjasamanya. Semoga hari Ibu menyenangkan. 부인을 돕게 되어 기쁩니다. 협조에 감사드립니다. 즐거운 하루 되십시오.

B Baik. Terima kasih. 좋습니다. 감사합니다.

어휘   **jasa layanan** 서비스   **menyenangkan** 즐거운, 기쁜, 기쁘게 하다

&A

A Selamat pagi! Saya mau tanya tentang hewan peliharaan Anda.

안녕하세요! 당신의 애완동물에 관해 물어보고 싶습니다.

B Boleh. Memang apa yang mau Anda tanyakan? 좋습니다. 무엇을 물어보고 싶으세요?

A Kalau boleh tahu, hewan apa yang Anda pelihara saat ini?

현재 당신이 기르고 있는 동물이 무엇인지 알 수 있을까요?

B Hewan yang saat ini saya pelihara seekor kucing.

현재 제가 기르고 있는 동물은 고양이입니다.

A Kira-kira apa alasan Anda memelihara kucing?

당신이 고양이를 기르는 이유는 대략적으로 무엇인가요?

B Awalnya, saya memelihara kucing hanya untuk mengusir kebosanan saja.

애초에는 단지 지루함을 쫓기 위해서 고양이를 길렀습니다.

A Oh, begitu? Kenapa Anda memilih kucing dibandingkan dengan hewan lainnya?

아, 그렇습니까? 다른 동물에 비해서 왜 당신은 고양이를 선택하셨나요?

B Saya memilih kucing karena menurut saya kucing adalah hewan yang lucu.

제 생각에 고양이는 귀여운 동물이라서 고양이를 선택하게 되었습니다.

A Apa saja risikonya jika kita memelihara kucing?

고양이를 기를 때 어떤 위험이 있나요?

B Risikonya adalah infeksi akibat cakaran dan gigitan saja.

위험이라면 단지 할퀴고 물려서 생기는 감염입니다.

A Apa cara perawatan yang terbaik pada saat kucing sakit?

고양이가 아플 때 가장 좋은 치료법은 무엇인가요?

B Pada saat kucing sakit, saya akan membawanya ke dokter hewan.

고양이가 아프면 저는 수의사에게 데려갈 것입니다.

어휘   **cakaran** 할큄, 발톱 자국 **dokter hewan** 수의사 **gigitan** 물림 **infeksi** 감염, 전염. **kebosanan**
지루함, 따분함 **lucu** 귀여운 **mengusir** ~을 쫓다, 몰아내다 **pelihara (memelihara)** 기르다,
양육하다 **perawatan** 치료, 보호 **risiko** 위험

Wawancara tentang Perpustakaan Umum

공공 도서관에 관해 이야기 나누기

 L15_09

&A

A Selamat sore, Pak!

안녕하세요. 선생님!

B Selamat sore juga! Ada yang bisa saya bantu?

안녕하세요! 제가 도와드릴 거라도 있나요?

A Apa boleh saya bertanya tentang perpustakaan umum?

공공 도서관에 관해 물어볼 수 있나요?

B Boleh, silakan saja.

당연하죠. 그렇게 하시죠.

A Menurut Anda, bagaimana keadaan perpustakaan umum saat ini?

당신 생각에, 요즘 공공 도서관의 상황은 어떤가요?

B Bisa dikatakan lebih maju. Kualitasnya sudah mulai membaik.

좀 더 발전했다고 말할 수 있습니다. 도서관의 품질이 이미 개선되고 있습니다.

A Sebenarnya, seberapa penting perbaikan kualitasnya?

사실, 품질 개선이 얼마나 중요한 것인가요?

B Bagi perpustakaan yang benar-benar berorientasi pada pendidikan itu
sangat penting.

교육을 지향하는 도서관은 매우 중요합니다.

A Buku apa yang paling menarik minat baca masyarakat menurut Anda?

당신 생각에 어떤 책이 주민들의 독서에 대한 관심을 가장 많이 유도하나요?

B Yang saya ketahui masyarakat lebih berminat pada buku cerita anak.

제가 알기로는 주민들은 동화책에 더 관심이 있습니다.

A Saya rasa sudah cukup dan terima kasih atas waktunya.

이제 충분한 것 같아요 그리고 시간을 내주셔서 감사드립니다.

B Sama-sama.

천만에요.

어휘   **berminat** 관심이 있다 **buku cerita anak** 동화책, 이야기책 **diperbaiki** 개선되다, 향상되다 **keadaan**
여건, 상황 **minat** 관심 **perbaikan** 개선, 향상 **perpustakaan umum** 공공 도서관 **seberapa** 얼마나

주문 후 계산

Q9 Memesan dan Membayar di Restoran
레스토랑에서 주문 후 계산하기

 L15_10

&A

A Halo! Apa kabar, Pak?

안녕하세요! 잘 지내셨나요, 선생님?

B Baik, terima kasih. Bisa lihat menunya?

네, 감사합니다. 메뉴 좀 볼 수 있을까요?

A Tentu saja. Ini dia, Pak.

물론입니다. 여기 있습니다, 선생님.

B Terima kasih. Ada nasi goreng dengan ayam panggang pedas?

감사합니다. 볶음밥과 매운 양념의 닭 구이 요리가 있나요?

A Ada, Pak. Mau pesan itu saja?

있습니다, 선생님. 그걸로 할까요?

B Iya, saya mau pesan itu.

네, 그것으로 주문할게요.

A Mau pesan minuman juga, Pak?

음료도 주문하시겠습니까, 선생님?

B Ya, saya mau jus jeruk.

네, 오렌지 주스 주세요.

A Ini, Pak. Silakan menikmati!

여기 있습니다. 맛있게 드십시오, 선생님!

B Terima kasih. Minta bon, ya.

감사합니다. 계산서 좀 주세요.

A Ini, Pak. Semuanya Rp 97.000.

여기 있습니다, 선생님. 전부 97,000루피아입니다.

B Bisa saya bayar dengan kartu kredit?

신용카드로 계산할 수 있죠?

A Bisa, Pak. Tolong masukkan nomor PIN-nya, Pak.

가능합니다, 선생님. 비밀번호를 입력해 주세요, 선생님.

B Sudah, kan? Terima kasih, ya.

됐죠? 감사합니다.

A Terima kasih. Silakan berkunjung kembali, Pak!

감사합니다. 또 오세요, 선생님!

어휘　**kartu kredit** 신용카드　**menikmati** ~를 즐기다　**nomor PIN** 비밀번호

Membeli Tiket Kereta Api

기차표 구매하기

 L15_11

A Selamat pagi! Ada yang bisa saya bantu?

안녕하세요! 무엇을 도와드릴까요?

B Selamat pagi! Saya mau beli tiket untuk dua orang.

안녕하세요! 티켓 두 장을 구매하고 싶은데요.

A Untuk hari ini, Pak? Mau ke mana, Pak?

오늘 출발하는 거죠, 선생님? 어디에 가십니까, 선생님?

B Untuk nanti siang dan tujuannya ke Busan.

오늘 오후에 부산으로 가고자 합니다.

A Mau sekali jalan saja atau mau pulang pergi, Pak?

편도를 원하세요 아니면 왕복을 원하세요?

B Dua-duanya pulang pergi saja. Kalau bisa, pulangnya besok sore.

두 장 모두 왕복으로 해주세요. 아직 가능하다면, 돌아오는 것은 내일 오후로 했으면 합니다.

A Ada kereta api Saemaul pada jam 2.45 siang ini dengan tujuan Busan. Untuk besok adanya pada jam 6.15 sore dengan tujuan Seoul dari Busan. Mau ambil, Pak?

오늘 오후 2시 45분에 부산행 새마을 기차가 있습니다. 내일은 오후 6시 15분에 부산발 서울행이 있습니다. 구매하실 건가요?

B Mau. Semuanya berapa?

네 구매하겠습니다. 모두 얼마인가요?

A Semuanya 245.000 won, Pak.

모두 해서 245,000원입니다. 선생님.

B Saya mau membayar dengan kartu kredit. Bisa? 신용카드로 결제하고 싶습니다. 가능하죠?

A Bisa saja, Pak. Terima kasih dan selamat pagi.

가능합니다. 선생님. 감사합니다 그리고 좋은 아침되세요.

B Sama-sama. Selamat pagi!

천만에요. 좋은 아침되세요!

어휘   **pulang pergi** 왕복 **sekali jalan** 편도 **tujuan** 목적지

색칠한 단어로 표현을 완성시켜 연습해 보고 다양한 단어를 활용하여 자신에게 맞는 상황을 만들어 반복적으로 연습해 보세요.

Q1 객실 예약 ▌네, 선생님. 어떤 타입의 방을 원하고 몇 명을 위한 것인지 물어봐도 될까요?

Ya, Pak. Boleh saya tahu Bapak ingin memesan _____ _____

dan untuk _____ _____?

▌스위트룸을 예약하고 싶습니다. 저 혼자 쓸 것입니다.

Saya ingin memesan _____. Dan hanya untuk _____ _____.

Q2 레스토랑 예약 잠깐만요, 확인 좀 먼저 할게요. 여보세요, 선생님. 네, 오늘 밤 7시 30분에 두 명을 위한 자리가 있습니다. 선생님 성함이 어떻게 되나요?

Tunggu sebentar, Pak. Saya akan mengecek dulu. Halo, Pak. Ya, kami memiliki meja yang tersedia untuk _____ _____ pada _____ malam ini. Boleh saya tahu nama Anda, Pak?

Q3 음식 주문 ▌여보세요. 햄버거와 해산물 스파게티를 주문하고 싶은데요. 가능한가요?

Halo. Saya ingin pesan _____ dan_____ _____. Apa bisa?

▌그것뿐인가요, 선생님? 수프나 음료수도 주문하시겠습니까?

Hanya itu, Pak? Apa Anda ingin memesan _____ atau sesuatu untuk _____?

■ 해답은 바로 앞페이지 Q1~Q6에 있습니다.

Q4 항공권 예약　　여보세요. 6월 20일 아침 항공편은 모두 매진입니다. 그렇지만 아직 티켓 한 장이 있는데 밤 8시 45분에 출발하는 AAA 항공입니다. 원하세요?

Halo. Untuk penerbangan pagi hari tanggal 20 Juni ＿＿＿＿＿ ＿＿＿＿＿.
Akan tetapi, masih ada satu tiket untuk keberangkatan pada
＿＿＿＿＿＿ ＿＿＿＿＿ dengan pesawat ＿＿＿＿＿＿＿＿＿＿.
Apakah Ibu mau?

Q5 음식 배달　　▌좋습니다. 테이크 아웃인가요 배달인가요?
Baik. Ini untuk ＿＿＿＿＿＿ atau ＿＿＿＿＿ ?

　　　　　　▌배달입니다. 제 주소는 수디르만 뷰입니다.
＿＿＿＿＿ saja. ＿＿＿＿＿ ＿＿＿＿＿ di Sudirman View.

　　　　　　▌단독주택인가요? 아파트인가요?
Itu rumah atau ＿＿＿＿＿, Pak?

Q6 기차표 구매　　▌편도를 원하세요 아니면 왕복을 원하세요?
Mau ＿＿＿＿＿ ＿＿＿＿＿ saja atau mau ＿＿＿＿＿ ＿＿＿＿＿, Pak?

　　　　　▌두 장 모두 왕복으로 해주세요. 아직 가능하다면, 돌아오는 것은 내일 오후로 했으면 합니다.
Dua-duanya ＿＿＿＿＿ ＿＿＿＿＿ saja. ＿＿＿＿＿ ＿＿＿＿＿,
pulangnya besok sore.

인도네시아어 회화 표현 UP 15

*Role Play*에 관한 다양한 표현을 응용할 수 있는 표현 Tip들입니다.

1 음식 메뉴 좀 빨리 주시겠습니까?
Bisa minta menu makan segera?

2 무엇을 주문하시겠습니까?
Anda mau memesan apa?

3 무엇을 드릴까요?
Apa yang bisa saya bawakan?

4 커피, 달걀 그리고 토스트를 주세요.
Saya mau kopi, telur, dan roti panggang.

5 오믈렛을 원하세요 아니면 달걀 후라이를 원하세요?
Mau telur dadar atau telur mata sapi?

6 먼저 커피를 가져다드리겠습니다.
Saya akan membawakan kopinya lebih dulu.

7 어떤 사람이 방금 예약을 취소했습니다.
Baru saja ada yang membatalkan reservasinya.

8 음료를 주문하시겠습니까?
Anda mau pesan minuman apa?

9 거스름돈은 가지세요!
Ambil kembaliannya!

10 객실은 이미 응접실이 완비되어 있습니다.
Kamarnya sudah dilengkapi dengan ruang tamu.

11 결제는 송금할 수 있나요?
Bolehkah saya *transfer* pembayarannya?

12 객실 예약금은 선불로 내셔야 합니다.
Bapak harus membayar uang muka untuk kamarnya di muka.

13 저희 친구 몇 명은 나중에 합류할 것입니다.
Beberapa teman kami akan bergabung nanti.

14 메뉴 좀 볼 수 있을까요?
Bisa lihat menunya?

15 즐거운 식사되십시오, 선생님!
Selamat menikmati, Pak!

16 더 필요하신 거 있으세요?
Ada pesanan lain?

17 죄송합니다. 저희 호텔에 애완동물은 금지입니다.
Saya minta maaf. Di hotel kami hewan peliharaan tidak diperbolehkan.

18 편도 또는 왕복을 선택하십시오.
Silakan pilih, sekali jalan atau pulang pergi.

19 출발지, 목적지와 당신의 비행 날짜를 선택하십시오.
Silakan pilih kota keberangkatan, kota tujuan, dan juga tanggal penerbangan Anda.

20 당신은 주민등록번호 또는 여권번호 중 선택할 수 있습니다.
Anda bisa memilih antara nomor KTP atau nomor paspor.

문법 Tips 15

문장 접속사(구)

문장 접속사(구)는 문장과 문장을 연결하여 문단을 형성하고 이야기를 논리적으로 전개시키는 역할을 하는 접속사 또는 접속사구로 보통 문장의 서두에 위치합니다.

절 접속사처럼 하나의 문장 속에 위치하여 주절과 종속절을 연결하는 기능을 하는 것이 아니라 문장을 연결하며, 문장의 서두에 위치할 경우 반드시 쉼표를 뒤에 붙여야 합니다. 논리적인 표현을 하기 위해서는 문장 접속사(구)를 잘 활용할 수 있어야 합니다.

문장 접속사(구)			
Agaknya, ...	추측컨데, ...	Namun, ...	그러나, ...
Akan tetapi, ...	그러나, ...	Oleh karena itu, ...	그래서, ...
Akhirnya, ...	결국에는, ...	Oleh sebab itu, ...	그래서, ...
Akibatnya, ...	결국에는, ...	Pada dasarnya, ...	원래는, ...
Artinya, ...	말하자면, ...	Pada hakikatnya, ...	사실인 즉, ...
Biarpun begitu, ...	그럼에도 불구하고, ...	Pada prinsipnya, ...	원칙적으로, ...
Biarpun demikian, ...	이상에도 불구하고, ...	Paling tidak, ...	적어도, ...
Contohnya, ...	예를 들면, ...	Sebaliknya, ...	반대로, ...
Dalam hal ini, ...	이 일에 있어서는, ...	Sebelumnya, ...	예전에, ...
Dalam hubungan ini, ...	이와 관련하여, ...	Sebenarnya, ...	사실은, ...
Dalam konteks ini, ...	이 맥락에 있어서, ...	Sehubungan dengan itu, ...	그와 관련하여, ...
Dengan demikian, ...	이상과 같이, ...	Selain itu, ...	그 외에, ...
Dengan kata lain, ...	다른 말로는, ...	Sebagai kesimpulan, ...	결론적으로, ...
Di pihak lain, ...	한편, ...	Sebaiknya, ...	마땅히, ...
Di samping itu, ...	그 외에, ...	Selanjutnya, ...	다음에는, ...
Jadi, ...	그래서, ...	Sementara itu, ...	한편, ...
Jika demikian, ...	그렇다면, ...	Sesudah itu, ...	그 후에는, ...
Kalau begitu, ...	만약 그렇다면, ...	Sesungguhnya, ...	사실은, ...
Kalau tidak salah, ...	틀리지 않다면, ...	Sungguhpun begitu, ...	그렇더라도, ...
Karena itu, ...	그래서, ...	Sungguhpun demikian, ...	이상과 같더라도, ...
Lagi pula, ...	더욱이, ...	Tambahan lagi, ...	게다가, ...
Meskipun begitu, ...	그렇다 하더라도, ...	Tambahan pula, ...	더욱이, ...
Meskipun demikian, ...	이상과 같더라도, ...	Untuk itu, ...	그것을 위해, ...
Misalnya, ...	예를 들어, ...	Walaupun demikian, ...	이상과 같더라도, ...

Menyelesaikan Ujian
마무리 하기

시험의 마무리는 주로 시험에 대한 소감을 말하거나 난이도가 어떠했는지에 대한 질문입니다. 또한, 시험 종료 후 앞으로는 어떤 계획으로 인도네시아어를 학습할 것인지에 대해 질문하기도 합니다.

시험의 중요한 부분이 아니므로 길게 대답할 필요는 없습니다. 단답형으로 시험에 대한 소감이나 아쉬운 점, 어려웠던 점 등에 대해 대답하는 것이 좋고, 앞으로는 더욱 열심히 공부하겠다는 의지를 보여주는 것이 좋습니다. 앞에서도 언급했듯이 OPI 시험에서는 초심을 끝까지 유지하는 것이 필요합니다. 즉, 마무리 단계라고 하여 결코 소홀하게 대답하면 안 된다는 의미입니다. OPI 시험은 면접시험이나 구술시험이라고도 말할 수 있는데, 그 이유는 좋은 성과를 얻기 위해서 도입부부터 마무리 단계까지 최선을 다해야 하기 때문입니다.

Tip **01**

간략하게 시험에 대한 소감이나 느낌을 말하기!

Tip **02**

논리나 표현력이 중요한 단계가 아니므로
단답형의 깔끔한 답변으로 마무리하기!

Tip **03**

좋은 결과를 얻기 위해 계속 공부하겠다는 의지 표현하기!

Tip **04**

면접관에게 관심과 배려에 감사드린다는 마지막 멘트는 필수

Q & A
List

🎧 L16_01

1. 시험에 대한 소감

Q1 Apa pendapat Anda terhadap ujian hari ini?

오늘 시험에 대해 어떻게 생각합니까?

2. 향후 인도네시아어 학습 계획

Q2 Apa rencana belajar bahasa Indonesia Anda setelah ujian ini?

이 시험 이후에 당신의 인도네시아어 학습계획은 무엇인가요?

Q 1 Apa pendapat Anda terhadap ujian hari ini?

오늘 시험에 대해 어떻게 생각합니까?

 L16_02

샘의 Tips agak sulit untuk saya jawab은 답변하기 다소 어렵다라는 뜻으로 자주 사용되는 표현입니다.

&A 자신의 상황에 가장 비슷한 답변을 중심으로 집중 연습해 보세요!

상황 1 Saya rasa pertanyaan-pertanyaan hari ini agak sulit untuk saya jawab. Oleh karena itu, saya mengambil kesimpulan bahwa saya harus belajar bahasa Indonesia dengan sungguh-sungguh.

오늘 질문들은 제가 답변하기 조금 어려웠다고 생각합니다. 따라서, 저는 인도네시아어를 열심히 배워야 겠다고 결론지었습니다.

상황 2 Secara garis besar pertanyaannya agak sulit untuk saya jawab, namun saya berusaha untuk menjawab semua pertanyaan sebaik mungkin. Pengalaman hari ini sangat bermanfaat bagi saya sehingga saya terdorong untuk mengikuti ujian berikutnya.

전반적으로, 질문들은 답변하기 다소 어려웠지만 저는 최대한 모든 질문에 답변하려고 노력했습니다. 오늘 경험은 저에게 있어 매우 유용했으며 자극이 되어 차기 시험에 응시하려 합니다.

상황 3 Walaupun ada beberapa pertanyaan yang agak sulit untuk saya jawab, saya bisa menjawab hampir semua pertanyaan. Lain waktu, saya ingin mengikuti ujian ini beberapa kali lagi untuk memperoleh nilai terbaik.

몇몇 대답하기 어려운 질문이 있었지만, 저는 대부분의 질문에 대답할 수 있었습니다. 다음 기회에 저는 가장 좋은 점수를 획득하기 위해 이 시험을 몇 번 더 보고 싶습니다.

표현 Tips
- 오늘 질문은 제가 답변하기에 ~ 하였습니다 **Pertanyaan hari ini agak ~ untuk saya jawab.**
- 저는 가능한한 최대로 ~ 하기 위해 노력했습니다 **Saya berusaha untuk ~ sebaik mungkin.**
- 저는 ~를 위해 ~를 몇번 더 치를 겁니다 **Saya ingin mengikuti ~ beberapa kali lagi untuk ~.**

어휘 berikut 차회의, 다음의 dengan sungguh-sungguh 열심히 mengambil kesimpulan 결론을 내리다 pertanyaan 질문 terdorong 고취되다, 자극되다

Apa rencana belajar bahasa Indonesia Anda setelah ujian ini?

이 시험 이후에 당신의 인도네시아어 학습계획은 무엇인가요?   L16_03

샘의 Tips 더 유창하게 ~를 구사하다는 berbahasa ~ dengan lebih lancar라고
표현하면 됩니다.

&A

자신의 상황에 가장 비슷한 답변을 중심으로 집중 연습해 보세요!

상황 1

Saya akan terus belajar bahasa Indonesia supaya bisa berbahasa dengan lebih lancar. Rencananya, saya akan belajar melalui program *internet* supaya saya bisa belajar kapan saja.

더 유창하게 말할 수 있도록 저는 지속적으로 인도네시아어를 배울 것입니다. 계획은 언제든지 학습할 수 있도록 저는 인터넷 프로그램을 통해 학습할 것입니다.

상황 2

Saya akan belajar bahasa Indonesia tanpa henti. Saya akan mencoba belajar di sebuah lembaga kursus bahasa asing agar dapat belajar dengan lebih efisien.

저는 멈추지 않고 인도네시아어를 배울 것입니다. 더 효과적으로 학습할 수 있도록 저는 외국어 어학원에서 배워보려고 합니다.

상황 3

Saya akan belajar sendiri bahasa Indonesia pada hari kerja karena saya tidak mempunyai banyak waktu. Namun, saya akan mencoba belajar di sebuah lembaga kursus bahasa asing pada akhir pekan supaya lebih efektif.

시간이 많지 않기 때문에 주 중에는 혼자서 인도네시아어를 학습할 것입니다. 한편, 더 효과적이도록 주말에는 외국어 어학원에서 배워볼 것입니다.

표현
Tips

· 저는 ~ 하도록 ~를 통해 학습할 것입니다 **Saya akan belajar melalui ~ supaya ~.**

· 저는 멈추지 않고 ~를 배울 것입니다 **Saya akan belajar ~ tanpa henti.**

· 저는 ~에 ~에서 학습할 것입니다 **Saya akan mencoba belajar di ~ pada ~.**

어휘 dengan lebih lancar 더 유창하게, 더 원활하게 efektif (=efisien) 효과적인, 효율적인 lembaga kursus bahasa asing 외국어 어학원 pada hari kerja 주중에 tanpa henti 멈추지 않고

색칠한 단어로 표현을 완성시켜 연습해 보고 다양한 단어를 활용하여 자신에게 맞는 상황을 만들어 반복적으로 연습해 보세요.

Q1 시험에 대한 소감 전반적으로, 질문들은 답변하기 다소 어려웠지만 저는 최대한 모든 질문에 답변하려고 노력했습니다. 오늘 경험은 저에게 있어 매우 유용했으며 자극이 되어 차기 시험에 응시하려 합니다.

_____ pertanyaannya agak sulit untuk saya jawab, namun saya berusaha untuk menjawab semua pertanyaan _____ _____. Pengalaman hari ini _____ _____ bagi saya sehingga saya terdorong untuk mengikuti ujian berikutnya.

Q2 향후 학습계획 더 유창하게 말할 수 있도록 저는 지속적으로 인도네시아어를 배울 것입니다. 계획은 언제든지 학습할 수 있도록 저는 인터넷 프로그램을 통해 학습할 것입니다.

Saya akan terus belajar bahasa Indonesia supaya bisa berbahasa _____. _____, saya akan belajar melalui _____ _____ supaya saya bisa belajar kapan saja.

1 저는 저의 인도네시아어 수준이 중급 수준에 달하기를 희망합니다.
Saya berharap tingkat bahasa Indonesia saya mencapai *level* menengah.

2 저에게 가장 어려운 부분은 최근 이슈들에 대한 질문입니다.
Bagian yang paling sulit bagi saya adalah pertanyaan tentang isu-isu terbaru.

3 시험 볼 때 저는 긴장되었습니다.
Saya gugup waktu saya ujian.

4 저는 구술시험을 볼 때 긴장해 본 적이 없습니다.
Saya tidak pernah gugup waktu saya mengikuti ujian lisan.

5 저는 구술시험 보다 필기시험을 더 선호합니다.
Saya lebih suka ujian tertulis daripada ujian lisan.

6 이 시험은 저에게 좋은 경험이었습니다.
Ujian ini menjadi pengalaman baik bagi saya.

7 인도네시아어를 배우는 것은 쉬운 일이 아닙니다.
Belajar bahasa Indonesia itu bukanlah suatu hal yang mudah.

8 갑자기 긴장해서 저는 OPI 시험을 망쳤습니다.
Saya gagal dalam ujian OPI karena saya mendadak gugup.

9 가장 좋은 해결책은 인도네시아어로 대화하는 것입니다.
Solusi yang terbaik adalah berbincang-bincang dalam bahasa Indonesia.

10 저의 인도네시아어가 아직 유창하지 않아 저는 인도네시아어로 말하는 것이 두렵습니다.
Saya takut berbahasa Indonesia karena bahasa Indonesia saya belum lancar.

OPI 시험에서 꼬리를 무는 질문이 나와도 당황하지 않고 나만의 표현을 할 수 있도록 다양한 표현들을 익혀 봅시다!

11 저는 이 면접시험을 보기 위해 용기를 냈습니다.
Saya memberanikan diri untuk mengikuti ujian wawancara ini.

12 이 시험은 인도네시아어를 배우는 데 동기가 됩니다.
Ujian ini menjadi motivasi saya dalam belajar bahasa Indonesia.

13 규칙적으로 학습하는 것은 모든 사람에게 성공의 열쇠입니다.
Belajar secara teratur adalah kunci kesuksesan bagi semua orang.

14 그 면접관은 대화의 속도를 조절하는 데 매우 현명합니다.
Pewawancara itu sangat bijaksana dalam mengatur kecepatan berbicara.

15 시험을 망쳐서 입맛이 없습니다.
Karena gagal ujian, saya tidak bernafsu makan.

16 저는 인도네시아어 학습을 위해 분발할 것입니다.
Saya akan berusaha keras untuk belajar bahasa Indonesia.

17 구술시험에 가장 중요한 요소는 논리성과 표현력입니다.
Faktor terpenting dalam ujian lisan adalah logika dan kemampuan berekspresi.

18 매일 신문기사를 읽는 것은 외국어 능력을 향상시킬 것입니다.
Membaca artikel di surat kabar setiap hari akan meningkatkan kemampuan berbahasa asing.

19 외국어를 쓰고 번역하는 것은 학습하는 데 도움이 됩니다.
Menulis dan menerjemahkan bahasa asing itu ada manfaatnya dalam belajar.

20 성공의 열쇠는 실패이므로 체념하지 마십시오.
Kunci kesuksesan adalah kegagalan, maka jangan lekas menyerah.

문법 Tips 16    문단 접속사(구)

문단 접속사(구)는 앞의 문단과 뒤에 오는 문단을 연결해 전체적인 이야기를 완성시켜 주는 역할을 하는 접속사(구)로 일반적으로 뒤에 오는 문단의 서두에 위치합니다. 또한, 문장 접속사(구)의 경우와 마찬가지로 뒤에 반드시 쉼표를 붙여야 합니다.

문단 접속사(구)의 대부분은 문장 접속사(구)와 동일하며, 문장을 연결하는 위치에 오는지 아니면 문단을 연결하는 위치에 오는지에 따라 문장 또는 문단 접속사(구)로 구분됩니다.

종 류	예 시	
1. 앞에 언급한 사항을 부연 설명	**Akhirnya, ...**	결국에는, ...
	Begitu pula, ...	게다가, ...
	Demikian juga, ...	그런고로, ...
	Ditambah lagi, ...	더욱이, ...
	Di samping itu, ...	한편, ...
2. 앞에 언급한 사항과 반대 설명	**Bagaimanapun juga, ...**	어쨌든, ...
	Namun, ...	그러나, ...
	Sebaliknya, ...	반대로, ...
3. 앞에 언급한 사항과 비교 설명	**Sama halnya ...,**	...바와 같이,
	Sebagaimana ...,	...처럼,
4. 결과 또는 종료 설명	**Akibatnya, ...**	결과적으로, ...
	Jadi, ...	따라서, ...
	Oleh karena itu, ...	그래서, ...
5. 목적 설명	**Untuk itulah, ...**	그것을 위해, ...
	Untuk maksud itu, ...	그 목적을 위해, ...
	Untuk mencapai hal itu, ...	그것을 달성하기 위해, ...
6. 요약 또는 강조 설명	**Pada intinya, ...**	요약하면, ...
	Ringkasnya, ...	간단히 말해서, ...
	Secara singkat, ...	간단히 말해서, ...
7. 시간 설명	**Kemudian, ...**	그런 다음에, ...
	Sementara itu, ...	반면에, ...

본문에서 학습한 단어들과 다양하게 표현할 수 있는 필수 기초단어들을

정리하여 한눈에 찾아 볼 수 있도록 카테고리별로 수록하였습니다.

본문의 어휘 이외에 자신에게 맞는 단어들을 찾아 효율적으로 재미있는

답변을 구성해 보세요.

1. 숫자 (기수) Angka

* 인도네시아의 숫자는 천 단위마다 쉼표(,)가 아닌 점(.)으로 표시합니다.

0	nol. kosong	90	sembilan puluh
1	satu	100	seratus
2	dua	200	dua ratus
3	tiga	300	tiga ratus
4	empat	400	empat ratus
5	lima	500	lima ratus
6	enam	600	enam ratus
7	tujuh	700	tujuh ratus
8	delapan	800	delapan ratus
9	sembilan	900	sembilan ratus
10	sepuluh	1.000	seribu
11	sebelas	2.000	dua ribu
12	dua belas	3.000	tiga ribu
13	tiga belas	4.000	empat ribu
14	empat belas	5.000	lima ribu
15	lima belas	⋮	
16	enam belas	10.000	sepuluh ribu
17	tujuh belas	20.000	dua puluh ribu
18	delapan belas	30.000	tiga puluh ribu
19	sembilan belas	⋮	
20	dua puluh	100.000	seratus ribu
30	tiga puluh	200.000	dua ratus ribu
40	empat puluh	300.000	tiga ratus ribu
50	lima puluh	⋮	
60	enam puluh	1.000.000	sejuta
70	tujuh puluh	2.000.000	dua juta
80	delapan puluh	3.000.000	tiga juta

2. 월 Bulan

* bulan과 함께 사용하여 bulan Januari라고 해야 1월이라는 뜻이 전달됩니다.

Januari	Februari	Maret	April	Mei	Juni
1월	2월	3월	4월	5월	6월
Juli	Agustus	September	Oktober	November	Desember
7월	8월	9월	10월	11월	12월

3. 숫자(서수) Urutan

첫 번째	kesatu. pertama	스무 번째	kedua puluh
두 번째	kedua	서른 번째	ketiga puluh
세 번째	ketiga	사십 번째	keempat puluh
네 번째	keempat	오십 번째	kelima puluh
다섯 번째	kelima	육십 번째	keenam puluh
여섯 번째	keenam	칠십 번째	ketujuh puluh
일곱 번째	ketujuh	팔십 번째	kedelapan puluh
여덟 번째	kedelapan	구십 번째	kesembilan puluh
아홉 번째	kesembilan	일백 번째	keseratus
열 번째	kesepuluh	일만 번째	kesepuluh ribu
열한 번째	kesebelas	일십만 번째	keseratus ribu
열두 번째	kedua belas	일백만 번째	kesatu juta
열세 번째	ketiga belas	일천만 번째	kesepuluh juta

4. 요일 Hari

* 월요일은 단독 Senin만으로 표현할 수 없습니다.
앞에 요일 또는 날이란 뜻을 나타내는 hari와 함께 사용해야 합니다.

Senin	Selasa	Rabu	Kamis	Jumat	Sabtu	Minggu
월요일	화요일	수요일	목요일	금요일	토요일	일요일

5. 시간 Waktu

시, 시간	jam	분	menit	초	detik
오늘	hari ini	내일	besok	모레	lusa

1시	jam satu	7시	jam tujuh
2시	jam dua	8시	jam delapan
3시	jam tiga	9시	jam sembilan
4시	jam empat	10시	jam sepuluh
5시	jam lima	11시	jam sebelas

3시 30분 jam setengah empat. jam tiga lewat tiga puluh menit

3시 45분 jam empat kurang lima belas menit. jam tiga lewat empat puluh lima menit

1시간	satu jam
1시간 30분	satu jam setengah. satu jam tiga puluh menit
정오	tengah hari
한밤중	tengah malam. larut malam

6. 직급 Jabatan

대표이사 (사장)	presiden direktur. direktur utama		
임원 (이사)	direktur	과장	manajer
차장	deputi manajer	대리	asisten manajer
부장	manajer senior	사원	staf
이사회	dewan direksi	경영자 (경영진)	pimpinan. pemimpin
감사회	dewan komisaris	근로자	pekerja
주주	pemegang saham	노동자	buruh
감사	komisaris	노동조합	serikat buruh

7. 가족 Keluarga

조상	leluhur. nenek moyang		
할아버지	kakek	할머니	nenek
아버지	ayah. bapak	어머니	ibu
장인, 시아버지	ayah mertua	장모, 시어머니	ibu mertua
부모님	orang tua	부부	suami istri
숙부	paman	숙모	bibi
남편	suami	아내	istri
형(오빠)	kakak laki-laki	누나(언니)	kakak perempuan
남동생	adik laki-laki	여동생	adik perempuan
친척	sanak saudara	사촌	sepupu
조카	keponakan		
사촌형(오빠)	kakak sepupu laki-laki		
사촌누나(언니)	kakak sepupu perempuan		

8. 색깔 Warna

빨간색	merah	분홍색	merah muda. merah jambu
주황색	jingga. oranye	보라색	ungu
노란색	kuning	남색	nila
초록색	hijau	검은색	hitam
연두	hijau muda	흰색	putih
파랑	biru	회색	abu-abu

9. 교통 Transportasi

신호등	lampu lalu lintas	기차역	stasiun kereta api
횡단보도	penyeberangan	요금	ongkos
시내버스	bus dalam kota	환승	transit. pindah
광역버스	bus antar kota	환승역	stasiun transit
택시	taksi	운전기사	sopir
기차	kereta api	고속도로	jalan tol
지하철	kereta bawah tanah	일방통행	jalan satu arah
비행기	pesawat	톨게이트	pintu tol
여객선(배)	kapal feri	주차장	tempat parkir
자전거	sepeda	교통경찰	polisi lalu-lintas
오토바이	sepeda motor	승객	penumpang
버스정류장	halte bus	자전거/오토바이 뒤에 타다	membonceng
지하철역	stasiun kereta bawah tanah		
육교	jembatan penyeberangan		

10. 맛 Rasa

시다	asam. masam	맵다	pedas
쓰다	pahit	신선한	segar
짜다	asin	무미의, 싱거운	tawar. hambar
달다	manis	쉰, 부패한, 상한	basi

11. 방향/위치 Arah/Posisi

나침반	kompas		서남	barat daya
동	timur		동남	tenggara
서	barat		오른쪽	sebelah kanan
남	selatan		왼쪽	sebelah kiri
북	utara		앞	depan
동쪽	sebelah timur		뒤	belakang
서쪽	sebelah barat		위	atas
남쪽	sebelah selatan		아래, 밑	bawah
북쪽	sebelah utara		여기	sini
북서	barat laut		저기	sana
북동	timur laut		거기	situ

12. 취미 Hobi

운동	olahraga		사진촬영	fotografi
영화보기	menonton film		요리하기	memasak
독서	membaca buku		자전거 타기	bersepeda
낚시	memancing		패션	mode
수영	berenang		식물 재배	bercocok tanam
음악감상	mendengarkan musik		그림 그리기	melukis. menggambar
테니스	bermain tenis		비디오 촬영	merekam rekam *video*
우표수집	mengoleksi prangko		호신술	seni bela diri
농구	bermain bola basket		여행/관광	perjalanan/wisata
글짓기	menulis		애완동물 기르기	memelihara hewan peliharaan

13. 날씨 Cuaca

맑은	cerah		눈보라	badai salju. topan salju
흐린	mendung		이슬비	gerimis. hujan gerimis
먹구름	awan hitam		우박	hujan es
비가 오다	hujan. turun hujan		황사	debu kuning
눈이 내리다	salju. turun salju		미세먼지	debu partikulat

추운	dingin	홍수	banjir
더운	panas	장마	musim hujan
시원한	sejuk	장마전선	garis hujan musim panas
습한	lembab	고기압	tekanan udara tinggi
건조한	kering	저기압	tekanan udara rendah
강우량	curah hujan	태풍	angin topan

14. 신체/몸 Tubuh/Badan

머리	kepala	팔	lengan
머리카락	rambut	손	tangan
얼굴	wajah. muka	손톱/발톱	kuku
귀	telinga	손목	pergelangan tangan
눈	mata	손가락	jari tangan
코	hidung	가슴	dada
입	mulut	배	perut
입술	bibir	허리	pinggang
혀	lidah	등	punggung
이마	dahi	엉덩이	pantat
뺨, 볼	pipi	다리	kaki
턱	dagu	무릎	lutut
목	leher	발	kaki
어깨	bahu	발가락	jari kaki

15. 정부/행정구역 Pemerintah/Wilayah Administrasi

대통령(부통령)	Presiden (wakil presiden)		
국회의원	anggota DPR (Dewan Perwakilan Rakyat)		
국무총리	perdana menteri	시(시장)	kota (wali kota)
장관	menteri	군(군수)	kabupaten (bupati)
중앙정부	pemerintah pusat	읍(읍장)	kecamatan (camat)
주 (주지사)	provinsi (gubernur)	리(이장)	lurah/desa (kepala desa)
지방정부	pemerintah daerah	반(반장)	rukun tetangga (kepala RT)
특별시(특별시장)	daerah istimewa (gubernur)	통(통장)	rukun warga (kepala RW)

16. 직업/사업 Pekerjaan/Bisnis

구직하다	melamar pekerjaan. mencari pekerjaan		
승진	naik pangkat. naik jabatan		
연금	tunjangan hidup. pensiun		
복지 수당	tunjangan kesejahteraan	사무직	bagian tata usaha
인사/노무	personalia/tenaga kerja	정규직	karyawan tetap
국제무역업	industri perdagangan internasional	관리직	bagian manajemen
자영업	usaha sendiri. usaha pribadi	생산직	bagian produksi
제조업	industri manufaktur	파트타임근무	pekerjaan paruh waktu
서비스업	industri jasa	야근	kerja lembur
유통업	industri distribusi	수당	tunjangan
프랜차이즈	waralaba	은퇴	pensiun
관광업	bisnis pariwisata	회계/재무	akuntansi/keuangan
입사	masuk perusahaan	월급	gaji. gaji bulanan
지역 최저 임금	UMR (Upah Minimum Regional)	급여/임금	upah

17. 음식/요리 Makanan/Masakan

반찬	lauk. lauk-pauk	요리하다	memasak
양념	bumbu	굽다	membakar. memanggang
향신료	penyedap rasa. pewangi makanan	데치다, 삶다	merebus
고춧가루	bubuk cabai	끓이다	mendidihkan
고추	cabai	튀기다	menggoreng
식초	cuka	찌다	kukus
간장	kecap asin	볶다	tumis
후추	merica. lada	끓다	mendidih
마늘	bawang putih	음식을 배달하다	mengantar makanan
파	daun bawang	음식을주문하다	memesan makanan
양파	bawang bombai	뷔페	prasmanan. *buffet*
무	lobak	주요 요리	makanan utama
배추	sawi putih	후식	makanan penutup
설탕	gula	세트 메뉴	menu paket
소금	garam	인스턴트 라면	mi instan

18. 시사용어 Istilah Topik Aktual

환경오염	pencemaran lingkungan	물가 상승	kenaikan harga barang
인터넷 중독	adiksi (kecanduan) *internet*	인플레이션	inflasi
휴대전화 중독	adiksi (kecanduan) ponsel	디플레이션	deflasi
온실효과	efek rumah kaca	빙하 감소	penyusutan glester
자연재해	bencana alam	오존층 파괴	penghancuran lapisan ozon
산업재해	bencana industri	가상 현실	realitas maya
기후변화	perubahan iklim	관세 장벽	rintangan tarif (bea cukai)
홍수	banjir	국제 관계	hubungan internasional
지구 온난화	pemanasan global	국제 통상	perdagangan internasional
인구 고령화	penuaan usia penduduk	무역 수지	neraca perdagangan
식량 부족	kekurangan pangan	전자 정부	pemerintah elektronik
인구 감소	penurunan jumlah penduduk	빈부 격차	kesenjangan sosial
환경 스트레스	stres lingkungan	소득 격차	kesenjangan penghasilan
자원 고갈	kehabisan sumber daya alam	인공지능	kecerdasan buatan
성형수술	operasi plastik	지식 격차	kesenjangan pengetahuan
산업화	industrialisasi	새벽 시장/야시장	pasar kaget
도시화	urbanisasi	지하 경제, 암시장	pasar gelap
문화 시설	fasilitas publik	특별경제구역	Kawasan Ekonomi Khusus (KEK)

19. 명절/공휴일 Hari Raya/Hari Lebur Nasional

신정	Tahun Baru Masehi	빤짜실라 기념일	Hari Kesaktian Pancasila
구정	Tahun Baru Imlek	금식 명절	Idul Fitri (이슬람교)
힌두교 새해 명절	Hari Raya Nyepi (힌두교)	독립기념일	Hari Kemerdekaan
성 금요일	Jumat Agung (기독교)	이슬람교 희생제	Idul Adha (이슬람교)
노동절	Hari Buruh	이슬람교 새해 명절	Tahun Baru Islam (이슬람교)
예수 승천일	Kenaikan Isa Almasih (기독교)	무하마드 탄신일	Maulid Nabi Muhammad SAW (이슬람교)
석가탄신일	Hari Raya Waisak (불교)	성탄절	Hari Natal (기독교)

20. 학교 Sekolah

한국어	Indonesia	한국어	Indonesia
국립학교	sekolah negeri	공학	ilmu teknik
사립학교	sekolah swasta	어문학	ilmu bahasa dan sastra
등교하다	pergi ke sekolah. masuk sekolah	농학	agronomi
강의를 받다	berkuliah	원예	hortikultura
수업	pelajaran	자연과학	ilmu pengetahuan alam
강의	kuliah	학사학위	gelar sarjana (S-1)
교실	ruang kelas	대학원	pascasarjana
교사	guru	석사과정	program magister (program S-2)
학생(통칭)	murid. pelajar. siswa	석사학위	gelar magister (gelar S-2)
남학생	siswa	박사과정	program doktor (program S-3)
여학생	siswi	박사학위	gelar doktor (gelar S-3)
교무실	ruang guru	초등교육	pendidikan dasar
체육관	gedung olahraga	중등교육	pendidikan menengah
운동장	lapangan olahraga	고등교육	pendidikan tinggi
유치원	Taman Kanak-Kanak (TK)	교과과정	Jenjang pendidikan. kurikulum
초등학교	Sekolah Dasar (SD)	강사	pengajar. dosen
중학교	Sekolah Menengah Pertama (SMP)	정교수	guru besar. profesor
고등학교	Sekolah Menengah Atas (SMA)	교직원	staf sekolah. pegawai sekolah
기술고등학교	Sekolah Menengah Kejuruan (SMK)	수업료	biaya kuliah. biaya sekolah
전문대학	diploma dua (D-2)	장학금	beasiswa
대학교	universitas	졸업	wisuda
대학생(통칭)	mahasiswa	졸업장	ijazah
남자 대학생	mahasiswa	학점	satuan kredit semester (SKS)
여자 대학생	mahasiswi	학기	semester
학부, 단과대학	fakultas	성적표	transkrip
전공	jurusan. program studi	졸업생	lulusan
법학	ilmu hukum	동문	alumni
인문학	ilmu humaniora	동문회	ikatan alumni

21. 주요 약어 Singkatan

~의 이름으로, ~의 명의로	**a.n.**	atas nama
에어컨	**AC**	*air conditioner*
미국	**AS**	Amerika Serikat
국가 지도제작 및 조사 조정원	**Bakosurtanal**	Badan Koordinasi Survei dan Pemetaan Nasional
연구개발원	**Balitbang**	Badan Penelitian dan Pengembangan
지역개발기획원	**Bappeda**	Badan Perencanaan dan Pembangunan Daerah
국가개발기획원	**Bappenas**	Badan Perencanaan Pembangunan Nasional
연료	**BBM**	bahan bakar minyak
인도네시아 증권거래소	**BEI**	Bursa Efek Indonesia
국가정보원	**BIN**	Badan Intelejen Negara
산업노동훈련원	**BLKI**	Balai Latihan Kerja Industri
인도네시아 국가은행	**BNI**	Bank Negara Indonesia
기술응용연구원	**BPPT**	Badan Pengkajian dan Penerapan Teknologi
투자조정청	**BKPM**	Badan Koordinasi Penanaman Modal
지방정부 기업	**BUMD**	Badan Usaha Milik Daerah
국영 기업	**BUMN**	Badan Usaha Milik Negara
1년 대학과정	**D-1**	diploma satu
2년 대학과정	**D-2**	diploma dua
3년 대학과정	**D-3**	diploma tiga
내무부	**Depdagri**	Departemen Dalam Negeri
산업통상부	**Deperindag**	Departemen Perindustrian dan Perdagangan
교육훈련	**Diklat**	pendidikan dan latihan
고등교육	**Dikti**	Pendidikan Tinggi
자카르타 특별시	**DKI**	Daerah Khusus Ibu Kota
기타(등등)	**dll.**	dan lain-lain
국회, 의회	**DPR**	Dewan Perwakilan Rakyat
인도네시아 식음료 사업자 협회	**GAPMMI**	Gabungan Pengusaha Makanan dan Minuman Seluruh Indonesia
토지이용권	**HGU**	hak guna usaha
건물이용권	**HGB**	hak guna bangunan
생일	**HUT**	hari ulang tahun
기차	**KA**	Kereta Api
군(행정구역)	**kab.**	kabupaten
인도네시아 상공회의소	**Kadin**	Kamar Dagang Indonesia
인도네시아 철도청	**KAI**	Kereta Api Indonesia

가족계획	**KB**	keluarga berencana
선거관리위원회	**KPU**	Komisi Pemilihan Umum
인도네시아 통신원	**LKBN**	Lembaga Kantor Berita Nasional
아세안 경제공동체	**MEA**	Masyarakat Ekonomi ASEAN
총선거	**Pemilu**	pemilihan umum
해고	**PHK**	pemutusan hubungan kerja
인도네시아 적십자	**PMI**	Palang Merah Indonesia
일반 공무원	**PNS**	pegawai negeri sipil
지방경찰청	**Polda**	kepolisian daerah
휴대전화(핸드폰)	**ponsel**	telepon seluler
응급처치	**P3K**	pertolongan pertama pada kecelakaan
외국자본 투자	**PMA**	Penanaman Modal Asing
내국자본 투자	**PMDN**	penanaman modal dalam negeri
부가가치세	**PPN**	Pajak Pertambahan Nilai
주식회사, 유한책임회사	**PT**	perseroan terbatas
교육훈련원	**pusdiklat**	pusat pendidikan dan pelatihan
주주총회	**RUPS**	rapat umum pemegang saham
학사(과정)	**S-1**	Strata 1
석사(과정)	**S-2**	Strata 2
박사(과정)	**S-3**	Strata 3
천연자원	**SDA**	sumber daya alam
인적자원	**SDM**	sumber daya manusia
운전면허증	**SIM**	surat izin mengemudi
학점	**SKS**	satuan kredit semester
(장애인) 특수학교	**SLB**	sekolah luar biasa
고등학교	**SMA**	Sekolah Menengah Atas
상업고등학교	**SMEA**	Sekolah Menengah Ekonomi Atas
공업(기술)고등학교	**SMK**	Sekolah Menengah Kejuruan
중학교	**SMP**	Sekolah Menengah Pertama
기술고등학교	**STM**	Sekolah Teknik Menengah
국립기술고등학교	**STN**	sekolah teknik negeri
명절 수당	**THR**	tunjangan hari raya
유치원	**TK**	Taman Kanak-Kanak
인도네시아 국군	**TNI**	Tentara Nasional Indonesia
중소기업	**UKM**	Usaha Kecil dan Menengah
주 지역단위 최저임금	**UMP**	upah minimum provinsi

지역단위 최저임금	**UMR**	upah minimum regional
법, 법률	**UU**	undang-undang
1945년 헌법	**UUD '45**	Undang-Undang Dasar 1945
인터넷 방	**Warnet**	warung *internet*
전화방	**Wartel**	warung telekomunikasi
서부 인도네시아 시각	**WIB**	Waktu Indonesia Barat
동부 인도네시아 시각	**WIT**	Waktu Indonesia Timur
중부 인도네시아 시각	**WITA**	Waktu Indonesia Tengah
존경하는, 귀하, 귀중	**Yth.**	Yang Terhormat

열공 왕초짜 **첫걸음** 시리즈

혼자서 손쉽게 외국어의 기초를 다진다!

- 혼자서 손쉽게 외국어의 기초를 다진다!
- 발음부터 대화문 듣기까지 한 권으로 정복한다!
- 들리는 대로만 따라하면 저절로 외국어 회화가 된다!

GO! 첫걸음 시리즈

누구나 쉽게 배우는 외국어 시리즈 !

★ 4×6배판 / MP3 CD

★ 4×6배판 / 저자직강 MP3 CD
합본 부록 초간단 일본어 글씨본

★ 4×6배판 / 저자직강 MP3 CD
합본 부록 초간단 중국어 발음노트

★ 4×6배판 / MP3 CD

★ 4×6배판 / MP3 CD
합본 부록 광동어 발음의 모든것

★ 4×6배판 / MP3 CD
합본 부록 한국어-인도네시아어 단어장

한권으로 끝내는 외국어 시리즈~

인도네시아어
말하기와
OPI

저자 　국립 Universitas Negeri Jakarta 박사　박진려
　　　국립 Institut Pertanian Bogor 박사　박창호
감수 　국립 Universitas Negeri Jakarta 교수　Prof. Dr. Emzir, M.Pd.

1판 1쇄 2018년 11월 15일
발행인 김인숙　　　　　　　　발행처 디지스　　　　　　교정.편집 김인숙
Designer Illustration 김소아
Printing 삼덕정판사

139-240
서울시 노원구 공릉동 653-5　　　대표전화 02-967-0700
　　　　　　　　　　　　　　　팩시밀리 02-967-1555
　　　　　　　　　　　　　　　출판등록 6-0406호
　　　　　　　　　　　　　　　ISBN 978-89-91064-86-7

인터넷의 세계로 오세요!
www.donginrang.co.kr

◘Digis 에서는 참신한 외국어 원고를 모집합니다.　e-mail : webmaster@donginrang.co.kr